该书系教育部人文社科项目成果　批准号 12YJC860014
该书出版得到浙江工业大学人文社科后期资助

中国近代民族品牌的广告传播研究

杜艳艳 著

THE STUDY ON ADVERTISING COMMUNICATION OF MODERN CHINA'S NATIONAL BRAND

中国社会科学出版社

图书在版编目（CIP）数据

中国近代民族品牌的广告传播研究／杜艳艳著 . —北京：中国社会科学出版社，2017.5
ISBN 978-7-5161-9677-9

Ⅰ．①中… Ⅱ．①杜… Ⅲ．①民族品牌 - 广告学 - 传播学 - 研究 - 中国 - 近代 Ⅳ．①F279.23 ②F713.80

中国版本图书馆 CIP 数据核字（2017）第 005122 号

出 版 人	赵剑英	
责任编辑	宋燕鹏	
责任校对	周 昊	
责任印制	李寡寡	

出　　版	中国社会科学出版社	
社　　址	北京鼓楼西大街甲 158 号	
邮　　编	100720	
网　　址	http://www.csspw.cn	
发 行 部	010-84083685	
门 市 部	010-84029450	
经　　销	新华书店及其他书店	
印刷装订	北京鑫正大印刷有限公司	
版　　次	2017 年 5 月第 1 版	
印　　次	2017 年 5 月第 1 次印刷	
开　　本	710×1000　1/16	
印　　张	15	
插　　页	2	
字　　数	254 千字	
定　　价	65.00 元	

凡购买中国社会科学出版社图书，如有质量问题请与本社营销中心联系调换
电话：010-84083683
版权所有　侵权必究

序　言

　　中国现代民族工业真正开始于洋务运动。洋务运动是官方经济意识的觉醒与尝试，其口号"师夷制夷""中学西用"，本质上是一场以引进西方军事装备、机器生产和科学技术为特征的"自强""求富"民族工业运动。与此同时，在与西方交往的刺激下，民间人士的办厂意识越来越强烈，尤其在甲午战争之后，真正意义的民族经济开始兴起。虽然动荡的时局未能使中国民族经济持续稳定的发展，但甲午战后，在清末新政、振兴实业新政、一战的机遇等等的影响下，出现了一波又一波的民族资本主义设厂的热潮，造就了中国民族资本主义的第一波兴盛。

　　其后，民国政府的成立将中国民族资本主义的发展带入了一个全新的时期。1912年中华民国南京临时政府的成立，新政府把振兴实业放在了显要地位，设立了工商部、农商部等，颁布了《公司条例》《农商部奖章规则》《公司保息条例》等一系列有利于本国私营资本主义发展的政策法规。在上海，"资本家阶级在当时政治形势的鼓舞下，从事实业活动的热情进一步高涨，并掀起了一股创办实业的潮流"[①]。"据对创办资本在1万元以上的上海新工厂的统计，辛亥以前的1910和1911年，新设工厂分别为7家和9家，辛亥以后的1912和1913年为10家和9家，1914年增为16家，1915年又增至20家。如果包括创办资本不满1万元的小工厂在内，增长幅度则非常明显。"[②] 这股浪潮一直持续至一战期间。

　　1914年第一次世界大战爆发，以欧洲为主战场的一战，大大牵制了西方列强对中国的产品倾销和经济掠夺，也为中国民族资本企业的发展带来了有利时机。一战期间，尤其是大战初期，由于西方列强忙于军需产品的生产以及战时交通的阻断，列强对华贸易比战前都有大幅度的下降，以致市场商品紧缺、物价上升，这就为中国民族资本工业的发展形成巨大的推动力，出现了一波空前的设厂新热潮。"自第一次世界大战开始以来直至大战结束后的头几年内，上海私人资

[①] 丁日初：《辛亥革命后上海资本家的实业活动》，《中国社会经济史研究》1985年第3期。
[②] 丁日初：《上海近代经济史（第二卷）》，上海人民出版社1997年版，第110页。

本在1万元以上的新设工厂有二三十家左右,最多的1921年达43家。至于开办资本不满1万元的小厂为数更多。"①

国人的品牌意识一开始就与民族主义爱国意识联系在一起,抵制洋货,提倡国货的反帝爱国运动,是促成中国民族资本企业发展与品牌意识兴起的重要原因。自甲午战后,抵制洋货运动就持续不断。辛亥革命后,提倡国货的风气更盛,抵制洋货的运动也愈发频繁,规模也越来越大。1915年和1919年两次以反对日本帝国主义侵略为主要内容的反帝爱国运动中,抵制日货运动如火如荼的发展,使得日本输华的大宗商品被拒之门外,造成"日人所设商店均一律闭门"②。而后1925年发生在上海的"五卅"反帝爱国运动,1931年的"九一八"事件等等一次次引发了全国性的抵制洋货运动。抵制洋货运动的蓬勃发展,不断的促进着上海民族资本企业的投资热潮。

伴随着民族工业的蓬勃发展,外商和民族企业之间、民族同行业企业之间的竞争也不断加剧,同类企业、产品之间的质量、性能、信誉等方面的差距不断缩小,民族企业的品牌意识逐渐形成。

首先,民族企业内部的竞争日益激烈化。伴随着一波又一波的设厂热潮,民族企业数量不断增加,这必然造成市场竞争的愈加激烈。在上海,虽然民国期间民族资本企业新设的工厂种类越来越多,但各个行业的增长情况是不平衡的,数量增长最快的行业主要集中在纺织业、面粉业、卷烟业、火柴业等部门,而且这几大行业也是上海民族资本行业产值比重最大的几大行业。以棉纺织业为例,上海成为全国棉纺织业最为发达的城市。至1922年,上海有棉纺锭175万枚,其中华资77万枚、日资72万枚、英资26万枚。针织、巾被、毛纺织、印染、丝绸、线带等厂相继出现,形成上海纺织工业的初步规模。20世纪30年代,出现资本集中趋势,部分华商"实业救国",建立一批大型企业集团。知名的有荣宗敬、荣德生申新系统,郭乐、郭顺永安系统,刘靖基安达系统,唐骧廷、唐君远丽新系统,刘鸿生章华系统,蔡声白美亚系统等。而其他行业,主要集中在技术和资金要求高的行业增长则比较缓慢,也主要以外商占据主导地位。市场经济规律表明,随着企业的不断增多,必然将加剧同行业内部的竞争。

其次,民族企业与外商之间竞争的激烈化。民族企业是以外商的对立物而诞生,因而民族企业在诞生之初就会受到外商企业的打压。甲午战前,上海乃至中

---

① 丁日初:《上海近代经济史(第二卷)》,上海人民出版社1997年版,第112页。
② 汤志钧:《近代上海大事记》,上海辞书出版社1989年版,第797页。

国的现代经济都是由西方列强所掌控，虽然一战、国货运动、振兴实业新政促成了一波又一波的民族企业设厂热，造就了众多的著名民族品牌与企业，但外商与民族企业的竞争从未间断过，而且愈演愈烈。

从某种意义上说，中国近代广告产业的兴起正是近代民族经济与民族品牌兴起的产物。近代中国涌现了一批专业的广告公司，助推着民族企业的宣传。进入20世纪以后，在上海、天津、汉口等几个近代中国最为重要的经济城市，随着工商环境的不断发展，媒体环境的不断优化，促使了以代理媒体广告业务为经营理念的专业广告公司不断出现。1909年，维罗广告公司在上海创办，它的诞生带动了上海广告公司的发展步伐，中外厂商纷纷瞄准了这庞大的市场，纷至沓来。之后，在上海，闵泰广告社、贝美广告社（意商）、克劳广告公司（美商）、华商广告公司、联合广告公司、荣昌祥广告公司等纷纷成立，并以强大的实力和丰富的广告业务量，成为当时上海众广告公司中的佼佼者。在这些广告公司代理的业务中，除了报纸、月份牌等几大流行广告形式外，路牌广告、电影戏院广告、霓虹灯广告、橱窗广告、电车汽车广告等都是他们的业务范围，各种各样的广告形式在这些广告公司的代理下不断的被发掘、运用、发扬，也大大拓宽了当时企业或者产品的宣传渠道。

据时人的粗略统计，在近代中国已有日报广告、杂志广告、传单广告、窗饰广告、电灯广告、邮递广告、舟车广告、车辆广告、影片广告、播音广告、乐队广告、通信广告、招贴广告、草地广告、墙壁广告、飞行广告、展览广告、新闻广告等20余种广告形式[1]，种类繁多，为当时的产品或者品牌宣传提供了丰富的渠道，也形成了近代中国广告业的一道风景线。

因此，研究近代广告必然要跟研究近代民族品牌结合起来。现在呈现在大家面前的正是这样一份专业成果。作者自博士阶段研究近代广告史，博士后期间从更为广阔的政治、经济、社会、文化多元视角，从商业、媒体、商标、品牌、广告、城市等侧面的一手史料搜集整理入手，对中国近代以来的民族品牌与广告的互动发展脉络、社会经济发展的动力角色做了深入分析与评价，对这一话题研究的当下意义也做了积极思考。

许正林

上海大学影视学院教授　博导

---

[1] 徐启文：《商业广告之研究》，《商业月报》1934年第14卷第1期。

目　录

绪论 …………………………………………………………………（ 1 ）

第一章　近代民族品牌产生发展的历史进程 ……………………（ 18 ）
　　第一节　清末民初民族品牌的发展 ……………………………（ 18 ）
　　第二节　民国初年中国民族品牌的发展 ………………………（ 26 ）
　　第三节　20 世纪 30 年代民族品牌的发展 ……………………（ 36 ）
　　第四节　抗战时期民族品牌的发展 ……………………………（ 43 ）

第二章　近代民族企业的品牌意识与广告观念变革 ……………（ 49 ）
　　第一节　近代国人品牌意识的启蒙发展 ………………………（ 50 ）
　　第二节　近代国人广告观念的变革 ……………………………（ 63 ）

第三章　近代民族品牌的广告传播模式分析 ……………………（ 77 ）
　　第一节　近代民族品牌广告传播要素分析 ……………………（ 78 ）
　　第二节　中国近代民族品牌的广告传播网络 …………………（ 91 ）
　　第三节　中国近代民族品牌的企业报 …………………………（125）

第四章　近代民族品牌广告传播效果分析 ………………………（136）
　　第一节　广告传播与品牌效果 …………………………………（137）
　　第二节　广告话语与社会影响 …………………………………（152）

第五章　对近代民族品牌广告传播的反思 ………………………（190）
　　第一节　中国近代民族品牌建立发展的思考 …………………（190）
　　第二节　近代民族品牌广告传播的反思 ………………………（200）

结语 …………………………………………………………………（211）
参考文献 ……………………………………………………………（217）
后记 …………………………………………………………………（232）

绪　　论

一　选题缘起

著名英国学者埃里克·霍布斯鲍姆认为，"民族"现象并不是单独存在的，它是与近代化过程中的民族主义、主权国家等现象联系在一起的。只有将"民族"放在与民族主义、主权国家的关系中进行分析，民族才有可能得到更符合实际的界定。美国学者汉斯·科恩指出："20世纪是有史以来整个人类接受同一政治观念——民族主义的第一时期。"[①] 从早期资产阶级革命到欧美列强的对外扩张、殖民地建设，民族主义都是其争夺霸权的理论根据和精神动力。民族主义的旋风也在世界范围内，自政治领域裂变至经济领域、文化领域，由此带来了经济民族主义、文化民族主义等分支，影响了20世纪人类历史的演进和国际格局的转变。经济民族主义是全球化的孪生物。在资源有限并且紧缺的世界体系中，全球竞争主要是国与国之间的经济竞争，经济民族主义由此应运而生。经济民族主义的出发点是民族国家在世界经济体系中的相对获益而不是全球的绝对获益，它深切关注民族国家整体在世界政治经济体系中的地位，特别是由民族经济竞争力决定的民族的长期发展趋势，而不是世界的共存共荣。塑造"民族品牌"的真正意义不仅仅在于企业能通过品牌取得较大的经济利益和社会效益，解决就业，增加税收，刺激消费，等等，更主要的是，民族品牌是衡量一个国家在世界经济体系中经济实力的重要标志，是国家经济外交的面子。由此，"民族品牌"正是经济民族主义滋生的重要产物。在全球联系不断增强，人类生活在全球规模的基础上发展的全球化背景下尤是如此。

本书中所提出的近代"民族品牌"是中国在19世纪末20世纪初遭遇西方列强经济侵略后，提出并试图保护本民族工商业发展的一种主张，民族工商业通过建立自己的牌子与洋货品牌抗争，国民在广告传播和社会舆论的引导下，对民族

[①] Hans Kohn, *Nationalism: Its Meaning and History*, New Jersey: Princeton, 1955, p. 89.

品牌有正确的认识和信仰，形成消费本民族产品的国货意识。"民族品牌"这一提法，尽管在全球化发展的浪潮中，各国经济合作难分彼此，但只要品牌有所有权和归属权，民族品牌就不可能销声匿迹，至多更换了中立的说法"自主品牌""国有品牌"等。发展和保护民族品牌，是各国推行经济民族主义，增强国际影响力的不变主张。

1840年鸦片战争以后，外国资本如潮水般涌入中国，对中国的社会经济起到了很大的分解作用。一方面，"破坏了中国自给自足的自然经济的基础，破坏了城市的手工业和农民的家庭手工业"①；另一方面，外国资本又在一定程度上促进和刺激了中国早期民族资本的产生和发展。在"救亡图存""实业救国"舆论的感召下，一批有识之士纷纷创办实业，从而塑造了一批知名的可与外资品牌相抗衡的民族品牌。如南洋兄弟烟草公司生产的"自由钟""红金龙""大爱国""长城"牌香烟；华成烟草公司生产的"美丽"牌、"金鼠"牌香烟；三友实业社的"三角"牌毛巾；东亚毛呢纺织有限公司生产的"抵羊"牌毛线；上海天厨味精厂生产的"佛手"牌味精；上海家庭工业社生产的"无敌"牌牙粉；还有茂新面粉厂的"兵船"牌面粉，等等，写下了中国近代民族企业辉煌的一页。从近代民族品牌形成和发展的历史动因上来看，最初的产生更多的是为了抵制洋货的倾销，力求在"欧风西雨"的弥漫中争取生存与发展的空间，励精图治，防厄补漏。近代民族品牌的产生，是由外部压力而引发的内部关系的调整和应变，而非洋货品牌由内向外的开拓型发展，因此其产生的缘由，决定了其品牌创建和广告传播缺乏独立自主性，常常处于闻风而动和跟风的状态。由于在品牌创建和广告传播中，擅长借助消费者的爱国情绪和国民的主权国家意识，也取得不错的成绩。近代民族品牌在精神层面和价值观方面，具有浓重的民族主义色彩，如爱国主义、民族自强、抵制洋货等。

中国近代广告的产生和发展也与西方的商业宣传紧密相连。广告作为企业推销商品的有力手段，"出马一条枪""临阵一排炮"，在商业宣传中被赋予重要的商业地位。外商早已熟知广告的威力，来华倾销商品时，"显其故伎"，倾其全力，以广告作为推销的利器，使得洋货几如水银泻地，无孔不入。面对"内货穷外货通，内货塞外货溢"之局面，民族企业由于大生产大传播的需要，也渐渐意识到广告的功用，纷纷以广告作为商战之利器，与洋商展开了激烈的角逐。笔者研究发现，近代国人对广告功能的认识，尤以"商战之利器"最为深刻。可见，

---

① 毛泽东：《中国革命和中国共产党》，人民出版社1952年版，第7页。

广告在近代中国的产生、发展，与民族品牌的创建，在一定程度上都是外力刺激，应对"商战"的结果。而外商品牌与外商广告在中国的发展，客观上为中国近代民族品牌的创建和近代广告的发生发展提供了学习的榜样和借鉴。

从近代民族品牌的地域分布来看，无论是南洋、华成、永安，还是荣氏的申新、茂新、福新，卢作孚的民生等，都主要集中于通商口岸和邻近通商口岸的地方，如上海、天津、广州、无锡、重庆等地。而中国近代广告业的发展也率先在上海、广州、天津等开埠城市出现，遵循着"中心突破"和"四周扩散"的规律，领导和促进着其他地区广告业的发展。近代广告的发展与早期民族品牌的创建，在时空地域上的重合，我们至少可以得出这样的结论：中国近代广告的发展与早期民族品牌的创建，二者是同步进行，互为促进的。一方面，近代广告为早期民族品牌的传播发挥了积极的促进作用；另一方面，民族工商业的品牌传播又带动和促进了近代广告业的发展，为广告业的发展提供了繁衍滋长的土壤。

基于以上的认识，拟进行这样的课题研究：中国近代民族品牌的广告传播研究。以近代民族品牌为研究对象，对其品牌创建、广告传播等进行系统性回顾、分析和总结。对当下民族品牌的发展和全球化传播等现实性问题进行历史关照，试图为其发展找寻规律性的借鉴和启示。

二 研究对象及研究意义

（一）研究对象的界定

美国市场营销协会于1960年对"品牌"所作定义：品牌是货物或劳务的名称、名词、术语、记号、符号象征、设计或它们的总和，用来区别一个（或一群）卖主和其他竞争者的产品或服务。

我国虽然很早就有象征"品牌"意义的"商标"，如北宋时期济南刘家功夫针铺所用的"白兔"商标，这一商标设计中间为一个"白兔捣药"的图案，上面雕刻着"济南刘家针铺"的标题，图案左右分别标注有"认门前白兔儿为记"。这一商标印制在包装物上，被称作我国最早的商标广告。但是真正出现"品牌"一词则较晚，于1999年才出现在《辞海》中，释义为"品牌，亦称'厂牌'、'牌子'。指企业对其提供的货物或劳务所定的名称、术语、记号、象征、设计，或其组合。主要是供消费者识别之用"[①]。

"民族品牌"一词，虽已为许多人共用，但很少有人对此做出明确的界定。

---

① 辞海编辑委员会：《辞海（1999年版缩印本）》，上海辞书出版社2000年版，第891页。

作为科学研究，首先应对这一概念加以厘清。"民族品牌"，从根本上讲属于经济学和政治学的范畴。"品牌"（brand）源于古挪威语"brandr"，意思是"打上烙印"，表明生产者或所有者。随着商业的发展，品牌由最初的"烙印"发展至"商标"（trademark），是指生产者、经营者为使自己的商品或服务区别于他人，而用于商品包装上或服务标记上的由文字、图形、字母、数字、三维标志和颜色组合形成的标记。商标经过注册之后，就有了法律意义上的专有使用权，成为企业的无形资产。商标是品牌的一部分，但并不完全等同于品牌。

"品牌"前面加以"民族"二字，就将"品牌"所代表货物或劳务的名称、术语等，由一民族区别于另一民族，限定了品牌的归属。"民族"（Nation）一词，源于拉丁语"Natio"，意为"诞生物"，原指诞生于同一地方的一群人，由实际的或想象的具有同一血统和共同语言所组成的社会集团。我国最早出现"民族"一词是梁启超1899年所写的《东籍月旦》一文中[①]，此后梁启超专门写了许多论述民族的文章。随着近代社会民族斗争的日趋激烈，"民族"一词被广为使用。《辞海》中，"民族"的释义，"以血统、生活、语言、宗教、风俗习惯等相同而结合之人群，曰民族，如言中华民族、盎格罗萨克森民族等是"[②]。

笔者翻阅大量中英文文献，试图对"民族品牌"做如下解释。《民族品牌》是指由国内民族资本在国内（中国）率先创建的工商业品牌。由于近代民族品牌所处的特殊历史环境，能够称得上品牌的，需要具备如下要素：厂商名称、商标、品牌LOGO等识别要素，以此作为研究对象的标准。根据此标准，大致将近代民族品牌按行业罗列如下表。

中国近代民族品牌列表

行业分类	厂商名称	主要牌子	创办人	所在地	创办时间（年）
卷烟业	南洋兄弟烟草公司	爱国、长城、双喜	简照南、简玉阶	香港、广东、上海	1905 1906
	华成烟草公司	金鼠、美丽	戴耕莘	上海	1917
	福昌烟草公司	小囡	黄楚九	上海	1918

[①] 金天明、王庆仁：《"民族"一词在我国的出现及其使用问题》，《社会科学辑刊》1981年第4期。
[②] 舒新城等：《辞海》（合订本），中华书局1948年版，第750页。

绪 论

续表

行业分类	厂商名称	主要牌子	创办人	所在地	创办时间（年）
染织工业	大生纱厂	魁星	张謇	通州	1898
	三友实业社	三角	陈万运、沈九成、沈启涌	上海	1912
	申新纺织公司	人钟牌、金双马	荣宗德、荣德生	上海	1915
	德大纱厂	宝塔	穆藕初	上海	1915
	豫丰纱厂	宝塔	穆藕初	郑州	1919
	裕华、大华纱厂	山鹿、太极、八卦	楚兴公司	武汉 石家庄	1919 1922
	美亚织绸厂	美亚	莫觞清	上海	1920
	永安纺织印染公司	金城、大鹏	郭乐兄弟	上海	1922
	五和织造厂	鹅	任士刚等	上海	1924
	章华毛纺厂	羊头	刘鸿生	上海	1929
	振兴纺毛厂	双龙		上海	
	天津东亚毛呢纺织公司	抵羊、高射炮	宋棐卿	天津	1932
	新光标准内衣制造厂	新光、司麦脱	傅良俊等	上海	1933
	祥和纺毛厂	飞机	袁绍周	天津	1934
	安乐棉毛纺织染厂	英雄	邓仲和	上海	1936
	萃众毛巾厂	钟牌414	李康年	上海	1937
化学工业	广生行股份有限公司	双妹	冯福田	香港	1898
	燮昌火柴厂	双狮、单狮等	宋炜臣	汉口	1897
	五洲大药房	固本皂	夏粹芳、项松茂	上海	1907
	中国化学工业社	三星	方液仙	上海	1911
	上海家庭工业社	无敌	陈蝶仙	上海	1917
	马利工艺厂	马头	谢锦堂、徐宝琛等	上海	1919
	正泰信记橡皮制物厂	回力	刘永康、石芝珊	上海	1927
	大中华橡胶厂	双钱	余芝卿、薛福基	上海	1928

·5·

续表

行业分类	厂商名称	主要牌子	创办人	所在地	创办时间（年）
饮食品业	张裕酿酒公司	双骐麟	张弼士	烟台	1892
	阜丰面粉厂	老车	孙多森、孙多鑫	上海	1898
	福新、茂新面粉厂	兵船	荣敬宗、荣德生	无锡	1900
	久大精盐公司	海王星	范旭东	天津	1914
	冠生园	生字	冼冠生	上海	1915
	天厨味精厂	佛手	吴蕴初、张云逸	上海	1923
	百好炼乳厂	白日擒雕	吴百亨	温州	1926
机电工业	上海华生电器厂	华生	杨济川、叶友才	上海	1916
	亚浦耳电器厂	亚字	胡西园	上海	1922
	上海协昌缝纫机	狮牌	沈玉山	上海	1919
医药用品	中法大药房	龙虎	黄楚九	上海	1889
	上海信谊化学制药厂	信谊	谢克明、鲍国昌	上海	1922
	新亚化学制药厂	新亚	许冠群	上海	1926
	永安堂虎标大药房	虎标	胡文虎、胡文豹	上海	1927
工业原料	启新洋灰公司	马	周学熙	唐山	1906
	天津永利制碱公司	红三角	范旭东	天津	1916
	振华实业公司	飞虎	邵晋卿	上海	1916
	耀华玻璃公司	耀华	周学熙	天津	1922
手工业品	上海一心牙刷厂	红心	温少鹤、戴至诚	上海	1920
	梁新记兄弟牙刷公司	双十	梁日新兄弟	广东 上海	1908
服装业	盛锡福帽庄	三帽	刘锡三	天津	1911
	鸿翔时装公司	鸿翔	金鸿翔	上海	1917
	上海新光标准内衣染织厂	新光、司麦脱	傅良骏等	上海	1933
	鹤鸣皮鞋店	鹤鸣	杨抚生	上海	1936

续表

行业分类	厂商名称	主要牌子	创办人	所在地	创办时间
百货服务业	亨得利钟表行	亨得利	尹启霖	宁波	1872
	先施公司	先施	马应彪、黄焕南	香港 上海	1900
	永安公司	永安	郭乐、郭泉	香港 上海	1907 1918
	新新百货公司	新新	李煜堂、李敏周	上海	1926
	大新百货公司	大新	蔡昌兄弟	上海	1936
	祥生出租汽车公司	祥生	周祥生	上海	1919

以上行业的划分，参考了近代国货运动中的国货商场、国货陈列所的标准。工商部国货陈列馆分类：染织工业、化学工业、饮食工业、电机工业、手工制造、艺术出品、教育用品、工业原料、其他商品等。① 河北省国货陈列馆分类：服装类、饮食类、建筑类、家常用品类、燃料类、化妆类、陈设装潢类、药物类、教育类、机器类、工业用品类、农业日用品类、矿产类。② 山东国货陈列馆将陈列品分类：染织工业品类、化学工业品类、机制品类、手工品类、教育用品、艺术品、饮食品类、医药品类、工业原料品类。③ 上海国货陈列馆分类：染织工业类、化学工业、饮食工业类、机电工业类、手工制造类、艺术出品类、教育用品类、医药用品类、工业原料类、其他商品类等。④ 卷烟业中的南洋兄弟烟草公司、华成烟草公司等，在近代民族品牌中独树一帜，因此将其从饮食品业中单列出来，而农业日用品、矿产、艺术品等，这些行业的发展还未有"品牌"或"商标"创牌的特征，因此未列其中。

"广告"一词也是外来语，源于拉丁文"Advertere"，意思是"注意"或

---

① 《工商部中华国货展览会实录》，出版者不详，1929年版，第5页。
② 参见河北省国货陈列馆《河北省国货陈列馆国货年刊》，河北国货陈列馆1934年版，目录。
③ 参见山东省国货陈列馆《山东省国货陈列管国货年刊：民国二十一、二十二年合编》，山东省国货陈列馆1933年版，目录、本馆陈列品一览1—182。
④ 参见上海市国货陈列馆编查股《上海市国货陈列馆十九年年刊》，上海市国货陈列馆总务股1930年版，第128页。

"诱导"。"广告"是近代的名称,这两个字来自日本,自1906年在中国开始出现。近代国人对此有多种定义,或狭义或广义,或心理或字面,在本书的研究中,笔者倾向于近代时人冯鸿鑫的说法,广告"是厂商或商人利用文字、图画、语言、招贴,或举动,知照大众,而引人注目,及引起顾客购买货物或代顾客服役,以便达到招徕、推销、扩展业务的一种方法"①。广告是企业推销产品,塑造企业形象的有力工具。

"广告"与"品牌"的关系,诚如大卫·奥格威在20世纪50年代所言:"我们坚信每一则广告都必须被看成是对品牌形象的这种复杂的象征符号做贡献,被看成是对品牌声誉所做的长期投资的一部分。"② 因此,广告传播帮助企业在对外市场中,与它的目标受众进行沟通。广告传播是企业在消费者心目中打造品牌形象、促成购买的重要宣传工具。本书侧重于民族品牌的广告传播要素、广告传播媒介、传播效果等的研究。

综上所述,本书的研究内容以近代民族品牌为主要对象,对其品牌创建发展中的广告传播要素、广告传播网络及其传播效果等进行系统性回顾、分析和总结,并试图以历时和现世的观点去回顾和反思近代民族品牌发展所留下的经验和遗憾,为今天民族品牌的发展做一些历史性经验和教训的总结,同时也可以为民族品牌的复兴寻找一些可供资鉴的民族文化和符号元素。

(二) 研究意义

世纪之交,中国的民族品牌正在经历着一场生死存亡的艰难演变过程,有太多的民族品牌被外资吞噬兼并,如大家耳熟能详的中华牙膏、美加净、小护士、大宝、乐百氏、双汇、南孚、哈啤等,让无数的中华儿女痛心不已。也有一些民族品牌历经百年的风雨砥砺、化蛹成蝶,如联想、海尔、青岛啤酒等,成为国际社会中国家形象和民族性格的象征。近年来,中国政府为提升民族品牌的国际形象,也开始在全球范围播放中国形象的广告。2009年11月,商务部花费千万巨资在CNN等国外主流媒体上,播放了长达30秒的"中国制造"广告,为民族品牌在全球范围内播下了一曲福音。政府逐渐意识到,国家形象对于推动民族品牌在国际社会的影响力有重要意义。

回顾历史,中国近代工商业发展史上出现了许多著名的民族品牌,它们在市

---

① 冯鸿鑫:《广告学》,中华书局1948年版,第1页。
② [美]大卫·奥格威:《一个广告人的自白》,林桦译,中国友谊出版公司1991年版,序。

场竞争中，资金、设备等同样处于劣势。外商挟巨大资本与不平等条约之优势以及各地分厂之众多，在市场上具有很强的竞争力和渗透力。当时"许多的乡村中不知道'孙中山'是何许人，但很少的地方不知道'大英牌'香烟"①。难能可贵的是，国人在内忧外患的困境中，依然挺起不屈的脊梁，塑造了许多著名的民族品牌，与外商品牌一竞高下，甚至将其赶出中国市场。站在新世纪的门槛，追溯过去，我们不禁为先人的自强不息而感到骄傲和自豪，同样也对其如何创牌和广为宣传感到疑惑。因此，本书对中国近代民族品牌的广告传播进行回顾、分析和总结，正是对当下民族品牌的发展和全球化传播等现实性问题的历史关照，试图为其发展找寻规律性的借鉴和教训。

1. 深入史料挖掘，还原历史本源。有关近代民族企业的档案整理，已形成一个庞大的"抢救文化遗产工程"。而针对品牌创建、广告传播方面的资料，还未有学者进行过专门的挖掘。通过本书的研究，可以使更多的档案资料和历史记忆得以挖掘和整理，见证近代民族品牌的发展。

2. 系统总结分析民族品牌建设与广告传播的特征、内涵与得失。目前有关民族品牌的理论研究，尤其是近代民族品牌的研究还比较少，特别从广告传播与品牌互动方面的还没有。本书旨在弥补这方面的不足，系统总结、分析近代民族品牌建设与广告传播的特征、内涵与得失。

3. 丰富广告史、品牌史的研究，完善学科体系建设。广告学、品牌学在长期的发展过程中，相对理论与应用研究而言，"史"的研究相对逊色。因此，对民族品牌的广告传播进行系统研究，既可以丰富品牌发展史、广告史、经济史的研究，也有助于完善广告学、品牌学的学科理论体系建设。

4. 鉴前人得失，古为今用。在中国近代社会，有许多民族企业同样面临资本、技术与设备等困境以及外来品牌的打压与兼并，但是依然创建了影响整个中国近代经济命脉的民族品牌，他们是如何创建传播的，其经验和教训对当今民族品牌的发展具有重要的现实意义和借鉴价值。

5. 重塑民族品牌自信心和责任意识。近代民族品牌是民族工商业百年沉淀的独特标识，带有浓厚的历史印记和时代特色，是城市重要的历史文脉。通过对近代民族品牌与广告传播的互动研究，可以重塑民族品牌的自信心和责任意识，

---

① 希超：《英美烟公司对于中国国民经济的侵蚀》，载中国经济情报社编《中国经济论文集》，生活书店1934年版，第93页。

增强民族品牌认同感和责任感，振奋民族精神，培养"新国货运动"的消费意识，进而扩大内需，回应"十二五"规划的战略要求。

6. 传承、创新民族品牌资源。近年来，一些民族品牌借助于社会上对民族品牌的关注走向新的发展，如创建于1927年的"回力"球鞋，再次受到消费者的喜爱。一些影视节目如《上海，上海》《阴丹士林》等也纷纷将创作元素聚焦于近代民族品牌，对同时期民族品牌的发展和创意元素进行研究，可以使更多的民族品牌资源得以传承、创新、发展。

三 研究综述

以"民族品牌"和"广告传播"为视点研究中国近代民族工商业，要涉及两个领域，其一为"民族工商业"，因民族工商业是民族品牌的根基，民族品牌是民族工商业重要的精神和载体；其二为"广告传播"，广告之于品牌的关系，诚如广告大师大卫·奥格威所言："我们坚信每一则广告都必须被看成是对品牌形象的这种复杂的象征符号做贡献，被看成是对品牌声誉所做的长期投资的一部分。"[1] 有关"近代民族工商业"和"近代广告"的研究，正如本书研究的两驾马车，在浩如烟海的历史中，已是硕果累累，成为本书研究的基石。

有关近代经济、工商业发展的论著颇多，似乎《货殖列传》的撰写自古至今，历朝历代都未停止过。即便是战争的炮火喧嚣尘上，有关经济发展的思考和纪事是人类永不疲倦的尘事。20世纪20年代李作栋的《中国今日之经济政策》[2]，从会计、货币、国债、银行、租税等方面介绍了我国的经济制度、政策和应用方法，并载录了民国初年颁布的各项法规和条例。陈友琴的《现代中国经济略史》[3] 对晚清以来的中国人口、工农业状况、劳动组织和立法状况进行了介绍。杨先钧的《帝国主义经济侵略下之中国》[4]，记录了外商自清末以来在华进出口贸易、开设工厂，以及在沿海、内河航线、铁路物资等方面的经济侵略状况。王云五、李圣五的《中国经济问题》[5] 对中国的土地分配问题等进行了介绍。严中平的《中国棉业之发展》[6] 是较早以某一具体行业为研究对象的经济史

---

[1] [美] 大卫·奥格威：《一个广告人的自白》，林桦译，中国友谊出版公司1991年版，序。
[2] 李作栋：《中国今日之经济政策》，日清印刷株式会社1913年版。
[3] 陈友琴：《现代中国经济略史》，三民书店1928年版。
[4] 杨先钧：《帝国主义经济侵略下之中国》，太平洋书店1929年版。
[5] 王云五、李圣五：《中国经济问题》，商务印书馆1934年版。
[6] 严中平：《中国棉业之发展》，商务印书馆1944年版。

专著。钱亦石的《近代中国经济史》①第三、四章对中国近代企业和国民经济的发展状况进行了介绍。张毓珊的《经济思想史》②从思想史的角度，对亚当·斯密以前的经济学说、古典经济学说、社会主义的潮流、现代经济学说的主潮等，进行了分别论述。关吉玉的《十五年来中国经济》③介绍了中国自"九·一八"事变后，中国财政、金融、贸易、交通、工矿、地政、农林等各方面的情况。贾植芳的《近代中国经济社会》④分四编记叙了清代以来的中国经济和社会发展，诸如清廷的军事、产业和租税政策，清代商人的类型、伦理观念等，并对清末广东"十三行"的发展以及清末制造业的地位、生产状况和新兴产业进行了编撰。这些论著以叙述记录为主，理论分析较少，但其中都或多或少对当时民族工业的发展进行了记载和介绍，成为我们研究近代民族品牌的珍贵史料。

新中国成立以后，孙毓堂主编的《中国近代工业史资料·第一辑：1840—1895》⑤第四章民族资本经营的近代工业，对清末民族资本经营的纺织业、面粉、火柴、造纸、印刷工业、船舶修造业、机器修理业、煤矿等进行了资料收录。汪敬虞的《中国近代工业史资料·第二辑：1895—1914》⑥继孙毓堂之后，对清末至民初的中国工业发展进行了征录，其中第三、四章对民族工业的初步发展、资本和产品市场等进行了资料整理。陈真、姚洛的《中国近代工业史资料·第一辑：民族资本创办和经营的工业》⑦爬梳了新中国成立前中国工业发展的史料，第二部分对申新、福新、茂新公司，刘鸿生和他的企业，永安公司、三友实业社、美亚织绸公司、张裕葡萄酒、南洋兄弟烟草有限公司、冼冠生的冠生园、中国化学工业社、家庭大药房等238家工厂进行了资料整理和收集。有关中国近代经济发展的论著，还有中国科学院经济研究所编辑的《中国近代经济史统计资料选辑》⑧《南洋兄弟烟草公司史料》⑨等，这些论著以资料搜集见长，为本书的研究

---

① 钱亦石：《近代中国经济史》，生活书店1939年版。
② 张毓珊：《经济思想史》，商务印书馆1947年版。
③ 关吉玉：《十五年来中国经济》，经济研究社辽沈分社1947年版。
④ 贾植芳：《近代中国经济社会》，棠棣出版社1949年版。
⑤ 孙毓堂：《中国近代工业史资料·第一辑：1840—1895》，科学出版社1957年版。
⑥ 汪敬虞：《中国近代工业史资料·第二辑：1895—1914》，科学出版社1957年版。
⑦ 陈真、姚洛：《中国近代工业史资料·第一辑：民族资本创办和经营的工业》，生活·读书·新知三联书店1957年版。
⑧ 严中平等：《中国近代经济史统计资料选辑》，科学出版社1955年版。
⑨ 中国社会科学院上海经济研究所、上海社会科学院经济研究所编：《南洋兄弟烟草公司史料》，上海人民出版社1958年版。

提供了恢宏的档案资料和叙事背景,但由于其资料收集以工业发展史为依据,且具有时代赋予的意识形态和政治色彩。在"品牌"和"广告"方面,都言之甚少。

20世纪80年代后,政治上拨乱反正,市场经济的发展借鉴国外先进经营管理经验的影响,使得近代民族工商业的研究,趋向于企业经营的角度,在学科背景上综合了心理学、文化学、社会学和经济学,研究成果在角度深度和视野方面均超过前者,主要有《刘鸿生企业史料》[①]《上海永安公司的产生、发展和改造》[②]《荣家企业发展史》[③]《吴蕴初企业史料·天原化工厂卷》[④]《吴蕴初企业史料·天厨味精厂卷》[⑤]等。

此外,较为著名的行业史研究有《中国近代面粉工业史》[⑥]《上海近代西药行业史》[⑦]《上海近代民族卷烟工业》[⑧]《中国近代缫丝工业史》[⑨]《上海近代工业史》[⑩]等,对近代面粉业、西药业、卷烟业、橡胶业等进行了历时性的整体性研究,为本书的研究提供了宏观的行业认知。

国外康奈尔大学教授高家龙（Sherman Cochran）也饶有兴趣地对中国近代民族品牌的研究做了不少努力,他的《中国的大企业——烟草工业中的中外竞争（1890—1930）》[⑪]主要探讨了英美烟公司与南洋兄弟烟草公司在中国市场上的竞争,对近代中国的企业精神的性质和作用、中国经济民族主义等问题提出了不少富有新意的见解。他的另外一本著作《大公司与关系网:中国境内的西方、日本和华商大企业（1880—1937）》[⑫]剖析了近代美孚石油公司、英美烟公司等外资企业与民族企业申新纱厂、大中华火柴厂等的市场营销竞争,以说明西方的管理模式与中国社会的"关系网"对这些企业在中国开拓市场方面的营销和作用等。

[①] 上海社会科学院经济研究所:《刘鸿生企业史料》全三册,上海人民出版社1981年版。
[②] 上海社会科学院经济研究所:《上海永安公司的产生、发展和改造》,上海人民出版社1981年版。
[③] 许维雍、黄汉民:《荣家企业发展史》,人民出版社1985年版。
[④] 上海档案馆:《吴蕴初企业史料·天原化工厂卷》,中国档案出版社1989年版。
[⑤] 上海档案馆:《吴蕴初企业史料·天厨味精厂卷》,中国档案出版社1992年版。
[⑥] 上海市粮食局等:《中国近代面粉工业史》,中华书局1987年版。
[⑦] 上海市医药局:《上海近代西药行业史》,上海社会科学院出版社1988年版。
[⑧] 方宪堂:《上海近代民族卷烟工业》,上海社会科学院出版社1989年版。
[⑨] 徐新吾等:《中国近代缫丝工业史》,上海人民出版社1990年版。
[⑩] 徐新吾等:《上海近代工业史》,上海社会科学院出版社1998年版。
[⑪] [美]高家龙:《中国的大企业:烟草工业中的中外竞争（1890—1930）》,樊书华、程麟荪译,商务印书馆2001年版。
[⑫] [美]高家龙:《大公司与关系网:中国境内的西方、日本和华商大企业（1880—1937）》,樊书华、程麟荪译,上海社会科学院出版社2002年版。

上述研究成果都与中国近代民族品牌的发展密切相关，为本书的研究提供了坚实基础。但是由于数量众多，难以一一枚举。笔者在行文中对直接涉及者会予以说明。就本书的研究内容而言，在研究角度上与上述成果不相一致，本书考察的对象是近代民族工商业著名品牌的广告传播这一问题。从这一意义上而言，比较接近的著作，主要有严国海的《中国近代国货名牌的创立》[①] 分上下篇对近代国货名牌创建的市场环境及纺织、食品、卷烟、化工、医药、电器、造纸等行业的著名国货品牌进行了历史性回顾与分析，侧重点在如何创建，有关广告传播的研究着墨较少。秦其文的《中国近代企业广告研究》[②] 从企业经济史的角度对中国近代企业的广告活动进行了研究，凸显了广告的中国近代企业行为，但由于涉猎面过于宽泛，并未专门言及广告与品牌的互动发展。林德发的《中国近代民族企业文化》[③] 从企业文化的角度，阐述了近代民族企业的产生背景、具体内容、发展状况、形成原因及历史定位等，并在比较中日企业文化的基础上，对现代企业文化建设提出了历史的启示。左旭初的《中国商标史话》《中国近代商标简史》和《著名企业家与名牌商标》[④] 从商标管理的角度，以时间为序，对中国近代商标发展史上的重大活动和典型事例进行了详细叙述，其范围过广，品牌传播的聚焦略显不足。林升栋的《20世纪上半叶：品牌在中国》[⑤] 以《申报》史料为基础，整理和研究了1908—1949年中外品牌在中国的广告活动，涉及的近代民族品牌有冠生园、人造自来血、人丹、双妹、双十牌牙刷、回力、鹤鸣、张裕、南洋兄弟烟草公司等，将早期民族品牌的广告与现代广告进行对比关照，对本书的研究具有重要的参考价值。但此书以个案为研究对象，广告活动亦局限于《申报》一家，无法呈现民族品牌的广告运动全貌。

有关近代民族工商业的论文不胜枚举，在此不再赘述。笔者目前见到的聚焦于与本书相关的"近代民族品牌"相关研究，主要有钟祥财的《简析上海近代民族企业集团的经营管理思想》，吕亮、张文的《近代民族企业的"名牌"意

[①] 严国海：《中国近代国货名牌的创立》，立信会计出版社2000年版。
[②] 秦其文：《中国近代企业广告研究》，知识产权出版社2000年版。
[③] 林德发：《中国近代民族企业文化》，经济管理出版社2010年版。
[④] 左旭初：《中国商标史话》，百花文艺出版社2002年版；《中国近代商标简史》，学林出版社2003年版；《著名企业家与名牌商标》，上海社会科学院出版社2008年版。
[⑤] 林升栋：《20世纪上半叶：品牌在中国》，厦门大学出版社2011年版。

识》，① 分别从某个"点"论及民族企业，仍属于经营管理思想的研究范畴。汪永平、贺宏斌的《中国近代知名民族品牌的名称研究》② 从品牌名称本身，研究其名称的构思来源、文化内涵及特点。易斌的《民国时期民族纺织品商标品牌的形成》、王仲的《民国时期上海知名品牌及其营销策略探析》③ 分别以纺织品商标品牌和上海知名品牌为研究对象，对其品牌形成中的商标设计、保护、广告宣传，品牌兴盛的背景、命名特征和营销策略等进行研究。这些论文因受篇幅所限，关注的角度和对象较为单一，近代民族品牌的广告传播活动仍有较大的研究空间。

另外，有关"近代广告"的研究综述，参见笔者博士学位论文《民国时期广告观研究》的绪论部分，在此不再赘述。

综上所述，国内外学者对中国近代民族品牌的研究，多从结构功能主义的理论视野出发，从行业史、经济史的角度，对某一行业或企业进行历时性或比较性研究。还少有学者从社会互动与意义生产的理论视角，关注近代民族品牌与广告的互动发展、品牌生产的意义与广告传播等。本书即从广告与品牌及其与社会互动发展的角度，对中国近代民族品牌的广告传播进行全面系统的论证和建构，努力实现其应有的理论价值和应用价值。

四　研究路径和论文框架

（一）研究方法

本书的研究，主要从社会学、经济学、品牌学、广告学的角度，采用定性与定量相结合的研究方法，对中国近代民族品牌的广告传播进行系统全面的研究，具体如下。

1. 个案研究法

以近代民族品牌这一群体为研究对象，以档案文献为研究的资料基础，对民族品牌发展的全过程进行调查分析，从而研究其广告传播与社会发展的互动过程。档案文献主要以上海档案馆、天津档案馆、中国第二历史档案馆等地的资料

---

① 钟祥财：《简析上海近代民族企业集团的经营管理思想》，《上海经济研究》1990 年第 4 期；吕亮、张文：《近代民族企业的"名牌"意识》，《史学月刊》1996 年第 6 期。
② 汪永平、贺宏斌：《中国近代知名民族品牌的名称研究》，《史学月刊》2007 年第 3 期。
③ 易斌：《民国时期民族纺织品商标品牌的形成》，《消费导刊》2009 年第 5 期；王仲：《民国时期上海知名品牌及其营销策略探析》，《集美大学学报》（哲学社会科学版）2012 年第 1 期。

为主，结合已出版的有关近代民族工商业和各地的文史资料等。

2. 点线面相结合

治史的研究贵在通贯，又贵乎专。由于近代民族品牌自身的发展，不能简单以时间为序，因此，研究中除尝试性地按阶段勾勒其发展特征外，笔者尽可能地做到在同业中选取一二进行比较分析，厘清各品牌的成长环境和竞争环境，只有这样，才能呈现一幅活力、清晰、客观的历史图景。

3. 内容分析法

对近代重要报纸杂志广告所承载的民族品牌信息进行抽样统计和系统分析，与档案文献中所记载的民族品牌的广告传播活动进行关照分析，探讨民族品牌在广告传播过程中传播要素、传播媒介、品牌文化等的发展，研究广告话语中民族意识对品牌发展和社会传播的影响，等等。

（二）创新之处及重点难点

1. 创新点

以往对中国近代民族工商业的研究，侧重于从经济史的角度进行现象描述和动因分析，对于品牌形象构建的广告传播问题较少关注，本书恰从品牌传播的角度，以中国近代民族品牌为研究对象，对其品牌创建、品牌传播及其与近代广告互动发展等问题进行系统性研究，使民族品牌的研究不再局限于企业史、行业史的研究，更多地从品牌传播的角度去关注，同时也使广告史的研究不再拘泥于静态的现象描述，有效地同民族品牌的传播活动结合起来。

在资料运用上，本书以原始的档案文献为主，对上海档案馆、中国第二历史档案馆、天津档案馆等所藏的有关近代民族品牌发展的一手材料进行挖掘整理，试图以当时的人说当时的事，尽量还原历史的本源。

2. 研究重点

对近代民族品牌的传播战略及策略进行深入系统的研究，分别从传播要素、传播手段、媒介策略等进行细化研究。这部分的研究除了借助于企业档案外，还将对同时期报刊广告所刊载的民族品牌的广告话语进行数据统计和系统分析。

做研究重在"经世致用"，本书期望能够通过对近代民族品牌传播与广告之间互动发展的经验与教训进行总结，对现今市场环境中发展的民族品牌提供一些借鉴和启示，这是本书的重点之一。

3. 研究难点

近代民族企业的档案文献很多，但有关品牌传播方面的记录很少。在搜集资料时，应突出"传播"二字，对资料辩证使用。近代民族品牌的民族文化，也是本书的难点，这部分将借助于大量的报刊广告进行抽样统计，与档案文献中的品牌信息进行对照分析。近代民族品牌传播的品牌效应及其与近代广告的互动发展，很难采取问卷调查的方式进行，这部分将采取文献收集的方式，收集近代民族品牌的见证者或记忆者的回忆录等，使整个研究更为鲜活客观。

本书研究的近代民族品牌，只能聚焦于著名品牌，由于其行业个体的特殊性和品牌发展周期不同，很难从总体上把握其共性，因此笔者尽可能地从广告传播的要素、广告网络、广告话语等进行分析，避免陷入典型品牌的个案分析。

（三）论文框架

中国近代民族品牌的广告传播研究，主要探讨五个问题：①民族品牌产生发展的社会环境和历史进程；②近代民族企业的品牌意识和传播意识是如何产生并与广告观念联动发展的？③近代民族品牌传播的模式，要素、传播网络和传播策略；④近代民族品牌的广告传播在动员国民消费国货方面，其传播效果如何？对当时的民族品牌及社会产生了怎样的影响？⑤近代民族品牌的广告传播对当代民族品牌发展的启示，经验和教训如何？

具体如下。

第一章，近代民族品牌产生发展的历史进程。爬梳中国近代民族品牌产生发展的社会环境，包括市场环境、文化环境、制度环境、技术环境等，为其后的研究做背景性分析。根据近代民族工商业的发展，将民族品牌的发展分为四个阶段：清末民初（清末至1911年）；民国初年（1912—1926）；20世纪30年代（1927—1937）；抗战时期（1938—1949）。分析各阶段品牌发展的特点。

第二章，近代民族企业的品牌启蒙与广告观念分析。民族资本在内外多方因素的启蒙与教育下，品牌意识与广告观念得以觉醒。最初的品牌意识，多倾向于"牌子""企业方针"等的认知，如经营商业"应该要有一二个特点，这一二个特点，不管是商标或记号也好；货物的特色也好；服务的精神也好，包装的新美也好，总之是要就商店各部门，找出一二个与众不同、戛戛独造的事物，加以发扬与宣传，使于营业推广上，有所裨助"①。这实际上就是我们所理解的品牌文化，只是当时国人对"品牌"的理解还不成系统，但是品牌意识已经萌发，这一品牌意识与民国初年华商广告意识的觉醒在功能上实现对接，进而推动了民族

---

① 诚毅：《营业方针与政策》，《商业实务》1940年第1期。

品牌的创建和传播。

第三章，近代民族品牌的广告传播模式分析。传播模式包括传播要素、传播媒介等。具体而言，传播要素包括品牌名称、商标、产品、口号及包装等；传播媒介包括品牌初建期、成长期、成熟期等的传播策略，具体媒介包括报纸、霓虹灯、实物展示、时装表演、节日庆典等，还有企业专刊，如《抵羊声》《永安月刊》等。

第四章，近代民族品牌的广告传播效果分析。从品牌自身和社会传播互动两方面入手，分析近代民族品牌在品牌认知、品牌销售等方面所取得的成绩，同时运用社会学和语义学的角度，对近代民族品牌的广告话语进行统计，分析其广告传播在动员国民消费民族品牌方面，其效果如何，对企业自身及社会各方面所产生的影响。同时用发展的眼光，探究对当前民族品牌的广告传播所带来的影响。笔者发现，民族品牌的广告传播，其所强调的"中国人请用国货"等，其宣传消费的本身已超越了商品和服务本身的使用价值，而更多地具有了符号学的象征意义——"国族建构"，广告在某种程度上也构建了近代社会民族国家的认知。

第五章，对近代民族品牌广告传播的反思。这也是本书的小结，近代民族品牌的广告传播对当今民族品牌发展有哪些经验和教训，是本书研究的重点。笔者发现，部分民族品牌在品牌命名和商标设计上，带有浓重的民族主义色彩和排他性，如"抵羊""无敌"等，当这种排他性符合本民族利益，满足消费者心理需求时，能对品牌形象的传播产生正的推动力。但是如果品牌的发展过于依赖感情的渲染和机会主义，对内不能有效地满足市场和消费者需求，对外无法与外来品牌相抗衡，品牌内涵缺乏应有的适应力和竞争力的话，也会使品牌的发展"外强中干"，难以持续发展。做品牌最重要的，还是要有社会责任意识，然后才能真正做大做强。

第一章　近代民族品牌产生发展的历史进程

民族工业是国家崛起、民族振兴、参与国际交往与竞争的根本，其重要的精神和载体要通过民族品牌表现出来，被称作是国家的名片和民族的骄傲。中国近代民族品牌的产生发展，与民族工商业的发展相伴而生、毛皮共存。目前学术界普遍将中国近代民族工业的产生界定为19世纪70年代洋务派兴办民用工矿、纺织等民用企业开始，而品牌之始，至少晚了近二十年。发轫之初，中国民族工商业就一直在帝国主义的倾轧和封建主义的盘剥双重压力下，异常艰难。虽遇第一次世界大战全民排外的"国货运动"，但其成长的社会环境极其不易，民族工商业赖以生存的技术、资本、制度、市场等都面临重重阻力。站在新世纪的门槛，回望近代民族工商业的发展，我们仍可以历数许多令我们自豪和骄傲的民族品牌，"兵船"面粉、"美丽"牌香烟、"抵羊"牌毛线、"回力"牌球鞋等，有许多民族品牌已发展成为百年品牌，如"冠生园"食品、"新亚"制药、"华生"电器等。

中国近代民族品牌产生发展的历史进程，遵循民族工商业的发展以及同时期世界经济的发展，分为四个阶段：清末民初（清末至1911年）；民国初年（1912—1926）；20世纪二三十年代（1927—1936）；抗战时期及新中国成立前（1937—1949）。当然，在具体言及各阶段民族品牌的发展时，并不能完全以某一年为具体分割点，品牌的成长和发展需要时间的积累，各阶段有继承、有发展。

第一节　清末民初民族品牌的发展

鸦片战争的炮火，惊醒了清朝朝野上下的迷蒙。1842年中英《南京条约》的签订，英国用武力获得了在中国的种种政治经济特权。于是，其他各国也争先恐后，仗着军事上的实力，对中国恐吓或用武力手段，攫取了政治上的特权，以达到经济侵略的目的。中国的门户就此开放，西方产业革命的商品遂如潮水般涌入中国市场；西方列强在各通商口岸，建立工厂，以霸占中国市场；创建银行，以操纵经济命脉，使我国民生凋敝，经济颓败。

一 清末民初的市场环境

1. 舶来品横行，利源外流

古老封闭的中国，一直以来都是男耕女织、自给自足的生活。但鸦片战争一役，我国市场逐渐变成洋货的倾销地，舶来品源源而来，国人的金钱滚滚而出。于是入超增加，中国的广袤地域成为各国商品倾销的尾巷。物美价廉的工业品，使得中国传统的自然经济遭到破坏，经济破产，农村生产凋敝，民生困苦。"舶来品侵入以后机工擅巧夺目，手工品乃随鄙弃；国人罔察，争相购用，以致年溢三万万元的巨额，此等数目，实堪咋舌。"[①] 在舶来品中，洋纱洋布等棉纺织品在进口货物的比值，逐年上升后一跃成为最多。19世纪80年代，其生产运输的费用减少，价格下跌，对我国土布、土纱是沉重的打击，大批以纺纱为业的妇女纷纷失业。1894年，郑观应在《商战》中指出：外国输入的洋货，"大宗有二：一则曰鸦片每年约耗银三千三百万两。一则曰棉纱、棉布两种每年约共耗银五千三百万两。此尽人而知为巨款者也"[②]。进口洋货中，每年仅纺织品一项，就达三千余万两，漏卮极大。

2. 民间日用，无一不"洋"

洋货进入中国，引起中国市场的巨大变化，最初洋货的输入，受到传统的手工业品的抵制。但是对于讲究实用的中国人而言，抵制物美价廉的工业产品，是难以持久的。洋纱洋布，从通商口岸，一泻千里，遍及全国。1883年，英国驻华领事报告书宣称："棉纱线消费的巨大增长是一个值得注意的现象。不仅上海邻近地区如此，全国也都如此。在每一个村庄都有英国棉线出售，每一个商店的货架上都可以看到英国棉线。"[③] 于是，朝野上下，自服饰至日用饮食，亦舍弃国产，唯舶来是求。"工辍其业，妇停其织。……夫以科学上必需与夫制造原料，

[①]《国货展览会特刊》1933年，卷头语。
[②] 夏东元：《郑观应集》上册，上海人民出版社1982年版，第586—587页。
[③] 参见李文治《中国近代农业史资料》第一辑，生活·读书·新知三联书店1957年版，第497页。

求诸于国外，犹可说也。今并服食之品，亦鄙国产，不惜求诸舶来，抑何其悖欤？"① 我国本以农业立国，但随着洋货的倾销，仰光米、美洲麦，竞相充斥于国内市场，衣食皆仰给外人。

在广州，"大街上可以看到许多商店出售外国食品，全是供给中国人消费的。洋酒，特别是香槟酒，同糖食、饼干、沙拉油和罐头牛乳，一起陈列在货架上"②。在淡水，"外国糖果、香水、罐头牛奶正在大量输入这个小地方"③。在汉口，"对于外国制造的杂货，如玩具、工具、铅笔、图画、装饰品、伞、利器、假珠宝、肥皂等的需要，也不断增加。这些货物已成为一般商店的商品。在汉口街上和武昌、汉阳城内，开设了十家这样的商店，以供应本地人的需要"④。即使在偏僻的云南昭通的商店里，也"洋货颇多"，有洋布、钟表、纽扣等，以致出现"民间日用，无一不用洋货"的现象。世人习于消费，一般都只晓得洋布、洋火、洋伞、洋碱、洋油等，而对于国货则无所从知，选购商品，莫不以洋货为最。

外货倾销的原因之一，即中国关税制度不能完全自主，不能随意提高进口关税的增减，来抵御外货的倾销。同时，由列强主导的货币汇率也给民族工业以沉重打击，使得其产品即使在增加了运费、关税等一系列费用之后，其价格仍然可以比国货低廉。

二 清末民初的政治文化环境

1. 洋务运动自强、求富

以"自强""求富"为号召的洋务运动，应是中国近代工业的伊始，"它是缩小中国与西方差距的近代化运动，也是同光之间的改革运动"⑤。最初本着"师夷长技以制夷"的指导思想，洋务派购买了大批新式武器、舰船，创办近代军用工业，如江南织造总局、金陵制造局、福州船政局、天津机器局、兰州制造局、山东机器局等，但由于这些企业面临帝国主义和封建势力的双重围剿，并未

---

① 王镂冰：《发刊词（三）》，《国货研究月刊》1932年第1期。
② Commercial Reports，1894，广州，p.9。载姚贤镐《中国近代对外贸易史资料1840—1895》第二册，中华书局1962年版，第1098页。
③ 同上书，第1102页。
④ 同上书，第1105页。
⑤ 唐振常：《上海史》，上海人民出版社1989年版，第255页。

起到抵御外来侵略的作用，只是在镇压农民起义方面提供了新式武器。这些军用工业的资金产品完全由清政府提供消耗，无盈利可言，因此尚不能称作近代民族工业的开始。19世纪自70年代，洋务派又打着"求富"的旗号，创办民用工业，其经营方式有官办、官督商办和官商合办三种形式，创办企业有上海机器织布局、湖北织布官局等。因棉纺业技术成本较低，"获利颇丰"，遂成为甲午战后近代民族纺织业风生水起的先导。曾国藩、李鸿章、张之洞等所倡导的洋务运动，继承了魏源"师夷长技以制夷"的思想，在封建体制内部学习引进西方先进科技，试图改良晚清政体下的军事、经济等，其"制夷"论和"自强求富"的呼声成为近代民族工业发展的指导方略，创办的军用工业和民用工业成为近代民族工商业发展的孵化器。

2. 商战思潮的兴起

以郑观应为代表的先进的中国资产阶级思想家、实业家提出"商战"，提倡大力发展民族工商业，使国货在质量上、价格上可与外国商品并驾齐驱，甚至风光独具，"必使中国所需外洋者皆能自制，外国所需于中国者皆可运销"[①]。中国自古重农轻商，农业立国。然而鸦片洋货的倾销，使清政府不得不承认商战的激烈。清末"商战"论开始盛行，最初是王韬，他指出中外贸易的祸患在于"钱币泄漏"，他主张办企业以"兴利"。郑观应是"商战"理论的集大成者，他很早就提出"习兵站，不如习商战"，1892年明确提出"商战"的口号，认为"兵之吞并，祸人易觉；商之掊克，敝国无形"[②]。同时，郑观应还明确提出发展我国民族工业，以抵制西方商品的进口，提出减免厘税、广购机器、振兴丝茶工业等十大办法，呼吁清政府重商护商。商战思潮在清末报刊舆论的推动下，在全社会形成广泛的共识，百日维新和清末新政，都将发展工商业放在极其重要的地位，这对于压抑着的民族工商业，无异于一抹清新空气，在广袤的大地上悄然生长，万物润生。

3. 商部成立，鼓励办厂

清末，政府为了"以商兴邦"开始新政。1903年成立商部，这是中国第一次建立了促进、保护和奖励工商业发展的国家机构，中国"实业之有政策，以设

[①] 夏东元：《郑观应集》上册，上海人民出版社1982年版，第616页。
[②] 郑观应：《盛世危言》，王贻梁评注，中州古籍出版社1998年版，第292页。

立商部始"①。清政府通过建立商部来调节官商关系、制定商律、劝办商会、奖励工商等。1906 年,清政府将工部并入商部,改为农工商部,成为管理全国农工商政和农工商各项公司、局、厂等事物的最高行政机关。商部相继颁布了《商人通例》《公司律》《公司注册试办章程》《奖励华商公司章程》《奖给商勋章程》等,立法保护商民自由经营实业的权利,从法律上保障了民族工商业的发展。1904 年 1 月,清政府允许商人成立自己的组织——商会,制定了《商会简明章程》,使商会成为联络和管理各地实业事业的民间组织。一时间,朝野上下,兴办实业的风气蔚然成风,1903—1908 年的五年间,注册登记的各类公司就达 265 家,注册公司以工业为多,纺织公司最多,制粉、炼瓦、制瓷、制烟等次之。

4. 商标试办,保护牌子

1902 年中英续约,其中第七款规定,"中国现亦应允保护英商贸易牌号,以防中国人民违犯,迹近假冒之弊。由南北洋大臣在各管辖境内设立牌号注册局所一处,派归海关管理其事,各商到局输纳秉公规费,即将贸易牌号呈明注册,不得藉给他人使用,致生假冒等弊"②。美、日两国也相继在商约中规定,要求中国政府保护他们商民的商标及图书版权。1903 年清廷创设商部,内设商标登录局,委托总税务司赫德代拟商标章程。1904 年 6 月,始有《商标注册章程》共二十八条,细目二十三条。因其法规完全为保护外商,尤其是英商利益,遂一经颁布,立刻引起国人的不满,外商之间亦心存猜忌,遂使商标局未能正式开办。津沪海关仅收受挂号,无从转递核准。1906 年,英、法、德等五国驻华大使和外商针对《商标注册章程》,提出了新的修改意见《各国会议中国商标章程》,送交商务部研究。但经几次修改,都中途夭折,1911 年清政府被推翻,商标立法修订工作不了了之。

由上述可知,我国最初拟定商标管理,实出于保护外商需要。但是客观上也为中国近代民族工业的发展提供了保护商标、保护牌子的法律依据。

三 "襁褓"中成长的民族品牌

马克思、恩格斯在《共产党宣言》中指出:外国资本主义的侵略,"它的商

---

① 高劳:《中国政治通览·实业篇》,《东方杂志》1913 年第 7 期。
② 《论商标注册不应展期》,《东方杂志》1904 年第 12 期。

品的低廉价格，是用它来摧毁一切万里长城、征服野蛮人最顽强的内外心理的重炮，它迫使一切民族——如果它们不想灭亡的话——采用资产阶级生产方式；它迫使它们在自己那里推行所谓文明制度，即变成资产者"。① 鸦片之战，中国军队之溃败，使得清政府痛定思痛，遂有大兴中国军工业之决心。于是自同治元年（1862）至光绪七年（1881），凡二十年，曾国藩于江南设江南造船厂，左宗棠设福州船政局，李鸿章设江南织造局，丁宝桢设四川兵工厂，皆为中国重要之军用工厂，当时朝野上下极少注意民族工商业之发展。后李鸿章、左宗棠、张之洞等筹建机器织布局、招商局、北洋电报局、汉阳铁政局等，皆是中国官办工业之先河，因官习未除，百弊丛生。1895—1902 年，为外人兴办工业时期。中日甲午战争，中国战败，外国人得以在中国通商口岸开设工厂，一时外商工厂风起云涌，日商之东华公司、英商之怡和、德商之东方等纱厂相继成立。中国商人始有利权外溢之觉醒，开始兴办实业。1905—1912 年为收回利权时期，民族工商业得到了初步发展，一度创立了许多知名品牌。

1. 技术依赖

清末民初，中国民族工业的发展在技术上仰仗外商鼻息。最初外商并不情愿看到中国发展实业，向中国转移新技术，但是由于巨额利润的诱惑，使外商不得不成为中国近代工业发展的技术供应商。启新洋灰公司，原为开平矿务局的细棉土厂，被英国资本家霸占，1906 年收回，1907 年改名为"唐山启新洋灰股份有限公司"，水泥商标定为"马"牌。在创办之初，即向史密芝公司购置最新式制造洋灰之旋窑，燃烧洋灰块锭等。后向德国寇利资公司购买一千马力之二级卧式汽力引擎，蒸汽发动。后改为引擎发电机，为德国西门子出品。启新长期聘用外国技术人员，不只是技师，开办之初，技工亦是外国人。荣德生创办的无锡保兴面粉厂，于 1902 年 2 月正式开工，每日出粉 300 包。1905 年，厂务稍见起色，即添置英国钢磨六座，1910 年，添造厂房，装置美国钢磨十二座。正是由于中国民族工业的技术依赖，通过直接引进外国进口设备的方式，决定了中国民族工业的发展牢牢掌控在外国资本允许的范围内，主要表现为机械化程度较低的轻工业或重工业，即使在轻工业内部，也是支离破碎，品种稀少。

2. 自救创牌

清末民初，在外力的倾轧下，民族资本开始生产自救，创立了一些早期的民

---

① 《马克思恩格斯选集》第一卷，人民出版社 1972 年版，第 255 页。

族品牌。1908年1月，启新洋灰有限公司正式投产，每天生产水泥700桶，产品的牌子最初为"太极图"牌，后又改为"马"牌。产品质量非常好，可与进口水泥媲美，很快就畅销国内外，成为中国民族水泥业发展的先驱。第一次世界大战以前，启新洋灰公司的水泥产品以供应铁路、工矿为主，启新与山西同蒲铁路公司、南得铁路总公司等单位订立了长期购用水泥合同，"上届北方销路，其大宗：如京张、京汉、京奉各铁路，今年均订定长年合同，销路较上届为优。此外，北方生意亦多推广，津浦北段开办伊始，购用数很大；南方为创销之处，如津浦南段、皖、赣、江苏各铁路及各大局厂，均能信用，销出亦广"①。启新洋灰通过与忒路公司合作等方式推广"马"牌水泥，营业获得较大发展。1909年2月27日，时任京汉铁路总办郑清濂回复曰："京汉铁路公司曾购用启新洋灰有限公司洋灰八千桶用之各种营造工程均称合格此据。"② 在《启新洋灰有限公司卅周纪念册》中，不仅有林森"尽人之功，因地之利，卅载经营，艰劝永志"，蒋中正"挽回利权"等人的题词，还有来自北宁、津浦、陇海、平汉、平绥、胶济铁路局的祝词，可知启新洋灰参与了清末民初多条铁路项目的建设，甚至还参与了葫芦岛工程处的海底和桥工，获得了"国产洋灰，品质奇瑰，卅年攻错，殚费心裁，塞漏卮而凌欧美，允为建筑之良材"③ 的美誉。

1900年，中孚银行孙仲立创办"阜丰"面粉厂，初为土法磨粉房，后洋粉在中国出现，阜丰亦进行改革，引进机器制粉，创立"脚踏车"牌，其质量"虽未能与洋货比较之，然以售价低廉，故竟颇受人欢迎"④。1924年新厂成立后，运用来路粉机，创设牌子有"红蓝自由车""绿炮车""凤戏牡丹""绿双鱼""双虎""喜鹊"等，货物始与外货较量，威胁到洋货在市场上的地位。

近代实业家荣氏兄弟于1903年创办"保兴"面粉厂，1903年改名为"茂新"面粉厂，其生产的"兵船"牌面粉，"品质好，推销易，又特别注意质地、粉色、经线、分量、外貌装潢、颜色，仿外粉及同业之式样，于是兵船与华兴、阜丰一样好销"⑤。1905年，因抵制美国的兴起，美国"花旗"面粉滞销，民族面粉业获得了较大发展，1905—1913年全国新设面粉厂76家。

---

① 南开大学经济研究所：《启新洋灰公司史料》，生活·读书·新知三联书店1963年版，第164页。
② 启新洋灰有限公司：《启新洋灰有限公司》，出版者不详，出版地不详，1911年版。
③ 启新洋灰有限公司：《启新洋灰有限公司卅周纪念册》，启新洋灰有限公司1935年版。
④ 司徒亚当：《阜丰面粉厂的开山始祖》，《海涛》1946年，第8页。
⑤ 陈真、姚洛：《中国近代工业史资料》第一辑，生活·读书·新知三联书店1957年版，第376页。

图 1-1　"马"牌洋灰商标　　　图 1-2　"兵船"面粉商标

棉纺织业，恒丰纱厂使用的是"多品牌"策略，其生产的纱的牌子为"云鹤"，布之商标为"马"牌、"牛"牌和"羊"牌。1896年，状元实业家张謇创办"大生纱厂"，生产质量精良的"魁星"牌棉纱。1906年，荣宗敬、荣德生和荣瑞馨等七人在无锡设立振新纱厂。1907年组建的五洲药房在项松茂的领导下，很快成为国内知名企业，其生产的"固本皂"，打败了在中国极为畅销的英商"祥茂"皂。

清末民初，列强凭借不平等条约，在华倾销商品和建立工厂，其雄厚的资本、高度的技术和精密的经营，使得其产品在中国市场上犹如水银泻地，一泻千里。1895年中日甲午战败，签订《马关条约》，允许外国在华投资建厂，外国资本在中国的经济侵略空前严重。在收回利权、救亡图存的民族危急中，中国民族工商业开始了积极的尝试发展，喊出了"实业救国""设厂自救"的口号。同时，清末维新报刊的兴办，在文化层面，促进了西方科技、文化、经济等思想的广泛传播，动摇了晚清政府的统治基础。许多民族企业家如张謇、荣德生、荣敬宗等，开始引进西方的先进技术，"使得中国产生了机械工业和运输业，刺激了现代经济部门的发展,并改造了中国经济的空间结构"①。这些企业在技术引进方面,走在了同行业前列,为生产同一标准的品牌产品打下基础。

1905年,抵制美帝虐待华工,全国掀起了"抵制美货"运动,提倡国货,使"当时的民族工业有了一个喘息和发展的机会"②。1908年,因日轮二辰丸私运军火事件,在广东又爆发了一次抵制日货运动,这些社会运动在一定程度上促进了民族产业的发展。

清末民初,中国民族产业的发展,是西方机器文明与东方农耕文明的第一次碰撞和交流的结果,西方科技文明通过不平等条约从沿海通商口岸向内地渗透和传播。在这一阶段,客观上讲,其品牌的创建,仍属于"自救"型,无论是设备生产和外包装等都模仿外货,质次量少,且影响不大。从民族品牌分布的行业来看,以轻工业为主,机械化程度较低,获利较快,主要是由于中国民族产业的技术依赖所决定的。

第二节 民国初年中国民族品牌的发展

民国初建,百废待兴,发展工商业成为社会各界的共识。南京临时政府、北洋政府相继颁布了一系列发展工商业的方针政策,为民族工商业的发展提供了一个有利的政治环境,从而激发了有识之士投资实业的热情。1914年第一次世界大战爆发,欧洲列强因忙于战争无暇东顾,暂时放松了对中国的经济侵略,对华的资本输出和商品有所减少,同时还增加了对面粉、纺织品等战备物资的需求,客观上为民族工商业的发展提供了有利契机。

一 民国初年的市场环境

1. 大战爆发,外货减少

第一次世界大战爆发,为中国民族工业的发展带来了千载难逢的好机会。西方列强几乎全都卷入战争的旋涡中,无暇东顾,尤其是英、德、法等国,虽然日

---

① [法]白吉尔:《中国资产阶级的黄金时代(1911—1937)》,张富强、许世芬译,上海人民出版社1994年版,第27页。
② 汪敬虞:《中国近代工业史资料》第二辑·下册,科学出版社1957年版,第737页。

本货的进口并没受到影响，但进口货的总额在减少。由于战时西方各国国内民用生产的削减、军工用品及民生用品的需求增加，使得中国民族工业的品牌输出有了可能。英国在商业上的退缩，表现在1917—1919年，投放到中国市场上的棉纺织品，与战前相比，减少了48%。① 法国、意大利等国，也同样减少了与中国的经济联系，唯有日本和美国仍然维持并扩大着他们的原有利益。尤其是面粉业，1911年中国输出的面粉为60余万担，欧战以后，输入大减，输出大增。输出之数以1920年为最多，达396万担，价格达1825万海关两，输入之数以1918年为最少。②

进口工业品和外来竞争的颓落，推动了"替代型"民族工业的发展。国外对原料和食品的强烈需求也刺激着出口贸易的增长，世界市场白银价格的上涨，为中国货币购买力的提高创造了客观条件。这些都构成了中国民族工业发展的有利因素。从1912年到1920年，我国棉纺产量的年平均增长率为17.4%，面粉为22.8%，卷烟为36.7%，火柴为12.3%，电力为11.9%，矿冶为9.9%。③ 纺织业从1891年的2家，增至1922年的64家。④ 面粉业在1914年、1915年最盛，1924年由盛转衰，之前已出超，后一变为入超，至1928年，全国面粉厂共计176家。1932年减至128家。

2. 国货运动此起彼伏

1905年开始的抵制洋货、提倡国货运动，在这一时期此起彼伏，为民族工商业的发展提供了良好的社会氛围。1915年，日本提出"二十一条"，激起了各地抵制日货、提倡国货的热潮。日本之"金刚石"牙粉到处风行，1918年创立的上海家庭工业社生产的"无敌"牌牙粉诞生，外货势力遂减。1919年"五四运动"爆发，"抵制日货"是运动的重要内容，拒用日货成为打倒日本帝国主义经济掠夺、粉碎日本侵略的重要手段。如河南洋货店之售品，日本货几占一半。开封、洛阳等地学生、国民、妇女大会纷纷成立后，要求洋货店停售日货。河南总商会会议抵制日货办法，通令各地遵照执行。广大群众拒用日货，拒买日货，以表示反日爱国的决心。1925年，"五卅"惨案，更是激发人们的仇货情绪，各地学生、工人团体纷纷上街游行，日货、英货都被称作仇货，受到抵制。"抵货运动激励了中国人进入烟草工业（和开矿、纺织、航运业、铁路运输、银行业及

---

① 严中平等：《中国近代经济史统计资料》，科学出版社1955年版，第153页。
② 张琴抚、郭逸樵：《社会问题大纲》，乐华图书公司1932年版，第304—305页。
③ 吴承明：《中国资本主义与国内市场》，中国社会科学出版社1985年版，第58页。
④ 张琴抚、郭逸樵：《社会问题大纲》，乐华图书公司1932年版，第301页。

其他西式行业），因为它使他们暂时免除了外国的竞争。"① 就连英美烟公司的董事都觉得"中国的公司机会主义地利用了'如今在整个中国变得日益强烈的"中国是中国人的"这种感情'"②。南洋公司包括其他的民族卷烟厂在"五卅"运动中都获得了发展。

二 民国初年的政治文化环境

1. 兴建实业团体

民国初年，各地工商业者成立了各种类型的实业团体，联络感情，倡导民族工商业发展。据统计至1913年成立的民间实业团体，多达95个。③ 辛亥革命引发改易服式，组建"中华国货维持会"，其宗旨是"维持国货，振兴工商业，图塞漏厄"，要求"个人常服，自以多用国货为宜"④。中华国货维持会在推广民族工商业发展，宣传国货品牌方面做出了卓越贡献。上海南市举行了国货宣传大会，取得较大的社会影响。各种实业团体中，上海最多，有中华民国民生国计会、上海商学会、工商勇进党、竞进会、实业协进会、社会党实业团、上海机器公会等。天津有中国实业会、直隶国货维持会、天津手工竞进会、实业协进会等。此外，苏州、重庆、杭州、长沙、太原、广州、济南、武汉、扬州、哈尔滨、福州等地，都有实业团体建立。有些团体还在各地建有分会，组织严密，且办有刊物，指导各地实业发展。如中国实业会上海分会办有《中国实业杂志》，建有"国货研究部"，附设广告科，李文权任广告科干事。李文权曾在欧美经商多年，对于西人广告，经验丰富。中国厂商1914年赴巴拿马赛会的广告事宜，皆由其办理。

2. 经济政策助推实业发展

辛亥革命推翻了清朝政府，南京临时政府成立，设立实业部，颁布了一些保护民族工商业的法令，鼓励人们兴办实业，并协助一些有困难的企业发展，民族工商业获得了显著增长。袁世凯组建北京政府，实业部改称工商部，又与农林部

---

① [美]高家龙：《中国的大企业：烟草工业中的中外竞争（1890—1930）》，樊书华、程麟荪译，商务印书馆2001年版，第80页。
② 同上书，第248页。
③ 章开沅、罗福惠：《比较中的审视：中国早期现代化研究》，浙江人民出版社1993年版，第194页。
④ 《申报》1911年12月20日。

合并，统称农商部。1912年11月，北京政府还召开首届全国工商代表大会，讨论振兴实业的政策与措施，制定和颁布了各项经济法规，对于民族工商业的发展产生了积极的作用。1913年，颁布《公司注册章程》，降低注册费用，放宽公司注册条件，从法律层面制止各级政府对民族资本注册公司的刁难和勒索。1914年，颁布《商人通例》，掌括一切商业，工业亦在内，规定商人为"商业之主体之人"。北洋政府又相继颁布《矿业条例》《矿业注册条例》等，鼓励民族资本开采矿业，颁布了许多奖励商人开办企业的奖章制度，覆盖各个行业，为民族工商业的发展提供了有力的政策法律支持。

3. 政府主导下民族品牌走出国门

民国初年，实业部、农商部对洋货进口进行调查统计，凡能与洋货对抗的民族工商业都予以保护。张謇担任农商部总长之时，规定"凡日用品由外国供给，而为本国所能仿制者，此类工厂，尤以特别保护"[①]。同时，国家还以国家力量规定军政单位采购货物以国货为主，限用洋货。同时还积极选派国货参与国际博览会，帮助民族工业开辟海外市场，提高知名度。1914年，中国政府选派产品参加了日本东京举办的大正博览会，在这次博览会上，中国有70多个产品获得了纪念奖章。1915年，政府组织参加了巴拿马国际博览会，在中央设事务局，各省设协会，各县设分会，负责征集优秀的民族工商业产品。在出国参会之前，还在上海、江苏等地举办了展览会。由于准备充足，在巴拿马国际博览会上，中国共收获大奖章57枚，名誉优奖74个，金牌258枚，银牌337枚，铜牌258枚，在参会国家中居于首位。政府以国家力量组织民族工商业参加国际博览会，对于提升民族工商业的积极热情，提升民族品牌的国际影响力，具有不可低估的作用。

三 民族品牌的"黄金时代"

中国近代民族工业在这一时期获得了长足的发展，被誉为民族品牌的"黄金时代"。欧战洋货进口的减少以及战争物资生产的停滞和日用品的缺乏，为民族工商业的发展让出了国内市场，同时也为其提供了部分国际市场。从民族工商业的发展数字来看，以棉纺织业为例，"在民十、十一之交最为发达。民十三及民

[①] 《张謇农商总长任期经济资料选编》，第274页，转引自史全生《中华民国经济史》，江苏人民出版社1989年版，第71页。

十四间,以日商竞争及国内战争关系,遂趋衰落之境。民十五以后,曾一度稍有起色"①,1912—1927年,中国本国的纱厂共建立86家。1912—1927年,其他纺织业创办资金在1万元以上的企业共有260家,1万元以下的更多。许多行业,如西药业、火柴业、化妆品行业在这一时期起步发展,按其民族品牌发展的根源,将其大致分为以下三类。

1. 进口替代型

中国近代民族工业随着辛亥革命迅速发展起来,1914年爆发第一次世界大战,列强放松了对华侵略,中国的许多民族资本家纷纷投身于"实业救国"的时代潮流中,从其市场环境来看,近代民族企业中的面粉、纺织等行业,走的是"进口替代"的发展路径,直面外资竞争。

第一次世界大战期间,洋商的面粉不来中国,使得荣氏集团的事业开始飞黄腾达起来。1912年,荣氏兄弟提议在上海创办福新面粉厂,于是立即租地收股,1913年开工立即赚钱,至1921年,已发展到8个工厂,成为中国近代规模最大的面粉企业,其生产的面粉品牌有绿宝星、绿兵船、红宝星,与红牡丹、绿牡丹、宝星、天竹、寿宇、渔翁等,蜚声全国,品质纯洁适口,远在舶来品之上。1926年,在美国费城举办的世界博览会上,荣氏面粉企业荣获面粉产品奖,产品远销东南亚,荣氏兄弟因此被誉为"面粉大王"。此外,还有上海的复新、兴华、阜丰,济南的丰年,天津的大丰等面粉厂都获得了不同程度的发展。

图1-3 福新面粉商标:"宝星""寿宇""牡丹"

---

① 唐庆增:《十年来之中国经济》,《大夏》1934年第5期,第63页。

以棉纺品为例，1913年中国从国外进口1900万匹棉布、250万担棉纱，但至战争结束时则减少为1400万匹棉布、130万担棉纱。① 1915年，荣氏兄弟抓住有利时机，创立申新纺织厂，陆续推出"人钟""四平莲""金钟"和"宝塔"等23个棉纱品牌，其中"人钟"牌棉纱，不但在国内享有很高声誉，而且销往日本、南洋和印度等地。第一次世界大战期间，穆藕初从美国归来，仅用5年时间，就创办了三家大型纱厂：德大纱厂（1915年），厚生纱厂（1918），豫丰纱厂（1919），每一家的资本都超过百万元。1916年德大厂生产的"宝塔"牌棉纱在北京商品陈列所举办的质量赛会上荣获第一。

图1-4 "人钟"牌棉纱商标　　　　图1-5 "金钟"牌棉纱商标

欧战时期，舶来水泥在国内市场上几乎绝迹，这就使民族水泥业获得了快速发展。启新洋灰公司的"马"牌、湖北大冶公司的"宝塔"牌、广东士敏土厂生产的"狮球"牌水泥销路异常发达，每桶水泥市价由五元飞涨到十二元。在这几年间，启新洋灰有限公司获利最多，"国内的资本家对于水泥工业，更认为投资的唯一出路"②。1920年，刘鸿生组织成立华商上海水泥股份有限公司，其生产的产品质量非常好，"年产水泥三十六万桶"③，采用"象"牌作为其品牌名称，并于1923年注册商标"象"牌。1923年10月25日该产品获得了工部局发给的合格证，证明"象"牌水泥的拉力、压力等均超过了合格指标，适合各类建筑工程使用。"象"牌在众多品牌水泥的竞争中，脱颖而出，其销量在上海地

---

① 严中平等：《中国棉纺织史稿》，科学出版社1963年版，第81、151—152页。
② 上海社会科学院经济研究所：《刘鸿生企业史料》上册，上海人民出版社1981年版，第155页。
③ 倩华：《火柴大王刘鸿生》，《经济导报》1947年第13期，第16页。

区很快就取得了优势地位。1926年，华商水泥公司参加了上海总商会商品陈列所举办的第四届国货展览会，该厂"象"牌水泥获得上海总商会颁发的优质产品证书，"上海水泥公司水泥物质优美，遐迩闻名，深受欢迎，特此证明"①，受到广大用户的好评。

图1-6 "象"牌水泥商标

2. 爱国仇货型

近代国货运动对民族工商业品牌的创建，具有不可替代的作用。"每使抵制之物品输入锐减，而同类国货销路大畅。"② 爱国布、人丹、无敌牙粉等都是抵制日货的产物，以外货为对象，谋取而代之，以图抵制。

1912年，沈九成、陈万运、沈启涌创立"三友实业社"，先后在市场上推出许多知名品牌，如把日货烛芯挤出中国市场的"金星"牌烛芯、打倒了日货"铁锚"牌毛巾的"三角"牌毛巾、抵制了英货毛丝纶和珠罗纱的"爱国蓝布""自由布"及"透凉罗"等。

1915年，日本悍然向我国提出"二十一条"，国人忍无可忍，遂发起抵制日货运动，从前国人惯用舶来品"金刚石"牙粉到处风行，其后上海家庭工业社生产的"无敌"牌牙粉应运而生，至1925年，"金刚石终归绝迹市场"③。1923年成立的天厨味精厂，其生产的"天厨"牌味精也在这一时期打败了日本的"味之素"，远销南洋。

---

① 《华商上海水泥股份有限公司关于上海总会商品陈列所第四届展览会附设临时国货商场陈列本厂象牌水泥的证书壹纸》，1926年，上海市档案馆藏，资料号：Q414—1—659。
② 朱斯煌：《民国经济史》，银行学会1948年版，第239页。
③ 同上书，第238页。

"龙虎"牌人丹也创立于1915年,当时的中法大药房"激于义愤,鉴于外力煎迫日甚,国力愈趋痿疲,不自振作,国将不国,爰积极筹制人丹,以为抵货之资本",可见人丹品牌的创建初衷亦为"爱国仇货"型,抵制洋货,以塞漏卮。产品的原料也取自国产优良的品质,与外货毫无差别。"问世之日,举国风从,穷乡僻壤,行销殆遍,兼及国外南洋各埠,一时同仇货,绝对无人顾问,抵货成效之佳,有非始料所及者,亦足以自豪矣。"①

1920年近代丝绸业巨擘莫清在上海创建美亚丝绸厂出品"美亚"牌丝绸。其婿蔡声白用心经营,"美亚"牌品质以"精""美""新"而著称,极大抵制了日货在国内和东南亚的倾销,还远销至欧美。

图1-7 三友实业社南京路门市部　　图1-8 "三友"牌毛巾广告

图1-9 "无敌"牌牙粉广告　　图1-10 人丹广告

---

① 马炳勋:《制造民间药之重要性》,载上海市商会商务科《新药业》,上海市商会1935年版,第66页。

民族火柴业在五四时期得到蓬勃发展,1914 年,我国有火柴厂 4 家,1920年开设 23 家火柴厂,成为该行业发展最快的一年。1924 年,增至 87 家,规模大者有荣昌、鸿生、中华、光华等。1930 年,刘鸿生集资组织大中华火柴公司,先后收买小厂,合并小厂,增加实力,与外货竞争,合并荣昌、鸿生、中华、光华、裕生等,出品销路遍及长江流域及南方各省,各商埠均有分销处,执全国火柴业之牛耳。自此本国所产,"日本火柴已失去以前之地位"①。刘鸿生成为"火柴大王",他说"是那时的爱国运动推动了这个企业的发展"②,因为人们受抵货运动的影响,每个人都愿意购买国货。

南洋兄弟烟草公司,自 1906 年来上海设厂后,不惜重金,精益求精制造"自由钟"香烟,其味优美,"今日销路,日形畅旺。由此可观,亦为挽回利权,推广国货之一大先声也"③。1925 年的抵货运动中,英美烟公司的营业一落千丈,南洋兄弟的"长城""白金龙""红金龙""联珠""双喜"牌香烟在市场上风行一时。南洋兄弟烟草公司生产的"爱国""大长城"等牌香烟也盛极一时,"连仓存霉烟都卖空"④。1924 年创立的华成烟草公司,其生产的"美丽"牌香烟在"五卅"运动期间,借助于国民的抵货热情,产品供不应求,华成烟草公司因此成为仅次于南洋兄弟烟草有限公司的烟草公司。

3. 自强不息型

由国人自发研制生产技术,创设的工商业品牌也从无到有,发展壮大起来。如食品业中的冠生园,创始于 1916 年,最初只是经营一些陈皮梅、香港牛肉等,但由于质量精美,冼冠生又颇懂经营,后添设糖果饼干等其他产品,集资 10 万元,改组为"冠生园股份有限公司",设立工厂。后于 1928 年在南京路开设总店。先后又在汉口、杭州、南京、天津等地开设分店。其创设的"生"牌,一直沿用至今。

范旭东于 1914 年,在天津塘沽创设了中国第一座精盐制造厂——久大精盐厂,其研制生产的"海王星"牌精盐,揭开了中国盐业史的篇章。1917 年,范旭东与数理化学家吴次伯、王小徐、陈调甫在天津创立永利碱厂(后改名永利制碱公司),在纽约聘请著名化学家侯德榜、孙颖川和美国人李佐华为工程师,于

---

① 朱斯煌:《民国经济史》,银行学会 1948 年版,第 253 页。
② 上海社会科学院经济研究所:《刘鸿生企业史料》下册,上海人民出版社 1981 年版,第 462 页。
③ 《国货烟草大放光明》,《中国实业杂志》1918 年第 10 期,第 705 页。
④ 中国社会科学院上海经济研究所、上海社会科学院经济研究所所编:《南洋兄弟烟草公司史料》,上海人民出版社 1958 年版,第 148 页。

1926年终于研制出优质纯碱，取名"红三角"牌，在美国费城举办的万国博览会上荣获金奖。在国外市场上与英国卜内门公司竞争，迅速打开日本市场。同时，他还创办了"黄海化学工业社"，主持人为孙颖川，为久大和永利事业的努力研究新的方法技术，体现了范氏坚韧的研究精神。

国人在电器业方面，舶来品"奇异""亚司令""飞利浦"等充斥着中国市场。国人亦自强不息，研制出著名的"华生"电扇、"亚浦耳灯泡"等。1916年，杨济川在上海开设华生电器制造厂，最初几年，研制生产了电压表、电器开关等电器产品。1924年开始生产电扇，取名"华生"牌，其寓意希望"中华民族自力更生"，1925年正值"五卅"惨案，其生产的"华生"牌电扇取得了很好的销售业绩，销路扩大到中国内地和南洋群岛一带。1925年，胡西园从德国人亚浦耳手中接手了亚浦耳灯泡厂，聘请专家，极力扩充，训练技工，添设机器。1929年增设了玻璃厂，制造电灯泡的心柱与外壳，后来还添设了电机部，从电灯泡到电风扇、马达、电炉、电钟都能自己制造，与外货竞争，"亚浦耳"灯泡，亦是中国第一个国产灯泡。市场逐步打开，从国内延伸到"南洋，澳洲，爪哇，新加坡，泗水等地"[①]，甚至还打进了洋货"飞利浦"的家乡巴达维亚，受到当地华侨的欢迎。1932年，每日产量从一千只灯泡增至二万五千只，年产电扇一万台，成为中国电器工业的中坚力量。

图1-11　永利"红三角"牌商标　　图1-12　华生电扇商标

近代风气大开，中西文化的交流亦推动着国人生活方式的改变，如牙刷、牙粉的使用，也从无到有地普及开来，成为日用必需品。牙刷业中，一心、振宇、

---

① 黄倩华：《胡西园的事业》，《经济导报》1947年第7期，第25页。

双轮、天孙、徐福复各厂，均著声誉，而梁新记所制"双十"牌牙刷，尤具"一毛不拔""脱毛包换"之特色，成为牙刷业中的佼佼者。

1911—1926年，中国民族工商业得到迅速的发展，可谓"黄金时代"。纵观这一时期的民族品牌成长，由于第一次世界大战的爆发，进出口品得不到满足，外来竞争颓落，"替代型"民族工业应运而生，如近代面粉业、棉纺织业在这一时期获得了较快发展。但是第一次世界大战期间，也使中国民族企业越来越难以获得必不可少的工业设备。"由于公司无法添置设备，所以也就不能充分地利用世界大战所提供的有利局势。"① 黄金时代，并没有在战后立即结束，但由于中国传统农业不能给民族工业以有力的支持，使得民族工业的发展，尤其是1923—1924年棉纺工业危机重重，这种经济自治是有限的、脆弱的、昙花一现的。世界大战给中国所带来的繁荣景象，直到1922年基本消逝，"接着就是长期的慢性萧条"②。

在此阶段，由于国际政治环境的影响，抵货运动此起彼伏，国人的爱国情绪酝酿成轰轰烈烈的国货运动。许多民族工商业品牌亦是"爱用国货"的先声，爱国布、长城烟等。"爱国仇货"型民族品牌成为这一时期及抗战时期的重要典型。同时国人自强不息的民族斗志，亦在外力的刺激下，蓬勃而生，自发研制生产技术，研制出许多国内第一，其生产的民族品牌在质量和技术上甚至超过了外货，与外货一竞高下。总之，这一时期的民族品牌呈现出三分天下、齐头并进的趋势。但是欧战结束，西方列强卷土重来，使中国民族工商业的发展又蒙上了殖民主义的色彩。

第三节 20世纪30年代民族品牌的发展

1927年至抗日战争爆发前夕，是中国民族工商业发展的"稳定推进期"。南京国民政府成立后，收回关税自主权，废两改元，统一币制等，客观上为经济发展创造了有利条件。正如费正清所言，"1928年底，中国的未来前景看来十分光明，这是充满欢欣与乐观的时期"③。但是，1929年世界经济危机爆发，帝国主

---

① 《密勒氏评论报》(The Weekly Review，《上海》(周报)，1919—1—4第189页。
② 严中平：《中国棉纺织史稿》，科学出版社1955年版，第202页。
③ ［美］费正清：《剑桥中华民国史：1912—1949》(上)，杨品泉等译，中国社会科学出版社1994年版，第708页。

义的转嫁危机致使国内经济发展遭遇恐慌，城乡生产濒临崩溃的边缘，民族工商业的发展受到新一轮的压迫。南京政府十年，民族品牌的发展起伏较大。

1927—1931年，发展较快，1931—1935年由于战争的影响，一落千丈。1936—1937年上半年，开始慢慢复苏。

一 20世纪30年代的市场环境

1. 日货弥漫

20世纪30年代日本商品的倾销，对中国民族工商业的发展形成很大威胁。1931年日本发动"九·一八"事变，东北三省沦陷。1932年，淞沪会战，日本帝国主义势力得寸进尺，加紧侵略中国。在战争中，日货进口有增无减。1932年，上海《申报》记载"中日停战协定签字后，日来进口日货，几如潮涌"①。"最近日本货之倾销……于开始倾销之时，固予吾国产业一大打击，而自倾销以来，继续维持低廉之售价，足令吾国产业，永久无发展之望。"② 其程度更加残酷，后果更加严重。日本集中了经济、军事等一切手段，来攻击中国的市场，以达成他们独占中国市场的目的。上海、天津、重庆、青岛等，无不有日货倾销。一般厂商，受到廉价日货的打击，难以竞争。1933年，哈尔滨等地的面粉工业，"近受日本面粉输入倾销影响，并呈不堪支持之状态，是以面粉业者多告倒闭"③。申新的"人钟"牌棉纱等，也从此绝迹于东北市场。特别是1935年，日货在华北地区武装走私，大批漏税日货以低价向全国各地抛售，使国货无法与之竞争，迫使大批民族工业纷纷倒闭。以水泥业为例，日本水泥在华的售价，远远低于其在国内生产的价格，每桶仅为2两9钱，比中国国产水泥每桶便宜2两6钱2分，日本水泥采取大幅度减价倾销的方式，使国产水泥业面临很大的生存压力。对不能与之竞争者，日本军国主义还经常采取武力威吓等极端手段，投掷炸弹摧毁工厂。在安徽合肥等地还发生因日货倾销引发的商业危机，1931—1935年，经营国货的商店在廉价日货的压力下纷纷倒闭。

2. 金价上涨

民族企业资金缺乏，难以与外资企业竞争。1929年，世界经济危机发生，1931年下半年，英、日等国先后放弃金本位，国际银价跌落，有江河日下之势。

---

① 《申报》1932年5月9日。
② 赵兰坪：《日货何以低廉》，《日本评论》第7卷第1期。
③ 《日货倾销下哈尔滨面粉业不振》，《东北消息汇刊》1934年第1期，第30页。

国内工业发生等于货币贬值之刺激,客观上为民族工业的发展提供了一个较好的市场机遇。上海一地,工业发展日趋繁荣,新厂设立甚多,而旧有之企业亦扩充设备,或增加生产。由于金价上涨,银价下跌,使得洋货价格提高,不利于洋货在华销售。"近因标金飞涨,现银惨落,以致进口货价受莫大影响。如电气材料、颜料、西药等,价增百分之三十有奇,而煤油则几增一倍,平时美孚煤油,每桶售价二元六角,最近竟涨至四元三角。凡类此种各货,由外洋供给者,当然随着金价,继长增高。"① 平时习惯用洋货的,这时不得不改用国货,确为近代民族工商业发展之良好时机。刘鸿生也感慨,"金贵银贱影响商业,识者佥谓正振兴国内工商业的绝好机会"②。面对金贵银贱的风潮,国民政府也积极提倡振兴民族工商业以救济银价,客观上为民族企业家投资生产提供了一个很好的发展时机。

二 20世纪30年代的政治文化环境

1. 政府立法保护工商业

1927年,南京国民政府成立后,在财政税收方面进行了一系列改革,关税自主,统一度量衡等。次年,成立工商部,颁布了特种工业奖励法,设立中央工业试验所,对近代新兴工业及急需工业,给予专利、免税等奖励。1929年和1930年,先后颁布了《特种工业奖励法》(1934年改为《工业奖励法》)及《奖励各种工业审查标准》,鼓励民族资本兴办新式工业,生产当时迫切需要的工业产品。由于我国产品处于幼稚阶段,"初出制品时,其品质式样、装潢等不免有难敌洋货之处"③,需要政府施行保护政策,国民政府为寻求民族资产阶级的支持,也把保护国内产业发展作为一项重要职责。1930年11月1—8日,工商部在南京召开了全国工商会议,要求工商各界就国内的经济建设问题广泛提出意见和建议。1930年12月24日,行政院在向立法院所发的公函《行政院咨请审议取缔倾销税条例草案由》中就说,"查各国对于外国输入货物,具有不当廉卖之情形者,多已施行屯并税法,原为防止商业侵略,藉维国内实业而设,我国工业幼稚,出品本难与进口外货相竞争,而预防进口货物之不当廉卖,实以仿行屯并税

---

① 罗运炎:《罗运炎文集》,卿云图书公司1931年版,第396页。
② 《章华厂致国民党上海市政府呈文》1930年8月,载工商行政管理局、上海市毛麻纺织工业公司、毛纺史料组《上海民族毛纺织工业》,中华书局1963年版,第79页。
③ 实业部总务司、实业部商业司:《全国工商会议汇编》,实业部总务司编辑科1931年版,第20页。

办法为要图"①。呈请工商部追征附加关税,防止洋货屯并,保护我国产业发展。1931年2月9日,国民政府正式颁布《倾销货物税法》,在关税方面控制外货倾销,保护民族工商业的发展。1931年制订实业建设六年计划,1935年开展"国民经济建设活动"。种种鼓励工商业发展的举措,使得"十年建设"虽有内忧外患的双重挤压,但历史的长河仍然簇拥着民族经济建设的洪流向前奔腾;虽发展缓慢,但我国原有的民族工商业如棉纺业、面粉业等均获得不同程度的发展。

在保护工业品牌方面,国民政府于1928年成立了中央工业实验所,从事新技术的研发和推广工作,推动工业技术的发展。1930年国民政府颁布了《商标法》,1932年成立了商标局,加强对知名工业品牌的保护和管理。

2. 政府主导下的国货运动

近代国货运动在推动民族工商业发展,推广品牌方面功不可没,以政府的力量来推广宣传,其效果更见一斑。1928年4月20日,南京政府发布的通令中说:"海通以还,外货充斥,经济压迫,源涸流枯,国人触目惊心。权衡利害,应以提倡国货为先,顾提倡之方,必须心理与物资双方并进。"目前中国"国货可代洋货者正多,各机关所用物品应即尽量采用,以资提倡,振兴实业"②。1928年,孔祥熙出任南京政府工商部长,为"策励工商,提倡国货"起见,提出了在上海筹办工商部中华国货展览会的设想,"征集全国出品,陈列展展览,以示奖励而资观摩"③。引起全社会对于提倡国货的关注,各大日报也纷纷刊出新闻,有的还刊发了中华国货展览会的专号,以支持展览会的筹备和开展。④ 这次展览会于1928年11月1日正式对外展出,陈列品共计达13271件,展览会还对陈列品进行了评奖,共选出获奖产品2182个,以推进国货产品的生产和改进。1929年6月6日,西湖博览会开幕助推国货产品的推广。1933—1935年,铁道部为推进国货产品在上海、南京、北平及青岛举办了四届"铁路沿线产品展览会"。1932年9月18日"九厂临时国货商场"的开幕。政府还将1933年定为"国货年",1934年定为"妇女国货年",1935年定为"学生国货年",希冀在政府的主导

---

① 《行政院咨请审议取缔倾销税条例草案由》,载国民政府立法院《立法院公报》第8册,南京出版社1941年版,第268—269页。
② 《军事委员会关于提倡国货办法的公函》,载中国第二历史档案馆《中华民国史档案资料汇编》(第五辑,第一编 财政经济),江苏古籍出版社1994年版,第736页。
③ 《工商部孔部长拟筹设国展会提案》,载周伯雄等《工商部中华国货展览会实录》(第1编),南京工商部1929年版,第1页。
④ 潘君祥:《近代中国国货运动研究》,上海社会科学院出版社1998年版,第30页。

下，各阶层尽一份国民的职责，提倡购买国货，以推动民族工商业的发展。

1931年"九一八"事变，日本侵占中国东北三省，中华民族保家卫国、抵制侵略的爱国情绪再次高涨。种种外患使得社会各界人士再次掀起了轰轰烈烈的国货运动，国民政府在此次活动中，给予积极有力的支持，在各地成立国货陈列馆、国货商场等，使"国人购用国货"的国货运动深入社会的每一个阶层。1934年6月4日，国民政府实业部为推广国货销路，特意制定《实业部发给国货证明书规则》，其中对"国货"的要求是，由中国人自行设厂，制造可以替代外货者，同时要求必须使用本国原料。其中第六条"凡领有实业部国货证明书者得引入广告"。可见，实业部对于国货推广之重视。① 民族工商业也以"购买国货"为宣传手段，提高品牌的市场占有率，在多灾多难的20世纪30年代，与外商展开了针锋相对的"品牌"战。

三 民族工商业品牌的"推进期"

1. 涌现大批爱国仇货品牌

荣氏家族的"申新""茂新"，面对日商在华的加紧侵略，牢牢抓住抵货运动中抵制日货的时机，扩展企业规模。1928年发生"济南惨案"，山东、上海一带又发起抵货运动，日本纱厂的产销量受到沉重打击。荣家申新纺织厂的产品供不应求。1928—1929年，申新系统共盈利480.9万元。② 至1931年在全国共创办面粉和棉纺织业厂21个，荣氏集团成为20世纪30年代中国民族工业的最大实业团体，在民族棉纺织业获得"棉纱大王"的称号。但是，1929年世界经济危机爆发，1931年"九一八"事变，使得荣氏集团的发展也陷入停滞阶段，尤以棉纱系统为荷。直至1936年才一度活跃，"申新"的生产形势大有好转。

上海的美亚织绸厂、五和制造厂、章华毛呢纺织厂等在这一时期也都参与到抵制日货、宣传国货的运动中来。章华毛呢纺织厂，由刘鸿生于1929年创建，最初销路有限，但是1933年适逢"九一八"纪念日，日本侵占东北三省，生产出"九一八"薄哔叽，直接以"九一八"命名，在报纸上刊登整版广告，"国人，汝其忘九一八之耻乎？"③ 激发了群众的爱国热情，收到了很好的传播效果。1933年"章华厂的营业开始转机，1934年续有进展，每日产哔叽约70匹，全年

---

① 吴其焯：《农工商业法规汇辑》，出版机构不详，1935年版，第413页。
② 黄汉民等：《荣家企业发展史》，人民出版社1985年版，第69页。
③ 《申报》1934年9月18日。

营业额上升到 1,653,030 元,年终决算获有盈利 10 余万元"①。其他还有"自由布""雪耻巾"等直接从商品名称上宣称爱国,以此感召消费者。

天津东亚毛呢纺织厂生产的"抵羊"牌绒线,堪称这一时期的爱国抵货名牌,创办人为宋棐卿,留洋多年,立志实业救国。"吾国为产毛之区,此项事业竟全为外人垄断,亦殊与国家体面攸关"。②遂于 1933 年,创办天津东亚毛呢纺织厂,以纺单双股毛线为主要出品,名称定为"抵羊"牌国产毛线,与洋货竞争,挽回利权。在商标设计上,以双羊抵角为标志,取名"抵羊","抵羊"既反映以羊毛做原料的纺织品的特点,又是"抵洋"的谐音,即抵制洋货之意。这种巧妙的构思,正迎合了"九一八"事变后国人抵制洋货,宣传抗日的心理。因此,"抵羊"牌毛线一经问世,受到了人们的广泛欢迎,打破了毛线市场被英商的"蜜蜂"牌、日商经营的"麻雀"牌垄断的局面。

2. 民族工业品牌的出现

20 世纪 30 年代,中国民族工业中的橡胶业、搪瓷业等得到较快发展。长期以来,外国的橡胶制品垄断着中国市场,如日本的"蜜蜂""地铃""A 字"牌胶鞋,英国的"老人头"牌轮胎等。在抵制日货的运动中,日本橡胶制品进口减少,原料低廉,中国民族橡胶业得到迅速发展,1933 年达到 74 家。③ 1928 年,原经营日本胶鞋的余芝卿、薛福基、吴哲生等建立大中华橡胶厂。大中华橡胶厂的注册商标为"双钱"牌,其图案为两个古代钱币,象征着财源滚滚、名利双全的含义。开工不久,其生产的"双钱"牌跑鞋、套鞋、运动鞋、热水袋销路极好。1931 年,适逢"九一八"事变,大中华橡胶厂利用民众的抵货热情,抓住时机,兴建厂房,减少对国外原料的依赖,实现了原料供给,降低生产成本,提高产品竞争力,成为闻名遐迩的名牌产品。

中华珐琅厂是我国最早的一家搪瓷厂,最初为中华职业学校的实习工场,五四运动时期,其生产的"双手"牌搪瓷受到消费者欢迎,后由于产品品种较少,实习成本较高,于 1921 年停办,方剑阁接手经营。"五卅"运动期间,注册"立鹤"牌商标,代替"双手"牌,并掌握了搪瓷工业的全部技术,不断改进产品质量,利用机制联合国货会,在市场上树立了良好的企业形象。

---

① 上海市工商行政管理局、上海市毛麻纺织工业公司毛纺史料组:《上海民族毛纺织工业》,中华书局 1963 年版,第 90 页。
② 《抵羊牌商标》,1933 年,天津市档案馆藏,资料号:J0128—3—0006949—014。
③ 陈真等:《中国近代工业史资料》第四辑,生活·读书·新知三联书店 1961 年版,第 687 页。

这一时期的交通运输、通信事业受到南京政府的重视，铁路、公路、民用航空、电信、邮政建设等卓有成效。民间"一代船王"卢作孚于1925年创办"民生实业股份有限公司"，开办航运业，后经十余年不断合并收购国内和英、美、日等国的轮船，至1936年发展成为中国最大的民营轮船公司。

3. 各地涌现大批民族商业品牌

自20世纪20年代起，中国的沿海城市广州、上海、天津等地，出现了大的民族商业资本集团，如上海的四大百货公司，天津的劝业场、丽华百货公司、劝业场以及专营国货公司的商场，上海有中国国货公司、上海国货公司、北市国货商场、南市蓬莱市场、"九一八"商场等，北方有北平中华百货售品所、济南百货售品所、重庆有中华国货介绍所、西安有西京国货公司等。这些商场有完整的规章制度，与传统的商铺经营相较，更趋专业化，在中国民族商业品牌史上，建立了许多个"第一"。在服务顾客方面，出现了女售货员，自动手扶电梯，第一个玻璃电台，大型橱窗广告的运用，等等。在营销手段上，"时装表演""彩票""礼券""摸奖"等也是由他们而来。每一家商场，为吸引顾客，还开设游乐场，里面有电影、传统戏曲等，创出了自己的品牌。1928年创办的培罗蒙，以质量上乘的面料、精湛的制作工艺和敏锐的时尚触觉引领了上海滩经典优雅的男装风范。

总之，在南京政府统治的前十年，国内市场环境相对稳定，民族工业和财政金融大有起色，社会经济得到缓慢的恢复和发展。1920—1936年，中国资本企业的产值增加了2.95倍，增长率高达9%，大大高于外资在华企业的增长率。至1936年，国民经济达到了"旧中国的最高峰"①，甚至被史学界称作是中国早期的现代化建设。在这10年中，近代国货运动也达到高峰，由社会群体引发的经济自救活动，政府也参与其中，成为社会各阶层广泛参与的爱国社会经济运动，是中国人民抵抗外来经济侵略的一种非暴力手段。在运动中，我国民族工商业也发展出许多"爱国仇货"品牌，也有许多民族品牌是自发图强型的，在品牌名称和建设方面，采用民族传统文化的元素，如中华珐琅厂的"飞鹤"牌搪瓷，"五和织造厂"推出的"鹅"牌汗衫，"景福衫袜厂"推出的"飞马"牌汗衫等。这一时期商业品牌也酝酿而生，中国近代百货公司在服务和产品销售方面也各具特色，开创了许多现代商业经营的销售门路。但是在十年建设中，战乱频仍，各地民族工商业品牌也饱经战火的摧残，发展极其困难，官僚资本在促进民

---

① 宗玉梅：《1927—1937年南京国民政府的经济建设述评》，《民国档案》1992年第1期。

族工商业发展的同时也趁机膨胀发展起来，在一定程度上阻碍了民族工商业的发展。

第四节 抗战时期民族品牌的发展

1937年抗战爆发，中国民族工商业进入了最艰难的阶段，这一时期民族品牌的创建和传播也随着战事的频仍越发困难。由于特殊的政治经济社会背景，中国内地也进入三大政治经济力量并存发展的局面，民族工商业在八年抗战和抗战后，呈现出迥异于前的发展态势。"外货以廉价涌入我国市场，民族工业惨遭打击，国货亦因而遍受排挤。"① 尤其是战后，美货横行，给亟待恢复的民族工商业以沉重打击。

一 八年抗战中的工商业品牌

1. 国统区工商业品牌的内迁与重建

抗战开始，国民政府对工商业的扶植政策，转变为政府控制流通，特权经营，由政府来直接经营。1937年，国民政府颁布《战时农矿工工商管理条例》，1938年修正公布《非常时期农矿工上管理条例》，规定对农矿工商的"生产或经营之方法""原料之种类及存量""品质及产量""运销方法""售价及利润"等由地方官署及"专设机关执行管理"②，以保证战时需要和稳定经济，政府可以随时接管。

抗日战争爆发，引发了中国历史上第一次民族企业大规模的迁移。七七事变后，集中于沿海沿江的中国工业遭到日本炮火的轰炸，损失惨重。上海民族工商业者遂提议，将临近战区的工厂设备拆除，赶运至后方，得到国民政府的支持。最初，军需工矿业被纳入国民政府内迁的范围，而致力于民生消费领域的民族工商业，如烟草、食品等却置之不理，任其自生自灭。在紧要关头，民族企业自发组织起来，上书要求内迁，如大鑫钢铁厂、天原电化厂、新亚药厂、华生电器厂、亚浦耳电器厂等，后国民政府不得已，只好扩大了民营企业内迁的范围，在政策和资金上给予支持，免税免检，低息的银行贷款，在电力、劳力等方面给予

---

① 谭熙鸿：《十年来之中国经济》，中华书局1948年版，第71页。
② 重庆市档案馆：《抗日战争时期国民政府经济法规》上册，档案出版社1992年版，第78—79页。

扶持。1938年底，这些企业已在武汉等地临时复工生产，促进了当地经济的发展。

表1–1　　　　　　　　上海主要民族企业内迁一览①

类别	迁移企业	迁往地点	备注
制罐业	冠生园制罐厂	武汉	
电器业	华成电器厂	武汉	
	亚浦耳电器厂	武汉	
	华生电器厂	武汉	
	振华电器厂	武汉	
化工业	益丰搪瓷厂	武汉	
	新亚药厂	武汉	
	中法药厂	武汉	
	天厨味精厂	武汉	
	五洲药房		不明
	大中华橡胶厂	武汉	仅一船抵达武汉，其余散失
	家庭工业社	武汉	
	大中华火柴厂	武汉	分运镇江、九江、武汉
纺织业	裕华纺织厂	镇江	
	美亚织绸厂	武汉	分运香港、广州、重庆
	大丰恒布厂		不明
	大丰余染织厂		不明
其他	梁新记牙刷		

也有一些工厂报名要求内迁，没有获批，有99家工厂，如申昌机器厂、信谊药厂、耀华电器厂、民生美术公司、标准牙刷厂等。不久，南京失守，国民党政府迁都重庆，把西南地区作为抗战基地，又开始了西南西北工业建设计划。在政府的协助下，民族工商业纷纷将厂矿设备和技术人员迁入陕、川、滇、湘、桂等省，计339家工厂。机械类最多，机械五金143家，纺织59家，化工37家，

---

① 此表源于孙果达《民族工业大迁徙——抗日战争时期民营工厂的内迁》，中国文史出版社1991年版，第52—60页。

印刷文具31家,电器无线电21家,饮食19家,陶瓷10家,矿业7家,其他12家。① 由于工厂内迁的影响,1938—1942年,这些地区的民族工业得到普遍发展。新药业、化妆品业等在后方内地各省渐渐能够局部自给。1943年,国统区的经济发展达到高峰,尤以重工业和棉纺织业为主。但这一时期的增长也是非常缓慢的,枪林弹雨,还受到政府严苛的军事统制。

2. 沦陷区民族工商业品牌发展

自国民党军队西撤之后,我国民族工商业一度陷入不正常状态,且大部分几近瓦解。1941年太平洋战争爆发以前,东北、上海的工商业掌握在日本势力控制之下。日本侵略者采取极其野蛮的方式霸占垄断我国民族企业,被日伪威吓接收的企业很多,其中仅华商纱厂被日本"委任经营"的就有54家。在日本势力未能侵入的英、法等国租界,大批工厂和银行纷纷涌入。孤岛内相对独立安全的经营环境,大批富商云集,使租界经济一度呈现出畸形的"孤岛繁荣"。一些民族企业把希望寄托在英美帝国主义的庇护之下,有些甚至更改国籍,希冀保留厂矿设备等。如中国化学工业社,除在香港、湛江、桂林等地建立分厂外,上海的总社则是挂上了美国国旗,但仍然遭到了日军的军管。荣德生为求得福新面粉工业的发展,把租界的工厂,借用英、美外商的名义继续生产。在日本统占区的工厂,也有若干抵押给了东洋人。也有一些企业将企业重心转移至香港等地,如家庭工业社、龙章造纸厂、益丰搪瓷厂、商务印书馆、南洋兄弟烟草公司、华成烟草公司等,都在香港成立分销处或分厂。

3. 共产党统治区的民族工商业发展

共产党统治的陕甘宁等解放区根据地,在经济上比较落后,在抗战前几乎没有工业可言,全为手工业生产。但是,在共产党的扶持和鼓励下,一些民族企业家也陆续到这些地区开办工厂,纺织、造纸等,为边区的经济发展做出了一定贡献。

二 抗战胜利后民族工商业品牌的发展

抗战胜利后,国民政府虽然取消了对物资的统制,但通过接收敌伪产业,加强了对工商业的垄断,由大后方逐渐扩大到全国。"四大家族"因其资本特权,使得许多民族工商业沦为官僚集团的附庸。民间私营的民族工商业在官僚资本和

---

① 朱斯煌:《民国经济史》,银行学会1948年版,第244—245页。

洋货倾销的打击下，日益陷入破产的边缘。南洋兄弟烟草公司、中国毛纺织公司、中国火柴原料公司等先后被官僚资本兼并，申新纺织公司、民生实业公司也险遭吞噬。

战后，民族工商业由于战争的影响，被日寇蹂躏，机械窳败，亟待复工生产。但由于国民政府与美国签订的关税协定，为美国商品的倾销打开了国门，种类无所不包，天津、上海等地的美货无所不在，甚至中小城市及农村集镇也到处都是美货。美货采取廉价倾销和非法走私的方法，使得国货市场被夺，民族工业中的医药类、化学原料、造纸、制药、仪器等，受到严重摧残。

毛纺业影响最大，"本市（上海）呢绒因舶来品大批到沪，价格泻跌颇巨，国货毛纺织厂亦深受影响。据统计，在八、九、十月三个月内，外货呢绒在沪行销约达一百一十万码，而国货仅销五十余万码"①。章华等民族企业生产出的呢绒积压在仓库里，无人问津。

战后，美国马立斯、吉士、骆驼牌香烟，如潮水般涌入中国，1946年7月进口美烟的数字，"约等于当时上海全部华洋商烟厂生产总量的四分之一"②。国民政府于1942年，实施食盐、食糖、火柴、烟等日用必需品专卖政策，在内外夹击下，许多华商经营的烟厂纷纷倒闭。

化妆品行业，美国的"蜜丝佛陀"和"荷里活"化妆品排山倒海涌来，使国产化妆品大受打击，经营双妹牌花露水、雪花膏的广生行，其经理表示，该公司成立六十余年，相继遭到日货美货的倾销，"全受损毁，几濒于破产"③。美货倾销，扼杀了战后民族工商业亟待恢复发展的机会，危害我国经济安全。

也有一些企业以战争为契机，通过与国民党的交情获得了新的发展，如荣氏集团，"无锡的申新三厂，战前不过七万纱锭，战后复工时只剩三万四千锭，但一年以来，新厂房已经筑成，新厂的纱锭即将扩充到十二万，茂新面粉厂，最近就要装置日出八千袋粉的新机器，这都是他在战争中发荣滋长的事实——成败的又一关键"④。

但是好久不长，1948年国民党发行的"金圆券"，通货膨胀，物价上涨，形势严峻，使战后稍稍得到恢复的民族工商业濒临崩溃的边缘。与此相反的是共产党地区，在扶持工商业发展政策的鼓励下，民族工商业呈现出欣欣向荣的景象，

---

① 上海社会科学院经济研究所：《刘鸿生企业史料》下册，上海人民出版社1981年版，第268页。
② 《美帝怎样摧残我工商业》，十月出版社1950年版，第20页。
③ 同上书，第81页。
④ 《实业巨子：荣德生》，《中央日报》1947年8月4日。

棉纺织业、重工业、煤矿得到不同程度的发展。启新洋灰公司从之前的濒临绝境，又获新生。

抗战时期，我国民族工商业受到严重破坏，因我国工商业多集中于沿海、沿江及沿铁路线各城市，这些城市在抗战中都饱经炮火洗礼，损失惨重。各城市沦陷后，城市工商业又被侵占，美其名曰"中日合办"，实际上国人大权旁落，一切尽在日本人掌握。我国沿海工厂近90%，除迁往后方外，几乎都被敌人破坏掠夺，上海一隅，据前工部局调查，被毁者有905家，社会局调查工厂被毁约2000家。战时，上海工业一度畸形繁荣，国外进口断绝，国内生产供不应求。太平洋战争后，被敌人统制。

受八年抗战和内战的影响，这一时期民族工商业品牌的发展，除重工业外，几乎陷于停滞阶段。重工业中的电力、煤炭、铁、钢、水泥等因为中国和日本都要加强军事力量，其产品达到了最高水平。近代著名的民族工商业品牌，在内迁与重建的过程中，表现出极高的民族气节，民族企业抱着"不把企业留给敌人"的决心，能带走的带走，不能带走的自行拆毁、炸毁。内迁企业在重庆、四川、贵州等西南地区，有一个短暂的发展期，客观上促进了当地工商业的发展。著名民族企业冠生园，在内迁过程中，先是香港，然后武汉、重庆、昆明等地都建立了分厂分店，满足了战时人们对食品的需求。胜利后，冠生园迅速恢复了其在上海、南京、汉口、天津、杭州等地的工厂与分店。战后，由于美货倾销，官僚资本接管了大部分日伪企业，沿海内迁工厂80%全部停闭，八年来培育的后方工业，犹如昙花一现，瞬间逝去。

中国近代民族品牌的发展，起始于清末民初，其产生发展的地域，以上海、广州、天津等沿江沿海地区为主，这些地区最早接触西方世界，工业化和近代化的步伐相对较快，资金和人才储备充足，为民族品牌的产生和发展奠定了良好的物质基础。

从民族品牌产生的行业来看，最初以军事工业为发轫，但由于清末官督商办，缺乏科学化管理，弊病丛生，以失败告终。近代民族品牌的发展，以轻工业为主，尤以棉纺织业、面粉业、火柴业为主。第一，这些行业的产生，都属于防御型民族品牌，其产生发展的根源皆为洋货刺激，利权外溢，而非自发的构建。中国民族企业家出于抵御防卫的需要，自然以模仿外人为基准。外商通过不平等条约倾销洋货，在中国大建工厂，投资银行，控制中国金融命脉，操纵山河、铁路等运输设施，这就使得民族品牌的发展举步维艰。第二，棉纺业、面粉业的技术成本相对较低，投资少，见效快，这也是造成近代民族品牌数量多，规模小的原因。第三，中国近代民族品牌赖以发展的技术，是通过直接引进的途径而产生的，这就决定了它的发展被紧紧掌握在外国资本主义所许可的范围之内，仰赖外人鼻息。

近代中国市场上，"四处所陈列的都是洋货，再把自己的身上，和自己的家庭，打量一下，洋货差不多也占了十分之七八"①。洋货凭借关税协定，在国内市场如入无人之境，畅行无阻，其低廉的价格，使得民族品牌不能与之竞争。再加之，普通民众笃信洋货的消费心理，使得民族品牌更是步履维艰。除了与外商洋货品牌竞争外，还要遭受各级政府高额的税收和盘剥，与国内同行业的品牌相竞争，其发展的外部环境极其险恶。但即便如此，近代民族企业家在内忧外患中，在战火纷飞的广袤大地，以振兴工业制造国货为天职，发展民族工商业，创造出许多著名的民族品牌，有些甚至将洋货品牌驱逐出中国市场，销往国外。"福新的面粉，竟远销到伦敦市场去了。"②普通民众的民族意识，在历次国货运动的洗礼和民族工商业品牌的宣传推广下，"渐知爱用国货，大有振兴气象"③。近代民族品牌在经历了清末的发轫，20世纪二三十年代的"黄金时代"，南京政府的"十年推进"、八年抗战、三年内战后，进入新中国的恢复和发展阶段，奠定了新中国的工业基础和品牌基础。

中国经济不振之原因，"工业之发展，内须有充足之资本人才，外须有政府之援助与良好之购买力，今中国舍第二项尚不感如何困难外，则均告缺乏，其能免于衰颓乎！"④

---

① 仇兴：《赖琏言论集》，中国国民党湖南省党部1938年版，第64页。
② 《实业巨子：荣德生》，《中央日报》1947年8月4日。
③ 《民国二十年度之农工业》，《中国银行报告》1932年第3期，第39页。
④ 唐庆增：《十年来之中国经济》，《大夏》1934年第5期，第64页。

第二章 近代民族企业的品牌意识与广告观念变革

品牌（brand）一词在中国出现的时间相对较晚，最早是烙在牛羊马牲畜上的烙印，后演化为具有法律意义的商标。随着品牌学的不断深化，目前学术界对品牌的定义，主要有三种说法：其一是符号说，源自美国营销协会对此的定义，"用以识别一个或一群产品或劳务的名称、术语、象征、记号或设计及其组合，以和其他竞争者的产品或劳务相区别"[1]；其二是综合说，大卫·奥格威于1955年对此所做的定义："品牌是一种错综复杂的象征，它是品牌的属性、名称、包装、价格、历史、声誉、广告风格的无形组合。品牌同时也因消费者对其使用的印象及其自身的经验而有所界定"[2]；其三是关系说，奥美广告公司认为，品牌是消费者与产品之间的关系，是消费者经验的综合。在本书的行文中，我们不能完全用现代人的品牌理论去解读近代尚处于发展初期的民族品牌，由于近代民族品牌所处的时间与大卫·奥格威的时代最为接近，因此笔者较为认同他的定义。按照他的分析，品牌不仅包括品牌名称、包装、价格等可辨认的外部因素，还要将品牌放置到品牌构建的时空序列当中，将品牌产生发展的历史、声誉、广告风格等结合起来，这些东西都是无形的，这些无形的东西恰是构成品牌内涵最重要的要素。在近代中国市场上，国人更加强调的是品牌的识别性、情感性等特征，同时也将消费者考虑进去，体察消费者对品牌的认知和品牌联想等。

在近代历史的长河中，品牌催生了商标，品牌由商标发展而来，但是"品牌比起单一的法律功能来说，多出了丰富的内涵以及相应的促销功能与经营功能"[3]。诚如广告专家所言，"对一百年前出现的最早的品牌而言，品牌开发过程

---

[1] AMA：《营销术语词典》，中国标准出版社，1960年版，第255—301页。
[2] 余明阳：《品牌学》，安徽人民出版社2004年版，第3页。
[3] 余明阳、舒咏平：《论"品牌传播"》，《国际新闻界》2002年第2期。

所衍生出的目的和重要意义超出了法律保护的单一职能"①。商标作为区分同类商品的标记，具有了品牌的识别功能，是消费者感知、记忆品牌外在形象的重要依据，在近代民族品牌发展历程中，企业取得了商标专用权，国家以法律的形式保证品牌的所有权和知识产权。1904年，政府颁布了第一部商标法《商标注册试办章程》，中国商民从此有了"注册商标"的品牌意识。随着近代工业化的大发展，国人在产品生产和销售管理方面，对品牌有了更为丰富的认知和实践，不仅有识别功能，还有关于品牌资产、品牌拓展等方面的认识。

广告的（Advertere）意思是"注意"或"诱导"。远古以前就有了古朴的"氓之蚩蚩，抱布贸丝"的实物广告，姜太公"鼓刀扬声"的声响广告，江北人"敲锣卖糖"的乐器广告等，这些原始广告在地方一隅的古老乡村，传播着商品信息，但仍不是具有现代意义的广告。严格意义的广告，是与近代报刊媒体的出现相辅相成的，迄于近代，是伴随着帝国主义坚船利炮的附属品。受西方科技文化的陶融，国人在与洋货进行竞争的过程中，渐渐意识到本国实业的落后，有不得不奋起直追的必要，于是广告才渐入国人眼帘，成为传播产品信息和品牌形象的重要工具，成为消费者辨别商标的通用办法。

第一节 近代国人品牌意识的启蒙发展

近代以前，商标、牌子等素不被人重视，因我国政治上闭关自守，商业交换的范围仅限于一区一隅的地界，还未有大市场剧烈竞争的出现，且"中国人的生活一向是立足在彻头彻尾的实际上面的缘故。像与商品本身并不发生多大关系的商标之类的事物，并不是很注意"②。商人所售商品仅有牌号，即某铺某字号之类的习惯。然自海禁大开，中外互通，商贾辐辏，因在万国货物云集的当口，"苟无图形以资表彰，文采以供鉴别，则饰伪乱真，滥冒杂赝，将莫可究"③。于是我国工商界亦以竞争关系，标新立异，各标图记，以防他家影戤。中国近代民

---

① [美] 约翰·菲力普·琼斯：《广告与品牌策划》，孙连勇等译，机械工业出版社1999年版，第22页。
② [日] 内山完造等：《中国人的劣根和优根》，尤炳圻等译，江西人民出版社2009年版，第6页。
③ 郑飞：《我国商标制度沿革及注册商标之统计分析》，《工商半月刊》1929年第12期。

族资本在内外因素的启蒙和教育下,商标意识得以觉醒,不仅创设商标,而且在品牌建设品牌拓展方面,有了更为多元丰富的品牌认识和举动,与市场上的洋货品牌开始了针锋相对的品牌推广和传播。

一 传统的品牌意识

一般学者很少研究商品的品牌,在经济史和商业史中较少有这方面的记录,中国台湾学者韩格理较早关注近世"品牌"和商标,在他的研究中,将品牌的概念界定为"所有在商品上可看见的记号和式样,是商人用来区别同类型别家商品和服务的一种'标记'。这些'标记'由文字、店号、图案、数字、符号和包装标签等组成,有多种设计式样,可能由上述符号单独组成或混合使用"[1]。在他的理解中,品牌即商标,是一种识别记号。从这一角度出发,近代以前中国就有了许多知名的品牌。

1. 牌号招牌

古老的牌号、招牌是区别同行商家最重要的标记,其产生的根本即"用以识别产品标记上制造者的名字或出售商的字号"[2]。中国最早的牌号、字号常常用制造者的姓氏来命名,例如王麻子剪刀、张小泉剪刀、泥人张等。反映宋代城市生活风貌的传世之作《清明上河图》里,我们可以清楚地看到各种牌号,鳞次栉比。"孙羊店""唐家酒店""王家罗锦疋帛铺""杨家应征""刘家上色沉檀栋香""赵太丞家"等令人目不暇接。《东京梦华录》中的"曹婆婆肉饼""李生菜""孙好手馒头",《梦粱录》中所载的"陈家团画扇铺""尹家文字铺"等,都是以店主的姓氏或名号命名。

还有些店铺的牌号取义讲究商业道德和信誉,或选用吉祥含义为主题。如著名的"同仁堂",取名"同修仁德,济世美生"的格言。著名的"内联陞"鞋店原是专供宫廷生意的,取义"连升三级",以招揽生意。这些经营信誉好的老牌号,如今成了知名的中华"老字号",如雷允上六神丸、荣宝斋文具店、乐家老铺等,成为中华文明的瑰宝。

---

[1] 韩格理、黎志刚:《中国近世的"品牌"和商标:资本主义之前的一种消费主义》,黎志刚、冯鹏江译,载韩格理《中国社会与经济》,张维安等译,台北联经出版有限公司1990年版,第269—301页。

[2] 同上书,第285页。

2. 地域特产

中国地产丰富，各地都有名产，在跨地区市场流动中，就赋予了其地域识别的标记，成为我们所理解的地域特产。最为大家所熟知的，莫如绍兴酒、建州茶、湘绣、蜀锦、湖州墨砚和毛笔、苏州年画、宜兴茶壶等。这些特产不单在该区域内流行，在京城等富裕地区也可以买得到。这些地域特产随后就发展成为现在所谓的地域品牌，由于这些品牌没有明确的商标归属，因此无所谓专利，该区域的生产者都可以将其拥有。这也是造成近年来中国一些传统的地域品牌在海外被纷纷抢注的原因之一。

在中国古代，还出现了最早的商标广告，这时的商标已不局限于简单的文字、牌号，而是文图结合，并且将该产品的品质特点表现出来。如济南北宋时期山东济南刘家功夫针铺所用的"白兔"商标，这一商标设计中间为一只"白兔捣药"的图案，上面雕刻着"济南刘家针铺"的标题，图案左、右分别标注有"认门前白兔儿为记""收买上等钢材，造功夫细针，不误宅院使用，客转为贩，别有加饶，请记白"。这一商标印制在包装物上，被称作是我国最早的商标广告，具备了识别商品，表征商品品质的功能。

图2-1 刘家针铺"白兔"商标 现陈列于中国历史博物馆

明代北京市场上有一家以"黑猴"命名的毡帽店，其门前画一黑猴为标记，店内还饲养几只黑猴，因其质量优良而风靡一时，这也是文图、实物相结合的品牌标识。谁料，到了清代，北京市场上的毡帽店皆挂招牌"黑猴"。"鲜鱼口内砌砖楼，毡帽驰名是黑猴，门面招牌皆一样，不知谁是老猴头"①。可见，古代冒牌现象严重，商家维权意识不强。

以上有关品牌是牌号、地域的认识，是近代国人区别同类市场中商家的最初构想，由于古代市场交易范围有限，与清末洋货倾销的国际大市场，近代工业化大批量的产品倾销相比，其品牌意识还处于萌芽阶段，与近代民族品牌产生发展的工业化生产和国际化市场背景相比，其品牌建立和传播仍仅局限于当地市场或跨地区市场交易中，传统的"品牌"是建构以生产者为核心的品牌标识，在对消费者识别、品牌联想等方面还有待进一步发展。

二 近代品牌意识的发展

近代国人在内外因素的教育和启蒙下，对实业发展和品牌有了全新的认知，尤其伴随着中国第一部《商标法》的颁布和近代工业化的发展，人们对商标的认识日渐成熟，自觉遵从商标设计的理论要求，向工商局登记注册商标，维护其专属版权。当时经营中国国货商场的李康年，非常重视"品牌"问题，他认为："工商业中原有两种经营思想：一种是重视质量，竭尽全力为产品建树长期声誉，即所谓'作出牌子'。"② 在他看来，做牌子的首要条件，就是要保证质量。品牌，不仅要有商标或记号，更是货物特色、包装、服务等的结合，且对品牌的发展推广和消费者认知等方面，都有了相应的改变。

1. 品牌第一要务为商标

品牌的第一要务，即创设商标，以区别同类产品或服务。然在近代以前，商标并未广泛出现，"制造家，因为不明白商标的功用，往往把自己的商标都不表显在货物上去"③。消费者买了东西，也不知道这个货物是从哪里出的，零售商反而把自己的店面和商号标在货物上，因此伪造商标事件频频发生。随着近代洋货品牌的倾销，国人对商标的认识亦不断丰富和深化。"幸而现在的制造家，都渐渐儿觉悟了。他们知道商标是制造家的特有权，不得被人家随意侵夺。"④消费者在购买产品时，如"三角"牌毛巾，就要到商店购买这个牌子的毛巾，如果

---

① 《都门杂咏》，李家瑞《北平风俗类征》，商务印书馆1937年版，第423页。
② 转引自吴家义、范新宇《苦辣酸甜——中国著名民族资本家的路》，黑龙江人民出版社1988年版，第183页。
③ 戚其章：《广告的研究》，《复旦》1920年第11期。
④ 同上。

没有，就要去努力寻找，达到目的为止。

近代国人对"商标"的理论认知和商业实践，也有了相应的认识。商标是商品的标识，这一定义得到大家的普遍赞同。如抗白在《吾国商人之弱点》中谈及中国商人无理想之商标时，云"商标者，使人不可雷同，表示其独有专用之记号也，既云记号"①"商标是标记一种商品的标识，是用来区别商品的"②。随后，人们开始研究商标的本体，文字或图画，图画应包括哪些。"商标者，以绘画图样，用以作商品之标识者也。"③"商标是用人、地、花、草、禽兽、虫类、文字、图案作为商品的标识。"④ 商标逐渐从图画扩至文字、图画，且图画包括人、地、花、草、禽兽、虫类等。

同样，商标也表达着一种品质，"商标是代表商品品质的记号"⑤。商标为区别同类产品的图形或字的记号，"保障货品之真实，藉免膺鼎，而避鱼目混珠者也"⑥。有着海外留学经历，担任联合广告公司经理的陆梅僧认为，"一种商品，为使人易于辨认真伪起见，便用一种标记来示区别，而教导大众去认明这种标记，一则可免上当，同时厂商也可以抵制仿冒，而维持他们的营业，这种标记，称之谓'商标'"⑦。可见，国民由之前对商标的淡薄，引申为一种专利保护，一种权益。

商标对于商品，就好比是姓名之于人类。"人有姓名，始能别甲乙，商品有商标，始能别甲所制造于乙所制造。"⑧ 商标只有经过注册，亦如名字必须经过登记，才能得到法律上的承认和保护。"商标为取得法律报章之唯一护符，以免同业冒牌。"⑨ 近代民族企业，对商标注册不敢大意，除必要的登记造册外，还在报刊上刊登商标通告，以广视听。

2. 品牌不仅仅是商标

与传统的商标、标记不同的是，近代国人对"品牌"的认知，不仅是指商

---

① 抗白：《吾国商人之弱点》，《中国实业杂志》1912年第4期，第3页。
② 何嘉：《现代广告学》，中国广告学会1931年版，第129页。
③ 蒋裕泉：《实用广告学》，商务印书馆1925年版，第51页。
④ 冯鸿鑫：《广告学》，中华书局1948年版，第88页。
⑤ 叶心佛：《广告实施学》，中国广告社1946年版，第54页。
⑥ 孙孝钧：《广告经济学》，南京书店1931年版，第120页。
⑦ 陆梅僧：《广告》，商务印书馆1940年版，第91页。
⑧ 金忠坼：《商标法论》，会文堂新记书局1935年版，第1页。
⑨ 叶心佛：《广告实施学》，中国广告社1946年版，第54页。

品标记，还包括企业对于品牌建设、品牌推广等方面的认识，对其品牌的市场推广、产品延伸有了更深刻的认知。人们普遍认为，经营商业"应该要有一两个特点，这一二个特点，不管是商标或记号也好；货物的特色也好；服务的精神也好，包装的新美也好，总之是要就商店各部门，找出一二个与众不同、戛戛独造的事物，加以发扬与宣传，使于营业推广上，有所裨助"①。这种方针政策，需"经过长时间之施行，而始终不渝之谓"。而且一定要"着人先鞭，不可拾人牙慧，而殆失时之识"②。这实际上就是我们所理解的品牌个性或品牌定位，虽然这时国人对"品牌"的理解还不成系统，但是品牌意识已经得到较大发展，他们已经从品牌外在的识别功能，拓展到品牌个性，寻找到一两个独特的特点，这一品牌意识与民国初年华商广告观念的觉醒在功能上实现对接，进而推动了民族品牌的创建和传播。

3. 品牌是一种无形资产

近代国人渐知品牌的重要性，良好的品牌经过日积月累的积淀，就有了"金钱上的价值"③，成为厂商的一种无形资产，"与银行之存折无异，存款越多，价值愈高"④。所以近代厂商在转卖或改组时，将品牌也作为资产的一部分。

1912年史量才花费12万元从席子佩手中买下已有四十年历史的《申报》时，席子佩觉得不划算，又提出当初卖的只是报馆产权，而《申报》的品牌并没有出售，于是经过租界会审公廨裁决，史量才再次支付给席子佩25万5千两银子。可见在近代，报纸"品牌"就作为资产进行量化转售。近代面粉业之佼佼者阜丰面粉厂，还曾以5000两银子的高价买进长丰面粉厂"炮车"牌商标的使用权。⑤

洋商对于牌号非常重视，有一种美国香烟叫作"斯巴德"，薄荷口味，源自一个人名，其自制香烟，"后来他把生财商标都卖给别的烟草公司了"⑥。国人将其译作中文，亦是告诉大家，商标的无形资产价值。美国一家化妆品公司，其牌号尽占其总价值四分之三。上海有一家公司，股票下跌，但其牌号依然不倒，终

---

① 诚毅：《营业方针与政策》，《商业实务》1940年第1期，第11页。
② 陈文：《商业概论》，立信会计图书用品社1944年版，第280页。
③ 陆梅僧：《广告》，商务印书馆1940年版，第92页。
④ 赵君豪：《广告学》，申报馆1936年版，第51页。
⑤ 上海市粮食局等：《中国近代面粉工业史》，中华书局1987年版，第202页。
⑥ 道光：《美国货的牌子》，《一四七画报》1948年第9期，第6页。

有一日，必将恢复到以前的盛况。"此上海行家经营五十余年，其行名中外皆知，然以种种不幸情欤，致营业时或困顿，股票下跌，因是人都以该行家失败目之。然其牌号始终未败，因其牌号之脍炙人口也。将来货由回复前状之一日。"① 国人逐渐意识到，品牌是一种无形资产，当事人处于利害共同，在所必争，品牌是可以作为资产转卖的。

4. 好的品牌形象可以丰富品牌联想

品牌命名和商标设计，不仅可以给人极深的印象，还可以使消费者对产品产生丰富的品牌联想，增加人们的喜好。上海水泥股份有限公司的"象"牌水泥，寓其水泥质量上乘，巍巍安固之意。天津东亚毛呢纺织厂的"抵羊"牌，两羊相抵，"寓制自勇健山羊之纯毛，抵羊谐音抵洋，又寓抵制洋货挽回利权之意，妙语双关"②。一心牙刷厂之"一心"牌，外面为一心形，里面嵌一"心"字，暗含"一心一意"之制作。

图 2-2 "抵羊"牌毛线商标

5. 消费者认牌购物的品牌意识

消费者的品牌意识是指"在购买选择与实际消费中所形成的指导思想，它由消费者的品牌识别、品牌评价与品牌记忆共同作用而形成"③。近代社会，中国

---

① 《化妆品业之利益谈 牌号之价值》，《化学药业杂志》1926年第3期，第7页。
② 叶心佛：《广告实施学》，中国广告社1946年版，第54页。
③ 汪秀英：《企业品牌工程的运营与管理》，科学出版社2010年版，第42页。

消费者普遍形成了认牌购货的消费习惯，"在购买货物的时候，一般顾客对于'牌子'也很注意"①。同时他们也开始形成了一定的品牌忠诚，钟情于"老牌子"，因为已经使用过，觉得满意，他们认为老牌子不错的原因有三，第一，"一个厂家能够做出牌子，一定具有相当的历史，为保持厂家的信誉起见，绝不肯粗制滥造，偷工减料，把过去建立的基础，自暴自弃"②。第二，"老牌子的厂家，出品畅销，营业发达，因此资本雄厚，制成的货品，合于价廉物美的原则"③。第三，"精益求精，是老牌子厂家的信条，所以老牌子货色不仅坚固耐用，并且有进步的优点"④。所以，品牌的历史和资格成为消费者认牌购物的条件之一。

"中国人买东西欢喜买老牌，主要是老牌，那他这东西比牌子不同的货色一样的要贵得多，也是很乐意的。"⑤ 广东广生行出品的花露水，为"双妹"老牌花露水，也是这个缘故。"一种商品的成为老牌，是有它悠久的历史的，而且曾经在一个时期内是最好的，为别的同类的商品所及不上的，然而我们不能因了它的历史的长久及曾经是顶好的这两点理由而永远算它最好，排斥新起的物品，尤其在文明日益进步的今日，科学上的发明日新月异，差不多每天都有变化。和人类生活上有关的事事物物，也都不断地在改善进步之中。"⑥ "有的老牌确是名副其实的，有的老牌却是徒负虚名。"⑦也有一些消费者比较喜欢新牌子，原因在于，他们认为新牌子、新厂家要与老牌子竞争，一定有其独特的优点，新的技术、新产品本身有广告的作用。

"大凡人类，都有这种偏性，就是喜欢买我所熟悉的货物，即使不知道这货的内容，只要记得他的名字，也会偏信的。"⑧ "他一定选定他所熟悉的一个牌子。除非一个人对于他所熟悉的牌子有什么不满意的经验，他绝不会舍了他熟悉的，去买他所不熟悉的。"⑨中国人和英国人一样，都有好古守旧的传统，除了将

---

① 省斋：《老牌子与新牌子》，《机联会刊》1947 年第 210 期。
② 同上。
③ 同上。
④ 同上。
⑤ 罗西：《牌子和资格》，《机联会刊》1940 年第 18 期。
⑥ 同上。
⑦ 同上。
⑧ 陈听彝：《广告学》，《新中国》1919 年第 6 期。
⑨ 同上。

牌子的信用做好之外,"恐怕没有什么力量可以打破中国人对于老牌子的信仰罢"①。

6. 品牌延伸拓展

近代中国市场上,有些企业长期专注于某一类产品,当产品有了一定的品牌知名度后,转而经营与原产品完全不同的品类,凭借原有产品的品牌知名度来实现多元化经营和品牌拓展,三友实业社便是其中的代表。三友是中国近代著名的棉纺织品企业,其产品在市场上认知度很高,在与洋货品牌竞争中,其"三角"牌毛巾打倒了日货"铁锚"牌毛巾,"爱国蓝布""自由布"及"透凉罗"等抵制了英货毛丝纶和珠罗纱的倾销。然在20世纪30年代,"忽然卖起药来了,因为过去有了信用;他的药当然也是灵的了"②。天津东亚毛纺公司在抗战期间,由于西药供应紧张,在利益驱动下也投资新的事业,于1944年成立"东亚化学厂",主要生产脑得康、克蛔宁、止痛片、咳嗽糖等,满足了战时市场需要。

图2-3 三友实业社 医药广告 《上海生活》1940年第7期

三 近代国人品牌意识发展的动因

品牌一词,在中国出现相对较晚,但并非描述新事物的新词,其对应

---

① 味橄:《随笔:老牌子》,《新中华》1935年第6期,第36页。
② 问天:《老牌子》,《五云日升楼》1939年第16期,第18页。

"Brand"与"Trademark"至迟在1924年就已进入中国，1924年4月30日出版的北洋政府商标局《商标公报》第九期公告的注册商标第228号，香港广生行有限公司的"双妹嚜"商标。该商标的图形为并列站立的两位女士，中文文字为"双妹嚜"，英文文字为"Girl Brand"①。国人的品牌意识，从古代商店铺号，地方特产逐渐延伸到更多元更系统的认知，从商标、品牌形象到品牌资产、品牌拓展等，人们越来越意识到品牌的重要性。品牌是国家对外交往的脸面，事关国家信誉，构建民族品牌是全社会义不容辞的责任和义务，应"充分发挥效能，做点牌子或面子"②。

1. 洋货品牌的倾轧触动

在中国古老的市场上，交易范围多限于地方一隅，民众对代表产品本身的品牌认知不清，大家记忆的多是商铺的位置、商铺的招牌等，产品供需稳定，使得品牌并无太多用武之地。然海禁大开，洋货倾销打破了中国传统社会自给自足的消费模式。洋商早已熟知广告的作用，用广告为其产品做宣传。"铁路沿线每一车站附近都有路牌广告，宣传狮子牙粉、仁丹、大学眼药、美孚火油、白礼氏洋烛、中将汤等商品。"③因此，以英美烟公司、美孚石油公司、亚细亚火油公司、福特汽车为代表的洋商生产的洋货，以一泻千里之势泛滥于城市，流行于农村。许多农民所用的产品都是洋货品牌，"取火要用他们的火柴（日本的通行），点火要用他们的水火油（最通行的是红毛的亚细亚、花旗的美孚），盛油点灯的是用他们的玻璃制成的灯"④。许多乡村中，"不知道'孙中山'是何许人，但很少的地方不知道'大英牌'香烟"⑤。由于洋货的侵入，使得"每年有伍佰万元"⑥的利益垂涎于洋人手中。华商逐渐意识到利权外溢，漏卮增加，必须以实业救国。在创办工厂之时，也纷纷效仿外商，创立牌子。南洋兄弟烟草公司在推出各种香烟的品牌时，亦针对英美烟公司的各等级香烟，一一给予反击。10支"飞船"抵制"派律"，20支"喜鹊"抵制"三炮台"，20支"蓝马"抵制"大

---

① 安青虎：《品牌与商标》，《中华商标》2006年第5期。
② 《一周动态：做点牌子给人看》，《工商新闻》1948年第89期，第8页。
③ 平襟亚、陈子谦：《上海广告史话》，载上海文化史馆、上海市人民政府参事室文史资料工作委员会编《上海地方史资料》（三），上海社会科学院出版社1984年版，第134—135页。
④ 《广东第一次国内革命时期的农民运动》，《农民丛刊》1927年第1期，第178—179页。
⑤ 希超：《英美烟公司对于中国国民经济的侵蚀》，载中国经济情报社《中国经济论文集》，生活书店1934年版，第93页。
⑥ 张温：《我对于振兴商业救国的管见》，《商学研究本校第18周年纪念特刊》，1929年，第49页。

英"，20支"双喜"抵制"三炮台"①。洋货品牌在中国的推广与畅销，从某种程度上为华商品牌意识的发展提供了示范榜样。

2. 工业化生产，产品分殊化的需要

外因是变化的刺激条件，内因是变化的动力。清末以前，中国市场上的产品多为手工业生产，然伴随着近代机械科技力量的引进，大批工厂得以兴建，工业品被批量生产出来，其生产的速度和数量远远超过传统手工业作坊生产的效率。以面粉业为例，旧式手工业磨坊的工具主要为石磨，磨面时要人推或牲口拉，一天也不过磨150斤小麦，为3包左右，生产效率很低。创办于1900年的阜丰面粉厂，是上海最早的民族机器面粉企业，创办初期的生产能力即达2500包，1904年日生产能力增至7500包。荣氏集团的茂新面粉厂，1901年新增美式钢磨19部，每昼夜出粉3000包。1919年荣氏面粉企业已经由茂新一厂扩充至四厂，共有粉磨机301部，日产量达7.6万包，先进的设备提高了茂新厂生产的面粉质量，最初面粉厂只有一个牌子"兵船"牌，远销国内外市场。后为了区分不同的销售市场，与市场上同类产品相区隔，将其面粉按不同的等级进行分类，分为兵船、绿兵船、牡丹、红宝星、红绿牡丹、宝星、天竹、寿宇、渔翁等品牌。申新的棉纱，分为仙女、好做、天女散花、人钟、美人、报喜、童子军、四平运等多个品牌，全方位占领市场。

3. 国家力量的主导

从产品到品牌，看似一种简单的命名标记，然其中蕴含着时代的变化，近代品牌所蕴含的民族主义特征和时代特色，带给人们极其庄严的品牌体验和心理感受。"国货之王""国人请用国货"等口号在近代民族品牌的广告中不乏陈词，以唤起国人对与民族品牌其蕴含的爱国主义的认同和信仰。国家力量直接参与到民族品牌的广告宣传推广中。1928年9月，刚刚成立的国民政府，为推动民族品牌的产销，制定了"中国国货暂定标准"，并给许多企业颁发了国货证书，对民族品牌和洋货品牌进行严格区分。1928年7月8日，工商部部长孔祥熙向中国各商会发布命令，宣布发放证书的目的，"自从工商部成立以来，我们在不遗余力地提倡国货。近来，只要调查一下市场里各类商品的情况，就会发现舶来品被不实地标上了国货的标签来贩卖，以牟取非法利润……为此，我们制定并发布了9

---

① 参见中国社会科学院上海经济研究所、上海社会科学院经济研究所编《南洋兄弟烟草公司史料》，上海人民出版社1958年版，第42—43页。

条规章来控制国货证明书的发放"①。这些证书和产品的商标会刊登在官方报刊上，如工商部主办的《国货月刊》《工商月报》等。国民政府还积极组织国货工厂参与各地商品展览会和海外展览会，以利推广。近代政府积极地参与到民族工业发展的队伍中，并以国家意志推动民族品牌的发展。各地国货联合会、商会也为国货推广做积极宣传，1933年4月13日，天津市商会为东亚毛呢纺织股份有限公司颁发的"临时国货证明书"，"帮忙提倡并在当地介绍殷实商店经销，以便利各界需要将来"。② 上海市国货陈列馆也曾给所展示的国货给予证明，如图2-4、图2-5即为颁发给中华第一针织厂的"国货证明书"。

图2-4 "抵羊"牌临时国货证明书

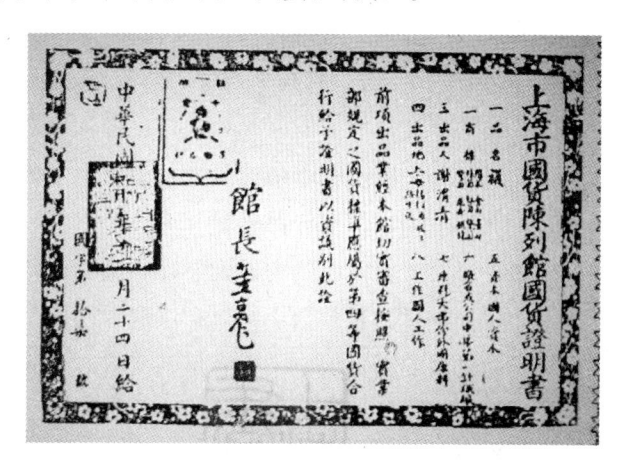

图2-5 中华第一针织厂 国货证明书

4. 近代商标管理的推动

清末民初，商标立法被提上政府日程，推动了近代国人对品牌标识的版权认知。商标，是品牌识别功能的重要体现，可以"防奸商之攘夺美名掺杂伪品"③。旧时，我国华商与洋商在竞争中，洋商盗用商标之事时有发生，一遇此事，华商只得"痛中国办理此事之无状也"④，忍辱负重，安之若素。洋商为了保护他们的在华利益，也呼吁中国早日建立商标法案。于是，我国的商标管理法规，在洋

---

① 孔祥熙：《国民政府工商部令工字第55号（7月8日）》，载胡光明《天津商会档案汇编（1928—1937）》，天津人民出版社1994年版，第1475页。
② 《临时国货证明》，1933年，天津市档案馆藏，资料号：J0128—3—0006949—014。
③ 《论商标注册不应展期》，《东方杂志》1904年第12期。
④ 姚公鹤：《上海闲话》，上海古籍出版社1985年版，第91页。

商与华商共同利益中千呼万唤渐始出来。1904年我国第一部商标法规《商标试办章程》由清廷颁布，共二十八条，细目二十三条。因法规由英国人赫德代拟，偏袒英商利益，因此遭到其他列强的猜忌和华商的不满，1911年清政府被推翻，商标立法工作不了了之。直到第一世纪大战结束，中国民族工商业渐渐发达，第一部正式的《商标法》由国会明令施行，依法设立商标局，商标注册工作正式开始。1923年5月至1927年底，四年间所办商标注册，共"一万一千九百一十一号"①。法律法规出台后，工商界也由之前的商标无意识，主动呈请备案，寻求法律保护。他们意识到，"商标为取得法律报章之唯一护符，以免同业冒牌"②。同时，商标的价值需要广告去实现，他们在广告稿本中非常注意凸显商标图画、包装物、"注册商标"等字样，这些无不显示出商标意识在我国的萌发和成长。我国华商对商标的名称和式样也推陈出新，争奇斗艳，可谓洋洋大观。

近代以前，中国也有所谓的品牌意识，但主要是区别"生产组织或著名工匠的产品，有些是用以识别产品的原产品"③。与近代工商业品牌中所强调的品牌意识相比，仍处于较为原始的识别阶段。随着近代工业化的发展，市场上的商品更加多元化，洋货国货并行不悖，在供需方面处于供大于求的膨胀阶段，商家必须赋予产品更多的附加价值，来满足消费者对于其产品或服务的信仰和追求，进而培养其认牌购物的消费习惯。

国人在内外因素的多重影响下，对品牌的认知进一步丰富和深化，由对商标的不加讲究，亦开始追求商标的本体、文字和图画等。品牌命名"第一顺口容易念；第二简单，容易记"④。由"对于包装方面，未加讲求"⑤，多用黄皮纸包装的旧习，开始注意包装的精美等。人们已经意识到，民族品牌是国家对外交往的脸面，事关国家信誉，是全社会义不容辞的责任和义务。"充分发挥效能，做点牌子或面子"⑥，"因为这不但关系着整个国家的信誉，而同时，也是有利全民的应有的措施"⑦。同时他们亦认识到，要想让品牌深入人心，必须要广告才能实

---

① 金忠圻：《商标法论》，会文堂新记书局1935年版，第7页。
② 叶心佛：《广告实施学》，中国广告社1946年版，第54页。
③ 韩格理、黎志刚：《中国近世的"品牌"和商标：资本主义之前的一种消费主义》，黎志刚、冯鹏江译，载韩格理《中国社会与经济》，台北联经出版有限公司1990年版，第280页。
④ 道光：《美国货的牌子》，《一四七画报》1948年第9期。
⑤ 向宏昌：《商品包装与推销之关系》，《机联会刊》1935年第112期。
⑥ 《一周动态：做点牌子给人看》，《工商新闻》1948年第89期。
⑦ 同上。

现。"买东西的人喜欢讲究牌子,造东西的人更是不惜花费大的广告费来创造牌子,以求给购买者一个深刻的印象。"① 他们意识到,"广告宣传,实为积极进行之事"② "商战时代不得不趋重广告也"③。品牌意识的发展和广告观念的转变,共同促动了近代民族品牌的发展。

第二节 近代国人广告观念的变革

观念乃客观世界在人脑的主观反应,这种反应不是与生俱来,而是要经过客观现实的浸染,并经过改造形成的。正如马克思所言:"观念的东西不外是移入人的头脑并在人们头脑中改造过的物质的东西而已。"④ 这一头脑中的意识,将人们的行为和社会关系加以合理化和理性化,为个体从事某种社会行为提供了选择或继续的动机,继而推动了整个人类社会的前进发展。

在历史前进的隧道中,人们的意识观念也将随着社会发展不断变化。中国近代社会,由帝国主义侵略所带给中国社会的变化是史无前例的。东西文化在近代世界市场的形成中,冲破了一切原始的、古代的文化壁垒,在交往中抉择,在冲突中融合。报刊广告,作为西方商业文明的急先锋,在鸦片战争前就已在中国大地上繁衍生息,向国人展示了一种完全不同的观念体系和活动力量。但是,在相当长一段时间内,传统的民族情感和文化心理使得华商对此甚为冷漠,仍然用固有的记忆和惯性维护着原有的观念体系。直至民国时期,华商对报刊广告才有了清醒的认知和积极的态度,广告观念发生了由传统向现代的转型,引发了中国广告事业在各个方面的根本性变革。正如社会学家马克斯·韦伯(Max Weber)所强调的那样,观念同技术进步与经济结构一样,也可以成为导致社会变迁的决定性因素。

一 民国前国人对广告的无意识

鸦片战争前夕,报刊已随着传教士办报在中国大地上繁衍生息。但是,在相

---

① 道光:《美国货的牌子》,《一四七画报》1948年第9期。
② 张温:《我对于振兴商业救国的管见》,《商学研究本校第18周年纪念特刊》,1929年,第53页。
③ 《化妆品业之利益谈 牌号之价值》,《化学药业杂志》1926年第3期。
④ 中共中央马克思恩格斯列宁斯大林著作编译局:《资本论》第二版跋,人民出版社1975年版,第24页。

当长一段时间，华商对报纸广告甚为忽视，固守着传统的招幌市招。直到民国时期，华商对此才有了清醒的理性认知，开始接受并效仿西方人的做法，开启了中国现代意义的广告事业之门，这一观念的变革是长期的、复杂的社会历史过程。

现代意义的广告业发展，严格上讲，以出现大众传播媒体的素材为宜，始于1815年，第一份中文报刊《察世俗每月统记传》在马六甲创办。在创刊号上，登有一则招生广告——《立义馆告帖》，广告中提出将为学生请老师，无偿提供笔墨纸砚等。① 从第一份刊有"告贴"的报纸广告出现至民国前，约略一百年的历史，大部分经商者"对于广告之利用，鲜有正确之认识"。即便是经过报纸广告最初的引导，但中国商人对"广告之无心得"②，每不加以利用，广告费的支出非常吝啬。其主要原因如下。

1. 商业竞争范围有限，无须报刊广告

中国传统的商业经营，生财之道在于贸迁有无。坐贾在门口挂上金字招牌，"知味停车，闻香下马"，就等着顾客自己找上门了。偶有药铺在药包的方单上印上药名、药性、药效及药铺地址、标识等，其传播范围非常有限，随方单而走。传统社会道路交通并不发达，商业经营只需货真价实便可累积声誉，口碑相传。附近的居民不读广告，也知道某店有何物品，因此并不需要报刊广告这种广而告之的"利器"。另外，从中国古代的声响广告、旗帜广告、灯笼广告、实物广告等，也可推测古代商业竞争的范围大都限于一城一邑之内，未可遍及各地，"未尤可角逐于海外"③。从这一点讲，传统社会商业的竞争，同清末海禁大开，外货充斥于中国市场的商业竞争相比，其剧烈程度实属一般，因此对于报纸广告不太重视。

2. 报纸广告未能表现应有的信用及效力

（1）报馆依赖政党津贴，贪懒而不谋经济独立。近代东、西各国新闻事业的发展，有着几近相同的经历，即"由政论本位而为新闻本位，由津贴本位，进而为营业本位"④。清末北方报业中《政治官报》为政府机关报，1901年直隶总督袁世凯创办《北洋官报》，还有1903—1905年创办的《南洋官报》《湖北官

---

① 由国庆：《与古人一起读广告》，新星出版社2006年版，第195页。
② 孙作良：《中国日报广告以外之广告事业》，载陈冷等《近十年之中国广告事业》，华商广告公司1936年版，第18页。
③ 赵君豪：《中国近代报业》，申报馆1938年版，第206页。
④ 黄天鹏：《中国新闻事业》，上海联合书店1930年版，第58页。

报》《安徽官报》等，都是各省的机关报，广告收入甚少，"鲜能以营业为本位，故多靠津贴为生活"①。报纸中所刊载的铁路广告、银行广告等，都是变相之津贴。因此足以养成报馆贪惰之风，不注重报纸广告的经营。

（2）报社广告取费不公，服务不周。"告白费有一定，而中国告白费无一定"②，是当时报刊广告经营的真实写照。报社虽有广告章程，但视为具文，"取费时并不依据"③，民国前，有些报社招揽广告困难，为求生存，将百元的广告地位，减至三五十元或十元八元，这样的广告经营虽每天有进账，但却使报纸失去了信用，自毁价值。因为报纸的销量广，所占的地位绝不会如此低廉，天底下绝无赔本代登的事。同时，报馆对于已经招揽到的广告，不能如期刊发，缺乏合作的精神和信誉。联合广告公司的经理陆梅僧，在言及中国产生报纸七十余年来报纸广告的进步与缺点时，谈道："有若干报纸，登载广告，不能按期，广告稿件，亦不按照原稿排列，预先交登户校对。"更有外埠报纸，"收信而不覆，不守合同价目。殊欠合作精神"④。

（3）广告作品粗鄙，难以获得信任。清末报刊广告的排列和新闻一样单调，"既没有显著的标题，也没有动人的词句来吸引读者"⑤。广告字体同新闻一样都用五号字编排，密密麻麻不留空白，使读者难以区分。另外，当时申、新二报的广告洋货尽占十之七八，华商广告极少，无法形成有力之竞争，偶有广告刊登，也多见"包医""包治""华佗再世"等虚伪夸大之词，难以取得读者信赖。创作广告的人员，对于自身的职务，大都认为无足轻重，不肯认真钻研广告技巧，"非言过其实，大吹法螺，即笼统其词，敷衍塞责"⑥。如书籍广告，多以"材料丰富，编制谨严……研究××者不可不读"。"存书无多，欲购从速"⑦等，此时的广告只有广告的躯壳，没有广告的灵魂，其本身难以获得读者信任。

3. 华商对传统广告的心理依赖使然

在被迫打开国门通观世界的近代，人们对外来事物、外来观念的认识，仍然带有天朝上国的自我和民族情感的倾向，这既是对外来观念挑战的体现，也是历

---

① 黄天鹏：《中国新闻界之鸟瞰》，载黄天鹏《新闻学刊全集》，上海书店1990年版，第73页。
② 李文权：《忠告报界诸贤》，《中国实业杂志》1912年第9期。
③ 戈公振：《中国报学史》，生活·读书·新知三联书店1955年版，第212页。
④ 陆梅僧：《中国的报纸广告》，《报学季刊》1934年创刊号。
⑤ 徐载平、徐瑞芳：《清末四十年申报史料》，新华出版社1988年版，第74页。
⑥ 骆无涯：《广告话》，载王潄如《新闻学集》，天津大公报西安分馆1931年版，第206页。
⑦ 朱小英：《做广告的》，《大陆》1941年第3期。

史的强大惯性和传统文化的心理结构使然。当外商率先利用报刊广告,为近代资本主义的商品倾销摇旗呐喊时,华商依然固守着旧有的广告媒介,来维护自己原有的观念体系。

历史上的中国商人大都信奉"良贾深藏若虚""酒香不怕巷子深"的信条,"除市招包皮外,几无利用广告"①。我国素来以"秘而不宣"为习惯,老舍笔下三和祥的伙计辛德治便是此中的代表,他始终认为,老字号应保持"君子之风",不打价,不抹零,不张贴广告,卖的是字号,不应该满街的拉客,卖的是"言无二价"②。这种"墨守闭关思想","此实与广告主义背驰矣"③。许多商户,他们不明白广告对于商品的帮助力,常常以"本号向不登广告'自豪'"④,他们认为只要货真价实,便可以有主顾,在相当长时间内,"一般商人还不愿贸然的舍弃其买卖的老方法"⑤,商人对传统广告的依赖和记忆,还需要更强劲的推动力来改变。

二 民国时期国人广告观念的转变

民国终结帝制,开辟了新的历史纪元,"伴随着社会转型的滞重步伐,人们的思想观念和社会心态也在发生着潜移默化的变化"⑥。在西力东侵、中西观念的碰撞与冲突中,传统守旧的广告观,逐渐被主动开放的观念所代替。一旦新的广告观占据主导地位,就发挥出强大的能动性,成为促进社会变革的先导和助推器,进而推动着新观念、新认知渐次推广。民国时期以报纸为触点的主动开放的广告观,迅速蔓延至其他的新事物、新材料,使得民国时期的广告媒介格外丰富、广告事业也从无到有地建立起来了。

1. 以报纸广告为触点的新广告观

中国古代几千年的发展,不能说没有广告,但只是传统社会的广告,如招贴、传单,都是处于"萌芽、原生状态,传播媒介多是传播者自身的肢体语言或

---

① 徐启文:《商业广告之研究》,《商业月报》1934年第1期。
② 老舍:《老字号》,载萧关鸿编《老舍》,文汇出版社2001年版,第199—205页。
③ 筹办巴拿马赛会出品协会事务所:《广告法》,巴拿马赛会出品所1914年版,第8页。
④ 陈嘉祥:《关于本报的广告》,《燕京新闻》1941年第10期,第12版。
⑤ 裘祖范:《商业广告技术之研究》,私立沪江大学商学院工商管理系1949年毕业论文,上海市档案馆藏,资料号:Q242—1—823。
⑥ 马敏:《商人精神的嬗变:近代中国商人观念研究》,华中师范大学出版社2001年版,第69页。

自然物"①。然报纸广告在中国诞生后,这一利用大众媒介物的新型广告,使国人逐渐意识到中国工商业落后乃不重宣传所致,有不得不"奋起直追的趋势,由是广告便日渐为国人所注重",同时清末办报高潮涌起,"报馆为着经济问题不得不竭力拉拢商店广告,促成了国人对于广告的尝试"②。所以民国时期学人称中国"几无广告之名称。有之乃与日报以俱来也"③。

(1) 报纸广告的出现符合了"广而告之"的需求。中国传统的招幌市声等,"无一能与新闻纸相抗衡"④。因为"最能普及,最能深入大众的,自然要推日报上的广告了"⑤。日报为报告消息的机关,而商业广告则贵乎消息灵通、普遍。1861年《上海新报》创刊时,即语:"开店铺者,每以货物不销,费用多金刷印招贴,一经风雨吹残,或被闲人扯坏,即属无用……似不如叙明大略,印入此报,所费固属无多,传阅更觉周密"⑥。另外,从经济节省的角度,商家欲其商品风行全国,"自以日报之费为小"⑦。

(2) 民众对报纸的需求和信任使"广而告之"的效果得以保证。清末政局动荡不安,民众希望通过阅报了解政论信息的需求增多,传统的京报随之走进了寻常百姓家庭,只是这时期的京报还没有商业广告。自清末以来,"普通国民读书之能力,日益增进。新闻杂志之种类,亦骤见增加"⑧。报纸价格便宜,如《申报》创刊时,取费八文。《新闻报》创刊七日内不取分文,七日后方取八文。因此就报纸的购买力而言,乃"人人财力所能及之物品也"⑨。从信任的角度考虑,"报纸是人民喉舌,在社会上有相当的立场。社会人士对于报纸也有相当的信仰,所以无形中报纸上登载的广告,好像有报纸的保障,读者易于信任"⑩。

(3) 广告观念由报纸广告迅速蔓延其他。报纸广告是西方投递给东方的信号弹,这一强信号使得国人开始主动研究报纸广告的功能和方法,并迅速蔓延至其他媒介。"有了报纸,才渐渐有所谓广告这二字的印象,推而知道注意到别种

---

① 杨海军:《论中国古代的广告媒介》,《史学月刊》2006年第12期。
② 何嘉:《现代实用广告学》,中国广告学会1931年版,第2页。
③ 同上。
④ 方宗鳌:《新闻纸与商业》,载黄天鹏《新闻学名论集》,光新书局1930年版,第137页。
⑤ 不敏:《论出版业与广告经济》,《工读半月刊》1936年第4期。
⑥ 转引自方汉奇《中国近代报刊史》上册,山西人民出版社1981年版,第58页。
⑦ 朱庆澜:《广告学》,商务书局1918年版,第2页。
⑧ 铭之:《广告法之研究》,《中华实业界》1914年第3期。
⑨ 心一:《说广告之利益》,《中华实业界》1914年第4期。
⑩ 陆梅僧:《中国的报纸广告》,《报学季刊》1934年创刊号。

广告。"① 在对广告的定义方面，还有人认为"广告是一种'纸上的贩卖'"②。这与20世纪初美国广告理论家约翰·肯尼迪"广告是一种纸上的推销术"③ 的立言不谋而合。因此，报纸广告是国民广告意识、广告观念突变的触动点，一触即发。华商开始主动学习广告理论，研究广告创作的方法，积极应对外商的广告战。

2. 广告观念的多元混杂

清末以来，西方实业家的目光都聚焦到中国，把中国强行纳入世界市场的行列。数十年间，北京、上海、天津等地，出现大批的洋行公司，多为欧美、日本人创设，而我国商人，"厕身其间者，寥如晨星"④。在这样一个多元化的市场中，一个价值重组、观念多元的历史过程也就此展开。

首先，主动开放的广告观被越来越多的华商所接受。中国厂商原"不知广告对于销路之辅助，大多忽视广告，以为'何必登载广告'。今则渐知广告效力之宏大"⑤。《申报》最初为了争取华商刊登广告，费用只及西人的四分之一。但自华商知道广告的效力后，不再予以优惠。定位于工商阶层的《新闻报》初创时，华商刊登广告也不积极，直至20世纪二三十年代才有超过洋商的趋势，如表2-1所示。

表2-1　　　　　《新闻报》1893—1928年中外广告量对比⑥　　　　单位：条

年份	1893	1898	1903	1908	1913	1918	1923	1928
华商	13	18	24	37	39	45	56	76
洋商	20	28	38	52	50	58	55	33
总计	33	46	62	89	89	103	111	109

一些活络的商人甚至开始张罗着采用新式宣传工具，在街头给行人散发传单，门口悬挂上花红翠绿的"霓虹灯"，打着虚虚实实的"大减价"招牌，实行

---

① 何嘉：《现代实用广告学》，中国广告学会1931年版，第3页。
② 陈冷：《十年来新闻业与广告业之关系》，载陈冷等《近十年之中国广告事业》，华商广告公司1936年版，第6页。
③ Coulsen, John S. (1989), "An Investigation of Mood Commercials", in *Cognitive and Affective Responses to Advertising*, Patricia Cafferata and Alice M. Tybout, ed., Lexington, M. A.: Lexington Books, p.46.
④ 抗白：《吾国商人之弱点》，《中国实业杂志》1912年第1期。
⑤ 陆梅僧：《中国的报纸广告》，《报学季刊》1934年创刊号。
⑥ 《新闻报》自1893年创办，每年取5月15日统计，其中启事、声明类广告不在统计之列。由于胶片模糊不清，在统计过程中已尽仔细，仍有可能出现个别疏漏。

"买一赠一"的销售策略,等等。以前华商对于广告不加研究,以为随便什么人都可以做广告,"现在也逐渐感觉到'广告须由专家制作'了"①。1926年三友实业社曾花四百块大洋请郑曼陀创作一张月份牌,这个价格在当时也是极高的。

其次,旧观念的约束使得新广告观的推广比较漫长。民国时,有人感叹而言:"无奈广告观念,仍属薄弱者多,此无他,经理其事者,为平时旧习惯所拘束,无新颖之广告见解与方法,以致偾事。"②一些传统守旧的商人仍抱残守缺,遵循着"良贾深藏不露"的老店风格,奉行"不言二价""童叟无欺"保守不变的销售策略,遵守的是老店的尊严和规矩。"且有一般泥古商人,一味守旧,总不肯稍事改革,以图上进,报纸的广告更不注意了。"③他们将制作广告视作一种浪费,认为报上刊登广告的多为欺世盗名之产品。同时,民国初年的社会风俗及纲常道德失去了往日的约束力,这就使得我们看到的广告,新旧混杂,这边是高楼大厦的霓虹灯,那边是旗帜招展的幌子、庄严肃穆的黑匾招牌。

三 广告观念转型的动因分析

民国以前的商业宣传,大多在店外挂上招牌,但这样的提醒只限于市场一隅的告知,而不若报纸广告风行万里,读者即使未亲临其地,也能听闻这家店的名声。报纸"广而告之"的宣传效果被国人共知是有一个过程的,"直至清代末季,始渐渐为国人所注意"④。认识与实践的交互推进,使得广告"越来越受到工商界人士的重视"⑤,他们以更加开放主动的观念,应对外商的广告战。

1. 洋货横行,利权外溢是刺激华商广告观念突变的外在压力

自海禁大开,外国的洋货如横海楼船,破浪而来,洋货如潮水般充斥于中国市场,"遂令此莽莽神州成为内货穷外货通,内货塞外货溢之一局"⑥。对此《申报》报道称:"进口的是泊(舶)来品,出口的是中国币。"⑦国人的衣、

---

① 陆梅僧:《中国的报纸广告》,《报学季刊》1934年创刊号。
② 蒋介民:《工商业与广告谭》,载王澹如《新闻学集》,天津大公报西安分馆1931年版,第210页。
③ 张一章:《中国之广告术》,载黄天鹏《新闻学刊全集》,上海书店1990年版,第228页。
④ 孙作良:《中国日报以外之广告事业》,载陈冷等《近十年之中国广告事业》,华商广告公司1936年版,第18页。
⑤ 朱英:《近代中国广告的产生发展及其影响》,《近代史研究》2000年第4期。
⑥ 抗白:《吾国商人之弱点》,《中国实业杂志》1912年第1期。
⑦ 《申报》1921年7月12日。

食、住、行，皆仰给于外人，非洋货不能满足其奢侈炫耀之心理。我国生产日减，漏卮年增，国货销路呆滞，商店货物积压，社会生产遭到严重破坏。

中国商人眼见切身利益受到损失，且受到洋商刊登广告推销货物的方法教育，逐渐意识到传统招牌或传单广告的局限，即其广告效果只限于通都大邑之一隅。"取一事物以尽晓群众。不能遍执途人而告之。即散给传单。亦只限于一地。纵使印发数千百纸。张贴通衢。往往因地位与时间之关系。行人不加以注目"。而新闻纸之广告则"一纸风行，不胫而走。故报纸所到之区，及广告势力所及之地。且茶坊酒肆，每藉报纸为谈料。消息所播，谁不洞知。永印脑袋，未易磨灭"。华商意识到不用报纸广告，势难与洋商抗衡；不用广告，国货销路难以推广。于是，民国时期华商"纷纷登报为招徕"①，以报纸广告作为商战的利器，吹响了国货与洋货角逐的号角。

2. 清末以来商业化的发展是广告观念突变的内在动力

首先，重商思潮的涌起使商人地位大大提高。"中国数千年来一直的轻视商人"②，所以商学不发达，广告学更无从谈起。从前做商业，都是在黑暗中做的，哪里敢正大光明地做广告。清朝末年，受外力的影响，人们开始对"强本抑末"的观念进行反省，提出"稽古之世，民以农为本；越今之时，国以商为本"③。为今之计，只有保商护商。重商思潮"第一次被社会普遍认为是国计民生的根本所在"④。1903 年，清政府成立了商部，以奖励实业振兴商务。1904 年，颁布了第一部商法《商律》、第一部商标法《商标注册试办章程》等，以维护商人的合法权益。1905 年的抵制美货运动，人们逐渐意识到，"窃闻国家兴亡，匹夫有责。天下虽分四民，而士商农工具为国民之一分子……而实行之力，则惟商界是赖"⑤。

其次，商业的大发展需要以广告为营业手段。"欲国之富，惟赖于经商，而欲经商之有效，必使人人有营业思想。"⑥ 营业思想中最重要的一点，即利用广告。"营业之道，依广告为导引，又曰广告者，工商业之女神，印刷墨汁，乃营

---

① 顾柄权：《上海洋场竹枝词》，上海书店 1996 年版，第 181 页。
② 陈听彝：《广告闲谈》，《新中国》1919 年第 7 期，第 179 页。
③ 郑观应著、夏东元编：《郑观应集》上册，上海人民出版社 1982 年版，第 593 页。
④ 乐正：《近代上海人社会心态（1860—1910）》，上海人民出版社 1991 年版，第 62 页。
⑤ 汪敬虞：《中国近代工业史资料》（第 2 辑·下），科学出版社 1957 年版，第 732 页。
⑥ 《申报》1907 年 12 月 16 日。

业生命之血液也。玩此数语，则分业之发展，与营业之竞争，全恃广告之效力，已无疑义。"①1912年，实业家李文权指出，"告白为商业之精神可也。……告白不良，商业不昌，商业不昌，国家斯亡"②。1914年，忘筌提出"我国工商业之所以不振，其故虽有种种失败之由，而于广告之不讲，实为一莫大原因"③。可见越来越多的国人已经意识到，商业的大发展需借助于广告来实现。

再次，榜样的社会示范为广告观念的更新提供了选择。鸦片战争前后，中国传统的城市结构发生了巨大变化，广州、厦门、福州、宁波、上海等地成为外国商品在中国的集散地和销售中心。这些城市由于其得天独厚的地理优势和人才资源发展迅速，成为中国接触外部世界和孕育现代化的窗口。一些新型城市设施，不仅扩大了市民的交往空间，更有力地"促进了保守封闭的传统观念向积极开放的现代观念的演变"④。

民国时期，澳洲侨商郭乐、马应彪等相继在上海南京路上创办先施、永安、新新、大新等大型百货公司，他们熟知西方现代广告的方法，如创办永安公司的郭乐即云："余旅居雪梨（悉尼）十有余载，觉欧美货物新奇，种类繁多，而外人之经营技术也殊有研究。……余思我国欲于外国人经济侵略之危机中而谋自救，非将外国商业艺术介绍于祖国，以提高国人对商业之认识，急起直追不可"⑤。永安公司于1918年开幕前，在上海各大报纸登了十多天的开幕预告，在沪宁、沪杭铁路沿线张贴招纸，这些百货公司先进的广告宣传方式，吸引了市民的注意，也触动了华商广告意识的觉醒，"对当时尚处于低迷状态的中国工商界起到振聋发聩的作用"⑥。

3. 国货运动是广告观念突变的催化剂

中国工商界"广告意识从开始萌发到逐渐升腾，有一个发展过程"⑦。在此过程中，国货运动是促使国人广告意识突变的催化剂，这场国货运动最早始于

---

① 忘筌：《最近广告术》，《直隶实业杂志》1914年第9期。
② 李文权：《告白学》，《中国实业杂志》1912年第1期。
③ 忘筌：《最近广告术》，《直隶实业杂志》1914年第9期。
④ 朱英：《辛亥革命与近代中国社会变迁》，华中师范大学出版社2001年版，第595页。
⑤ 参见上海社会科学院经济研究所《上海永安公司的产生、发展和创造》，上海人民出版社1981年版，第5—6页。
⑥ 徐鼎新：《二十至三十年代上海国货广告促销及其文化特色》，《上海社会科学院学术季刊》1995年第2期。
⑦ 同上。

1905年抵制美货运动，在20世纪二三十年代达到高潮。1919年"五四"爱国运动使文化启蒙与爱国运动呈现出融合的趋势，由学生运动引发的爱国热潮逐渐蔓延至全国。审时度势的华商积极利用这一高涨的社会情绪，用"中国人请用国货"等口号在社会各界掀起了轰轰烈烈的国货运动。

一时间，报刊成了国货广告宣传的窗口，成为华商广告意识爆发后的演练地。他们拿起攻敌的武器——广告，积极宣扬国货。正如徐启文所言"广告者，乃攻城略地之工具也。盖商人以诚信为壁垒，以广告为战具，广告精良，犹战具之犀利也"①。

1919年5月15日《新闻报》兴业烟草公司的广告写道："山东问题，旋将失败。凡吾同胞，莫再徘徊。空言无补，实力是赖。即此香烟，亦多舶来。漏卮千万，事实堪哀。欲求强国，当先裕财。提倡国货，责在吾侪。同胞速起，挽此狂澜。"②即警告国人"事急矣，时迫矣，同胞速起"抵抗日货，改吸国货"大吉"牌香烟。1925年"五卅"惨案的第二天，三友实业社在《申报》上刊登了以"哭南京路被害的学生"为题的巨幅广告。这则广告约占半版篇幅，标题以"哭"套红的大片"血迹"作底，并放大为其他字的2倍。上面还印有一个泪流满面的人头，形成强烈的视觉刺激。其内容先是号召"未死之中国同胞，一醒睡狮之梦，三省戴天之仇，努力奋起，以雪是耻"，接着把雪耻的实际行动引到抵制洋货、购用国货的主题。以提问的方式号召"未死之中国国民"，应认识到："南京路之子弹有限，合中国之子弹无穷。此后尔愿着外货之毛丝纶乎？……尔愿作冷血动物乎？"③洋洋洒洒五六百字，慷慨激昂，感人肺腑。

4. 专门的广告人才是广告观念突变的先行军

国民广告意识的增强，"与科技人才的增进有密切的关系"④。我国商人多半没有受过专门的商业教育，对于推销货物的广告，素来没有研究。"所以他们要登一张广告，不得不请几位老学究，或能作文章的人，去做一篇似是而非的文字。"⑤ 这些文章大多千篇一律，毫无特色。

---

① 徐启文：《商业广告之研究》，《商业月报》1934年第1期。
② 《新闻报》1919年5月15日。
③ 《申报》1925年6月1日。
④ 徐鼎新：《中国近代企业的科技力量与科技效应》，上海社会科学院出版社1995年版，第186页。
⑤ 戚其章：《广告的研究》，《复旦》1920年第11期。

第二章　近代民族企业的品牌意识与广告观念变革

清末以来，随着"实业救国"思潮的涌起，商业教育受到人们的重视。各地职业学校相继创办，有识之士也纷纷在商科教育中，增设广告学课程。一批最早出国学习或经营实业的有识之士纷纷将国外的译著或广告技艺介绍到中国，这些论说对于国人广告意识的觉醒有着重要的理论引导和推动作用。

李文权，曾多年在菲律宾经商，对于欧美实业界的情况耳濡目染，而对吾国商人经商无广告心得，尤为担忧。"吾国告白，极为幼稚，几等于无告白，纵有之，无非一二商人，随意组织，甚至文法不通者有之，词意不达者有之，且惜费用，减文字，此等告白，不如无之。"① 因此，1912年李文权在其创办的《中国实业杂志》中连续发表《告白学》，将国外有关告白的学理及其新颖方法等一一介绍中国，以期"吾国告白改良，而商业因以发达"②。

1913年史青将美国新闻记者休曼的《实用新闻学》翻译出版，其中第12章《告白之文》、第13章《登载告白》专门介绍了报刊告白的方法及注意事项。第13章是史青翻译的与"著书者同姓某之作"，此人"为报馆中人有年，且系告白专家，其为阅历之谈。可供参考，故译之"③。此外，甘永龙翻译的《广告须知》，四体印业社之主人朱庆澜的《广告学》等，都是较早推进我国广告学发展的论著。朱庆澜编写《广告学》一书，认为广告乃"商战利器"，在竞争日烈的情况下，推广销路"厥惟广告之一法乎"④。1919年，陈听彝在翻译《广告学》一文时，即言国人对广告无信仰，原因之一为缺乏专门的广告知识，因此"为谋中国实业和新闻业互助的发展，所以不问自己对于广告的程度如何浅薄，冒昧将欧美最新的广告学术，选译几种出来，做个介绍，使读者知道广告的确是商业中最重要的一种专门科学。商战中缺乏了广告学术，如兵站中缺乏了枪炮子弹，那末我们的经济权如何能够不渐渐落在人家的掌握中呢？"⑤这些论著的出版，表明国人已渐意识到广告在商业中的功能和价值，并希望通过广告观念的普及推动我国商业的发展。

另外还有出国专攻广告学的，如陆梅僧、林振彬、叶建伯、汪英实等。林振彬回国后，曾服务于商务广告公司，后于1926年创办华商广告公司，其旅美学

---

① 李文权：《告白学》，《中国实业杂志》1912年第4期。
② 李文权：《告白学》，《中国实业杂志》1912年第1期。
③ [美]休曼：《实用新闻学》，史青译，上海广学会1913年版，第135页。
④ 朱庆澜：《广告学》，商务书局1918年版，第1页。
⑤ 陈听彝：《广告学》，《新中国》1919年第6期。

习的经验使其在广告创作和经营方面，独树一帜。陆梅僧于1927年与《申报》经理张竹平、陆守伦等组织联合广告公司。陆梅僧还将其多年的从业经验著成《广告》一书，实用性很强，为商界刊登广告作了详尽的引荐和说明。另外还有专门的广告设计人才，如胡伯翔、丁悚、张光宇、庞亦鹏、杭稚英等，他们的加入使我国广告设计水平大大提高，在一定程度上提升了普通民众对于广告的认识。正如陈子密所言："中国广告事业有今日发达之形态，亦即人才增进之表示。"①

在西力东侵、西俗东渐的双重压力下，传统的中国社会在迷失和困惑的过程中，被迫寻找新的价值观，华商在坚守东方传统的广告观和接受西方科技文明的新的广告观念过程中，或坚持，或妥协，两种力量交互推进，在抉择与痛苦的矛盾中走得极其艰难与不易。西方的新式广告虽长驱直入，抢占先机，但国人接受并认可亦有一个中国化的适应过程，如英美烟公司最初代表西方海盗的广告画并不能引起国人的兴趣，甚至产生反感，因此他们亦开始思考并使用中国传统文化中的元素增强国人的好感。可见，洋商的广告观念在传播与交往的互动过程中，也受到了中国传统观念的影响和反思，二者也在经常变换着自己的角色，这就使得中国近代的广告观念新旧混杂，华洋杂处，广告创意与技巧中西结合。

观念的变革是一种极其复杂的精神变动现象，是社会存在、技术变革、价值取向等诸方面的综合反映，既有内因为基础，又有外来压力的冲击。从根本上讲，中国近代华商广告观念的突变，是一种接触性变化，即由于受到西方新观念、新技术的影响而促使传统的"告知"本位向现代意义的"广而告之"进行转变，保守不变的广告观向主动开放的观念进行转变。尽管这一时期的广告观念新旧混杂，复杂多样，但随着新的广告观念被越来越多的人理解、接受和掌握，就助推了中国广告事业在各个方面的根本性变革。

"近世商战之声浪，若怒涛之澎湃然，各逞其能，各炫其技，以互相角逐于世界，孰胜孰负，变在俄顷。而商人之恃以战争者，厥为广告。譬之两方搏战……广告，枪炮也。果广告而能得其逞，则枪炮锐利，可操胜算；反则一无所能，拱手让人而已。"② 又有近人曾这样评价广告："广告者，乃攻城略地之工具也。盖商人以诚信为壁垒，以广告为战具，广告精良，犹战具之犀利也，执有利器，战无不克，故商业之与广告，关系至为密切。"③ 品牌意识与广告观念，

---

① 陈子密：《谈中国之广告事业》，《商业月报》1931年第2期。
② 君豪：《广告谈》，《上海总商会月报》1924年第6期。
③ 徐启文：《商业广告之研究》，《商业月报》1934年第1期。

同属于看不见摸不着的意识层面，不如技术变革对社会的影响来得现实，一眼就可以望到，但意识观念的变更却是推动整个社会前进的动力和源泉。近代国人在海禁大开、西力东渐的压力下，亦开始了紧迫性与开拓性的思考反省。科学与民主的启蒙，最先实践于近代民族企业的技术引进层面。科学技术是第一生产力，近代企业产品物化的积累需要开拓市场继而同洋货竞争，于是"品牌"成为他们进行产品分殊化，并赋予产品一定的附加价值，用品牌的感性层面去吸引和打动消费者。

机器代替人工，生产骤增，产品增多，便要设法销售，"要销售货品，不能不借力于广告"①。同时经营民族工商业者亦认识到，要想让品牌深入人心，必须要广告才能实现。"买东西的人喜欢讲究牌子，造东西的人更是不惜花费大的广告费来创造牌子，以求给购买者一个深刻的印象。"② 经营工商业者，在建立品牌印象、积累商业信誉时，除货物精美价格低廉，对待顾客真诚不欺，设备周到招待殷至，管理优良雇员忠勤四个方面外，还需要"利用广告宣传得法"，并且要能贯彻始终，只有这样才能"坚顾客之信仰"，广"企业之声闻"③。在广告宣传中，"最紧要的事情，就是把商标一齐登载，给大家看了可以晓得那样货物的商标是怎样的"④。于是，品牌与广告在外部推广和内部坚持中，就有了最初的默契和配合。

近代国人的广告观念亦在"西力东渐""西俗东侵"的近代化过程中，受西方新技术、新观念的影响发生了由传统向现代的转变，由"地方一隅"的告知转向"广而告之"。由不知利用报纸广告，到纷纷登报为招徕。以报纸为触点的广告宣传，迅速蔓延到其他的新事物、新材料，使得近代民族品牌的广告传播媒介格外丰富，广告传播的模式亦从无到有地建立起来了。近代民族品牌的机械化大生产，使得企业家为扩大销路，把产品介绍给不知道的人，"使工厂各物质及人事设备，得以发挥它的最高效用。这种全力生产的来到，便引起了广告事业的勃兴"⑤。在模仿和学习中，民族品牌的广告传播策略和技巧也日臻成熟。

中国和英国一样，都有好古守旧的习惯，购物信赖老品牌。近代随着战事的

---

① 《广告浅说》，《农工商周刊》1928 年第 21 期。
② 道光：《美国货的牌子》，《一四七画报》1948 年第 9 期。
③ 蒋明祺：《论好誉》，《上海总商会月报》1926 年第 8 期。
④ 戚其章：《广告的研究》，《复旦》1920 年第 11 期。
⑤ 不敏：《论出版业与广告经济》，《工读半月刊》1936 年第 4 期。

影响，普通老百姓购买力下降，对有信用的老牌子影响较小，对其他杂牌的影响较大。但是"信用牌子是要靠广告培养的，倘若因为小路呆滞而更改少用广告宣传，无异于一个营养不良的病人而断其医药了"①。可见，时人亦意识到牌子要变成有信用的名牌，必须不断通过广告，丰富充盈自身的广告内涵，通过广告强化自身的核心符号意义。

中国近代工商界对广告越发重视，"但知牌号商标之重要，值钱，但是牌号商标之所以能够得到顾客的信仰，却是货物本身的价格，商店自己的信用，以及广告宣传三者共同的效果"②。在这里提到，民族工商业品牌要想获得民众的信仰，需要广告、信用、货物自身三者共同的作用。

---

① 费培：《广告的效率测验》，《机联》1948年第224期。
② 同上。

第三章　近代民族品牌的广告传播模式分析

清末民初，中国民族企业在"欧美物品源源不断输入中国"，人人咸用洋货为喜，不知国货为何时，方才意识到广告对于商战的重要性，纷纷以广告为武器，与洋商展开了激烈的角逐。正是有了对广告的认知，在近代民族品牌与外商品牌的商战中，广告成为"出马第一条枪"或"临阵第一排炮"，被赋予重要的商业地位，成为企业塑造知名品牌，促进销售组合体系中的有力手段。

同样的产品，一样的货物，效果相同，消费者根本不能分其轩轾，但是在购买时，却一定会选择他最熟悉的牌号商标，即使价格较贵，也在所不惜，这便是消费者的普遍心理。近代民族工业的发展，大大小小的产品数不胜数，牌子很多，消费者只能牢牢记得一两种最容易记忆的牌子，"所谓最容易记忆的牌子商标，并不是牌号商标本身的容易记忆，乃是这个牌子商标无时无地不在看见听见，于是早已深印在头脑里，最也不会磨灭了，这看见听见便是平时广告的效力"①。

华商纷纷意识到广告对于品牌的重要性，"许多大企业，如烟公司，百货公司等等都自己设有广告部，请有画师及广告人员为自己的出品货物设计一切广告事宜"②，永安百货公司有四十多个商品部，"配合这些商品部的有进货间、收获间、货仓、送货间、招待部和广告部"③。商业组织中的"广告一部，与生产进货会计营业诸部处同等之地位"④。货物推广传播完全由其办理，营业之兴衰，端赖广告部之能力视之，每年的广告费动辄几万元，多则几百万元。

---

① 费培：《广告的效率测验》，《机联》1948年第224期。
② 洛神：《上海广告公司的内幕》，《一周间》1946年第8期。
③ 上海社会科学院经济研究所：《上海永安公司的产生、发展和创造》，上海人民出版社1981年版，第84页。
④ 孔士谔：《商业学概论》，商务印书馆1934年版，第164页。

同时，近代广告人才的培养为民族品牌的传播提供了专门人才，南洋兄弟烟草公司的周柏生、唐琳、陈康俭、王通、唐九如等；华成烟厂的广告设计人员有张荻寒、谢之光、张雪父等；信谊药厂广告部，聘有王逸曼、周守贤、董天野等；新亚药厂广告部，聘有王守仁、陈青如、江爱周、李银汀、许晓霞等；中国化学工业社，聘请李咏森担任广告部主任，还有高奎章、张益芹等。① 还有出国攻读广告的陆梅僧、林振斌、叶建伯、汪英实等，其学成归国后，或服务于民族企业的广告部，或创办广告公司，其先进的经营传播理念和人脉资源为民族工商业的品牌发展插上了翅膀。

第一节 近代民族品牌广告传播要素分析

广告是品牌传播最有力的工具，可以向目标消费群体传播品牌信息，提升品牌知名度，保持消费者对品牌的忠诚度，增强品牌联想；对于品牌个性的形成和品牌记忆发挥着至关重要的作用。结合近代民族品牌信息，广告传播的品牌要素可以分为品牌名称、商标、广告口号、商品包装等。

一 近代民族品牌的品牌名称

品牌名称是代表产品的称呼，"用以区别某商品和其他商品的不同。同时，在宣扬某商品名称和增加广告在贩卖的效果上，也具有重大的意义"②。品牌名称是品牌传播的核心要素，是最简短、最直接的广告语，有力地传达出品牌的核心内涵和品牌声誉，在很大程度上对产品的销售产生直接影响，关系到品牌传播、品牌发展的成败。因此近代民族企业对品牌名称的命名尤为在意，时人还总结出品牌命名的两大原则，"第一顺口容易念；第二简单，容易记"③。吴铁声还从品牌属性的角度，总结出品牌命名要有"音的吸引力""暗示商品的品质""和其他商品有显著的区别"④，为品牌赋予美好的品牌联想和品牌形象。

---

① 参见丁浩《文采风流今尚存——浅谈近代我国广告画种与广告画家》，《中国广告》1982年第4期；徐百益《树一代广告人物画新风的庞亦鹏》，《现代广告》1997年第5期。
② 吴铁声、朱胜愉：《广告学》，中华书局1946年版，第198页。
③ 道光：《美国货的牌子》，《一四七画报》1948年第9期。
④ 吴铁声、朱胜愉：《广告学》，中华书局1946年版，第199—200页。

爬梳近代民族工商业品牌的名称，根据其品牌战略架构和产品的多寡，分为单品牌和多品牌。单品牌如中华珐琅厂出品的面盆、痰盂、火油炉、汤盆等，均使用"立鹤"牌。中国化学工业社所生产的产品，有两百余种，主要有牙膏、香皂、雪花、观音粉、酱油精、蚊烟香等，"均用三星"① 命名。多品牌命名源于企业产品类别较多，需要为产品分别命名，如三友实业社，"用于毛巾者，为三角方圆等。用于被褥枕垫帐帘及服御等品者，为三角牌。用于烛芯者为金星牌"②。还有企业根据目标市场和消费者的不同，为产品进行命名，华成烟草公司1924年出品"金鼠"牌香烟，价格相对较低；1925年，为迎合社会上等人士吸烟者的心理，"与舶来品之高级卷烟竞争起见"③，特生产美丽牌香烟，数月风行一时。刘鸿生的火柴——特等火柴为："三五"（555）、"十五"（15）、"仙鹤"，"大中国"、"天厨"、"寿星牌"，为头等、二等火柴。

按照其品牌的文字划分为文字型和数字型，文字型最为普遍，如五和织造厂的"鹅"牌，天厨味精厂的"佛手"牌，中法大药房生产的"龙虎"牌人丹，永利制碱厂的"红三角"牌等。还有数字型品牌名称，由数字组合而成，如三友实业社生产的"二一二"自由呢，"是根据工商部二一二号训令的精神制的"④。中法大药房早期生产的药膏使用的"九一四"牌、章华毛纺织厂的"九一八"抓住人们爱国的心理，在"九一八"事变后，生产出"九一八"薄哔叽，号召人们勿忘国耻，购用国货。

近代民族品牌名称按其命名来源，可以划分为以下几种。

1. 企业命名

近代民族工商业品牌中，有许多企业生产的产品品牌"依据制造者命名者"，其特点是简单易记，可以使商品很好地同其他厂家相区别，有利于形成产品品牌与企业形象的交融共进。华生电器厂生产的"华生"牌电扇，取名同企业名称，寓意"中华永生"，以竞争市场上的洋货品牌。美亚织绸厂，成立于1920年，其生产的"美亚"牌丝绸，为丝绸业开一新纪元。无敌皂厂生产的"无敌"香皂，亦是品名同厂名，同时亦有暗含产品质量的意义，其销行很广，上海、南京、嘉兴等地最为畅销，"华南，华北，以及长江一带，目前也在积极

---

① 亦敏：《中国化学工业社（工商史料之十二）》，《机联会刊》1934年第104期。
② 梅汜：《三友实业社》，《机联会刊》1947年第214期。
③ 钱承绪：《中国工厂史略：（二）华成烟草公司》，《循环》1932年第8期。
④ 琳：《二一二布！》，《机联会刊》1930年第2期。

推销中"①。

2. 动植物命名

用动物来为品牌命名，是希望借助于动物的形象，生动地传达出产品的特点，有利于形成较高的品牌联想。华成烟草公司其前身创办于1917年，生产的香烟牌子有"月宫""旗童""鹦鹉""三旗""电车"等，因销路不畅停顿。1924年新的华成烟草公司成立，其"三旗"牌香烟因售价低、利润薄难以发展，于是"华成筹议另出新牌烟来争夺市场"②。1924年正值甲子年，按中国传统习俗，此年为鼠年，华成推出"金鼠"牌香烟，在民间素有"黄金鼠年"的口彩，有富贵发财的意思。制烟原料讲究，装潢漂亮，一上市就受到吸者欢迎，销路逐渐打开。中法大药房的"龙虎"牌人丹，南洋兄弟烟草公司的"白金龙""喜鹊"牌香烟，中华珐琅厂的"立鹤"牌搪瓷，启新洋灰的"马"牌水泥，这些动物在传统文化中，富有吉祥如意的含义，因此颇受大家欢迎。

还有以植物命名者，多以棉纺业、化妆品业为主，取自然清新、芳香之意。如"牡丹""新花"等。三友实业社，以"梅""松""竹"牌命名，取"岁寒三友"之意，既表达了其产品品质的高洁，又与企业名称暗合。

3. 崇洋命名

为了迎合国人崇洋心理，近代企业在为产品命名时，也采用中外相结合的方法为产品命名。如新光内衣生产的"司麦脱"衬衣，是"SMART"的译音。"喜用洋货，大概是一般城市的人居多"③，还有"新光"，英文"STANDARD"，尤其是时髦的西服、衬衣等。胡西园创办的亚浦耳灯泡厂，其品牌名称为"亚浦耳"，源于其国内灯泡市场上德国"亚司令"、荷兰"飞利浦"、美国的"奇异安迪生"的市场优势，取名"亚浦耳"，"耳"字为"帮助他试制成功第一只灯泡的德国朋友奥耳的名字"④。一方面满足受众的崇洋心理，另一方面亦有暗含超过其他三种外货的意义。此外，还有"ABC"牌奶糖、"阴丹士林"布等，这与黄楚九的"中法大药房"取名含有异曲同工之妙。

---

① 亦敏：《无敌香皂厂》，《机联会刊》1935年第122期。
② 方宪堂：《上海近代民族卷烟工业》，上海社会科学院出版社1989年版，第25页。
③ 洪抑威：《替乡下人喊冤》，《机联会刊》1930年第22期。
④ 左旭初：《中国商标史话》，百花文艺出版社2002年版，第121页。

图 3-1　"阴丹士林"牌布商标

4. 品质命名

品牌名称，可以暗含品牌的品质和效用，使消费者对此产生良好的印象，以促购买。如华商水泥公司生产的"象"牌水泥，暗示"象"牌水泥，其品质如同巍峨的大象，屹立不倒。质量是品牌的根基，近代国人以此命名，说明其对品牌品质有了较好的认知。张謇乃清末最后一位状元，其创办的大生纱厂棉纱的品牌名为"魁星"，一方面寓意其产品生产者，乃状元、魁首之意；另一方面亦暗示其棉纱品质第一。章华所产的呢绒、哔叽、毛线等，取名为"绵羊头牌"亦暗指其产品乃纯羊毛所制，头牌产品。景纶衬衫厂的"金爵"牌卫生衫，华成烟草公司生产的"美丽"牌香烟，其市场定位为上层人士，其取名"美丽"牌，其在广告中的表现，亦配以舒适休闲的生活场景，使人对其产生美好的憧憬。

二　近代民族品牌的品牌标识

近代民族品牌的商标意识逐渐发展起来，他们逐渐都意识到，"商标就是表彰某种特定商品的一种符号或标记"，商人欲使他的产品得到大家的认可和信仰，"必须把商品上的符号或标记——商标——制得特别显著"[1]。商标成为近代民族品牌主要的品牌标识，就好似"每一种精神产物或社会运动，也往往由一种特殊

---

[1] 金忠坼：《商标法论》，会文堂新记书局1935年版，第12页。

的标识"①。在近代民族品牌的广告传播中，无论是报纸广告，还是银幕、路牌等，企业的商标无不在为企业做无声的宣传。

近代民族品牌的商标，"以绘画图样，用以做商品之标识者也"②，其印象感人，能使人念念不忘，得到顾客的信任后，"变成了商品的第二生命"③。与商业经营有极大关系，因此需要登记注册，以防假冒。后随着大家对商标本体认识的逐渐深化，商标逐渐从图画扩至文字、图画，且图画包括人、地、花、草、禽兽、虫类等。"商标是用人、地、花、草、禽兽、虫类、文字、图案作为商品的标识"④。其中以花、禽兽、文字为最多。

图3-3 申新"采花图"商标　　　　图3-4 "双钱"牌商标

近代民族品牌的各种商标式样，"推陈出新，争奇斗艳，真是美不胜收，可谓洋洋大观"⑤。中国近代民族品牌的商标取义，"大都沿用俗语吉兆或故典传说上的资料，（什么鲤鱼、寿星、松鹤、八仙、龙虎……）或用一二个文字做标识，是从店名或主人的姓名中取材的"⑥。"天官赐福，八仙过海，魁星点斗，五子夺魁，平升三级，笔锭高升，刘海戏蟾等"⑦，到处尽是，触目皆然。天厨味精生产的"佛手"牌味精，"以椭圆形黑底白色佛手商标"⑧，还有"太极图"牌"观音粉"牌味精，"宝塔"牌火柴，"双钱"牌轮胎，"月里嫦娥""永美"

---

① 陈如一：《谈商号与商标》，《工商新闻》1948年第21期。
② 蒋裕泉：《实用广告学》，商务印书馆1925年版，第51页。
③ 何嘉：《现代实用广告学》，中国广告公会1931年版，第129页。
④ 冯鸿鑫：《广告学》，中华书局1948年版，第88页。
⑤ 陈如一：《谈商号与商标》，《工商新闻》1948年第21期。
⑥ 何嘉：《现代实用广告学》，中国广告公会1931年版，第130页。
⑦ 抗白：《吾国商人之弱点》，《中国实业杂志》1912年第4期。
⑧ 上海档案馆：《吴蕴初企业史料·天厨味精厂卷》，中国档案出版社1992年版，第8页。

牌雪花膏，都是从传统文化中汲取营养，与国人在心理上达到契合。"双钱"牌商标设计，既简单易记，又传达出企业的美好愿景——财源滚滚。

金鸿翔创办的时装，其品牌命名为"鸿翔"牌，以人名命名，在商标设计方面，充分反映了本行业的特点，左边是一个地图，在上书有"鸿翔"二字，意为其产品不仅要在国内发展，还要遍布全球。右面的圆内由剪刀、线、皮尺共同组成，象征着企业的类别，是服装行业品牌，在该图标的下方，是"鸿翔"牌英文商标名称"Dong Zang"。

在用人名或其肖像作商标时，还牵涉肖像权的问题，华成烟草公司的"美丽"牌香烟，其商标为"成"，印在包装上的女子，是上海滩平剧明星吕美玉，"因貌美给美丽牌公司当局窃将照片绘制下来藉广告，后来吕美玉下嫁魏廷荣，凑巧吕美玉广告发行①，于是魏以华成擅自使用吕在《失足恨》中的剧照为由，向法院控告华成公司，侵犯他人肖像权，结果华成公司败诉，损失数十万"，这也为近代民族品牌使用明星代言敲响了警钟。

图 3-5 "鸿翔"商标　　　　图 3-6 "美丽"牌香烟

近代民族品牌中的佼佼者，家庭工业社的"无敌"牌牙粉，其商标设计富有新意，意义深刻。取名"无敌"牌，其上海话谐声为"蝴蝶"，图中下角，画一蝴蝶，配以紫罗兰和玫瑰花，则喻其牙粉之芬芳。中间的"网球"与日本国旗相似，象征着"无敌"牌牙粉可以将日货之"金刚石""狮子"牌牙粉驱逐出中国。"此等商标，平仄调和，易于称呼，而含意尤深蕴。宜乎其发达，盖商标贵美，贵深蕴，贵普通，而此图则兼有之。读者苟有须商标时，不能不再三考虑也。"② 中法大药房生产的"龙虎牌"人丹，其商标设计左侧以龙，右下为虎，

---

① 星谷：《胞妹吕美玉即美丽牌上的广告》，《大众影讯》1940 年第 42 期。
② 汪钧素：《商标问题》，《工商学报》1924 年第 2 期。

与品牌命名相符,龙、虎在中国人的传统文化里,有着极高的地位和威严,其取义要将日本人丹驱逐出中国。

图3-7 "无敌"牌牙粉　　　　　图3-8 "龙虎"牌人丹

香亚公司,为华侨所倡办,其商标用"钟",盖晨钟也,其中组以"香亚"二字,意谓香亚公司之各种出品,畅销亚洲。"务使亚洲之人,皆得其香。其图虽简,而使顾客易于记忆,则以简胜焉。"① 天厨味精也非常注意包装设计,吴蕴初认为日本味之素之所以流行,"外观设计也是一个因素",因此请人每年为"佛手"味精设计新的包装,"如半蓝半黄,小口大肚,很象笑罗汉模样的扁圆瓶,就很受素食者欢迎"②。

三 近代民族品牌的广告标语

广告标语是传达品牌信息的品牌口号,在广告中经常出现,为品牌传播提供更多的品牌联想和信息,对于树立良好的口碑和抢占消费者的心智资源,具有不可低估的作用。标语最重要的一个功能,是"辅助货物之推销,而引起人民对于该公司及该货物之联想"③。标语本身的适当,不是最关键的,关键是广告标语"须不时刊载于广告间,以引起社会之注意。及至社会无人不知,则标语之价值,亦随之增益矣"④。理想中之标语,必须"简单、易记、合时,及富于货物之联

---

① 同上。
② 上海档案馆:《吴蕴初企业史料·天厨味精厂卷》,中国档案出版社1992年版,第390页。
③ 赵君豪:《广告学》,申报馆1936年版,第54页。
④ 同上。

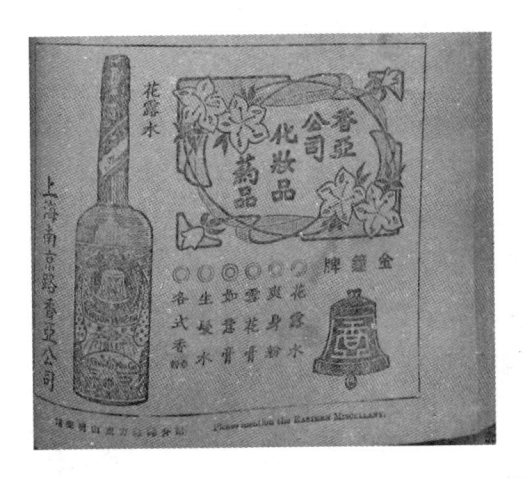

图 3-9 香亚公司广告 《东方杂志》1925 年五卅增刊

想性诸要素"①。近代企业界,"有一种新的事像,正在进行,那便是一种新的经营方法——现今征求标语——的被采用"②。

近代民族品牌将品牌口号贯之始终的莫过于 1924 年成立的华成烟草公司,其生产的美丽牌香烟和金鼠牌香烟,其品牌口号分别是"有美皆备,无丽不臻""烟味好,价钱巧"。自创牌之初,至抗战期间,每天出现在《申报》和《新闻报》第三版的广告中,面积占四分之一版,每天刊登在两份报纸上的版本不同。这两个品牌历经二十年来的发展,已经形成较为成熟的品牌形象,"美丽"牌和"金鼠"牌的广告,经常出现一位时髦女郎,图中美女一袭旗袍,弯眉细眼,圆润光洁,纤纤玉指夹了根香烟,悠然中透露着自信与时尚的美丽。所有的图案中都会出现统一的广告标语"有美皆备,无丽不臻"和"烟味好,价钱巧"这样的广告语已经成为其品牌的一部分,时人夸其"音韵和谐、精短美丽"③,1928年 5 月美丽牌香烟广告"美丽牌香烟:摘花香在手,吸烟香在口,好花与名烟,当春莫相负",充分显示出品牌的优雅和独特定位。

还有梁新记牙刷的"一毛不拔",源于《孟子》中批评杨朱"拔一毛而利天下,不为也"。成语"一毛不拔"常常嘲讽吝啬者,用在此,在玩味中将产品的特性表达出来,所以广告语一出,便广为流传。1926 年梁新记牙刷在上海设厂,梁氏兄弟还精心为此设计了漫画,在各大报纸和广告牌上出现。漫画中有一位黑

---

① 同上。
② 贤:《征求标语》,《商业实务》1939 年第 1 期。
③ 卞其蕤:《略谈广告设计》,《工商管理》1948 年第 2 期。

髯飘拂的老翁,他的脚踩在一支牙刷柄上,手中握着一把老虎钳,钳住牙刷上的毛,累得头上大汗淋漓,可牙刷上的毛却拔不出来。广告上方醒目地写着"梁新记牙刷,一毛不拔"。这句广告语诙谐有趣,一语双关,固定出现在"梁新记"牙刷的广告中,受到人们的广泛传播。

| 《新闻报》1939年8月15日 | 《申报》1939年8月15日 | 《申报》1940年8月15日 | 《新闻报》1940年8月15日 |

| 《新闻报》1928年5月15日 | 《申报》1947年8月15日 | 《新闻报》1947年2月15日 |

图3-10 "美丽"牌香烟 报纸广告

鹤鸣鞋帽店的"天下第一厚皮"。鹤鸣二字取自"鹤立鸡群,一鸣惊人",最初的经营不是很好,后来鹤鸣为了表明制作的鞋帽用料好,耐穿坚固,精心设计了一广告标语为"天下第一厚皮",似贬实褒,夸耀鹤鸣鞋帽质量较好。后还创作了对联,上联是"皮张之厚,无以复加",下联是"利润之薄,无以复减"。诙谐风趣地将鹤鸣鞋店产品特点表露出来,十年后鹤鸣鞋店一跃而起,便是得益于它的广告做得好。冠生园月饼"科学烘焙,配合各省人士胃口"。某啤酒,

· 86 ·

"滴滴泉水精制,安全卫生"。某某臭氧水,"杀菌的生力军"①。泰康果子露之"鲜果纯汁,科学化制,清洁卫生,及时饮品"②。这些脍炙人口的品牌口号,已经成为回忆近代民族品牌发展的代名词,只要一想到广告标语,产品和企业的形象就会生动地浮现在人们的脑海里。

四 近代民族品牌的包装

旧时商人对产品包装素不讲究,"大部分国货工厂对于包装方面,未加讲求"③。"货品的包装,我国的老式厂商,向来是不加注意的。"④ 我们经常看到的都是商家从货架上取出布匹货样等,拿黄油纸一包即可。随着洋品牌的入侵,人们的观念发生很大改变,1916年,即有学者呼吁,"劝告商人宜注意货物的包装"⑤,包装本是商品的从属品,"有时却比商品更为重要,对于广告和销售上的影响,与商标、商品名称同样的重要,常能支配广告效果和销售力"⑥。商品的包装如同"人之衣装,佛之金装",美观与否对于消费者非常重要。在群众心理,外表美观尤胜于内容之精美。因此推销商品,"除质料之讲究外,应以包装悦目,引人注意为第一要件"⑦ "货品之包装,光明灿烂。盖动人之观听,亦赖形式,表里相辅而行也"。⑧ 同时在包装上,亦要考虑到南北地区差异,要销行全国的话,要折中从事。包装已经成为近代工商业发展中一门重要的学问,要参照市场环境,各地之习俗风尚,产品情形不同而有不同的讲究。

精致的包装,无形中就是一种有力的广告。让人一望即知,这是哪家的产品。同时包装还有记忆功能,对于传播企业形象有着极好的效果,在包装上都印有商品的标记或一定的图案,明示产品的生产者或制造者,使消费者对其产生良好的品牌认知和品牌记忆。"因包装的优秀而产生一种'货品的质料也一定优良'的推测。"⑨ 化妆品、酒类品牌的包装,除容纳原来产品外,还可以被人们

---

① 叶心佛:《广告实施学》,中国广告社1946年版,第41页。
② 《新闻报》1931年5月15日。
③ 向宏昌:《商品包装与推销之关系》,《机联会刊》1935年第112期。
④ 《货品的包装》,《职业与修养》1940年第1期。
⑤ 杨曾询:《劝告商人宜注意货物的包装》,《实业浅说》1916年第53期。
⑥ 吴铁声、朱胜愉:《广告学》,中华书局1946年版,第200页。
⑦ 向宏昌:《商品包装与推销之关系》,《机联会刊》1935年第112期。
⑧ 徐宝璜:《广告学》,《报学月刊》1929年第3期。
⑨ 《货品的包装》,《职业与修养》1940年第1期。

用作他用，使其产生永久之广告价值，被保存的时间越久，利用范围越广，人们注意的机会也就越多。

图 3 – 11 "美丽"牌香烟的包装

图 3 – 12 "金鼠"牌香烟的包装

《新闻报》1926年11月15日　　　　　《新闻报》1926年11月15日

图 3 – 13 "美丽"牌、"金鼠"牌香烟报纸广告

中国近代民族品牌中家庭工业社之化妆品、华成烟草公司之香烟、冠生园之

· 88 ·

食品等,"均以包装优美称雄一时"①。华成烟草公司生产的"美丽"牌香烟、"金鼠"牌香烟,南洋兄弟烟草公司生产的"大长城"牌香烟、无不将纸烟或锡筒烟的图案展现在广告中,以方便消费者购买。

广生行生产的"双妹"牌花露水、牙膏、叶子露等,都是将产品的包装物呈现在广告中。"双妹"很早就注意在产品包装物上使用代言人,美女代言出现在所有的包装信息中,使得企业形象亲切自然。

《申报》1939年5月8日　　　　　　《申报》1918年5月10日

图3-14　"双妹"老牌　报纸广告

还有近代火柴业的包装,亦成为近代民族品牌上的经典时尚,颇受人们喜爱,称为"火花",被人们广为收藏。近代大中华火柴公司还曾实行企业联合传播的方式,互相借力,互惠互利。刘鸿生曾与华成烟草公司、天厨味精厂合作,联名推出"美女火柴""名烟火柴""'味精'牌火柴"等,借用彼此在市场上的销量,互相促进,使得大中华火柴公司的火柴,打破了市场上瑞典"凤凰"牌火柴的垄断,也使得"美丽"牌香烟的形象更加深入人心。

中国的新药业也十分注意产品包装,"不独品质研究精良,且包装法亦独出心裁"②,以期与舶来品抗衡。新药业的包装分为三个阶段,第一个阶段,包装大半模仿舶来品,以迎合国人欧化之心理;第二个阶段,意识到仿冒的坏处,包

---

① 向宏昌:《商品包装与推销之关系》,《机联会刊》1935年第112期。
② 袁鹤松:《新药之包装法》,载上海市商会商务科《新药业》,上海市商会1935年版,第1页。

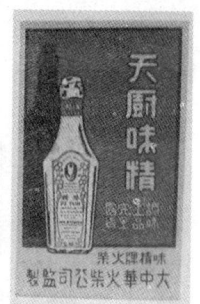

图3-15 火花

装逐渐改良，瓶贴、纸盒和仿单等开始以中文为主题，材料也注意与舶来品区别开来，使爱用国货者容易鉴别；第三个阶段，为方便不识字病人，在包装上绘制治病的图样，如治肺结核则绘制肺叶之图，治疗疥疮药则绘有人身患疥疮之图，治咳嗽药则绘有咳嗽时弯腰曲背之图，并加以美化，使人一望即知。同时封口也越加坚固，避免潮气入侵，防止药性变坏，贴上每日服用数量、服用次数、药性等。

近代民族品牌广告传播的要素还有很多，例如代言人、产品、企业信息、价格等。以代言人为例，外货品牌运用更加娴熟，英国利华公司的"力士"香皂，经常找女明星做形象宣传。当时，请到了中国最著名的胡蝶、阮玲玉、徐来、陈燕燕、袁美云、黎莉莉等在报纸上大做宣传。20世纪30年代，近代民族企业也开始诉诸其道，较早的是虎标万金油，经常借舞星之名为产品做宣传。广告中，因舞星经常跳舞，精神疲惫以致头痛，看报纸上的万金油治疗头痛，买来一试，药效如神，就连腰也不酸了。

1933年《明星日报》举行了电影皇后的评选，胡蝶的票数高居第一，被誉为"电影皇后"。在宴会中，冠生园的经理冼冠生见缝插针，摄影留念时，抬来一只月饼，请胡蝶手扶月饼拍下照片，接着这张照片就变成了彩色宣传画遍布大街小巷。上书"唯中国有此明星，唯冠生园有此月饼"。上海家庭工业社，也曾专门聘请胡蝶女士为其"无敌"牌香皂做代言宣传，号称"胡蝶香皂，每日用此，日见美人"①。

20世纪40年代，回力球鞋也曾邀请女明星为其代言。但总体而言，代言人在近代民族品牌的广告传播中还不普遍。大家普遍关注的仍是品牌名称、商标、

① 《新闻报》1935年8月15日。

第三章　近代民族品牌的广告传播模式分析

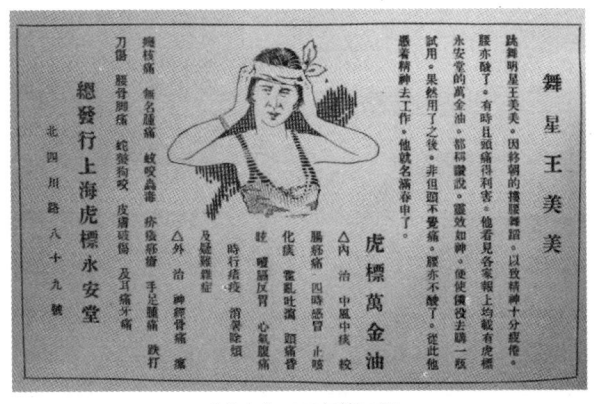

《良友》1928年第11期　　　　　　　　　《新闻报》1928年11月15日

图3-16　虎标万金油 广告

广告口号、包装等。这些静态的品牌信息，可以吸引顾客的注意和购买，同店员的推销，成为近代民族品牌广告传播的基本要素。

第二节　中国近代民族品牌的广告传播网络

广告对于企业而言，可以保障营业稳定，帮助产品标准化，保障专利商品，增加忠实顾客，可以使消费者养成较好的辨别力，鉴别产品，提高货物的质地，创造新的需要，教育公众。同时还可以帮助销售员和零售商推销，叶心佛将广告比喻为"静默的推销员"[1]。这个静静的推销员与现实中的推销员相比，其推销的范围更广，且广告通过文字图画，经多种媒介物之反复宣传，非但可以避免推销员与人喋喋不休交谈产生的厌恶感，而且还会让人觉得津津有味，给人们留下深刻印象。

品牌信息的传播，需要广告来完成，"广告为亦动亦静之推销术"[2]。品牌信息深入人心，需要持续不断地传播，形成密不透风的广告网络，消费者随时随地获取商品信息，促成购买。对企业而言，可以"非常省力的，省时间，省钱的将他们的出品贡献于社会"[3]。近代民族品牌的传播网络，依据其传播媒介，可

---

[1] 叶心佛：《广告实施学》，中国广告社1946年版，第1页。
[2] 禾秋：《推销术讲座》，《机联会刊》1935年第112期。
[3] 李文莲：《广告与推销技术》，私立沪江大学商学院工商管理系1941年毕业论文，上海市档案馆藏，资料号：Q242—1—824。

以分为报纸、杂志、广播、电影、橱窗陈列、国货陈列馆、企业专刊等。依据其产品生产周期和市场占有率情况，分为拓荒期、竞争期和提醒期。按照一年四季时令的特点，其广告传播亦有节日和平日里的变化。在行文中，后二者因资料文献有限，综合以媒介为线索，爬梳近代民族品牌的广告传播网络。

一 报纸广告

"近代广告发展最明显的标志是报刊广告的出现。"① 我国最早的报刊是1833年创刊于广州的《东西洋考每月统计传》，刊载行情物价类的商情。1853年创刊于香港的《遐迩贯珍》首开中文报刊广告之先河。最初的报刊广告多外商广告，如《申报》《新闻报》《益世报》等，"外货居十之六七，国货仅十之二三"②。报纸广告传递迅速、普及面广，且能随销行情况而变化，所以"他的效力，驾于一切之上"③，为任何广告工具所不及。报纸广告包括日报、晚报、画报、西报等，其特点是最广最速，且灵活多变，反复刊登，易累积信用等。商家刊登广告，要选择"消息灵通，记载翔实，信誉孚厚者"，就价格而言，"宁刊登销额广而折价昂"④ 的日报。

近代民族品牌非常重视报纸广告宣传，广告观念的觉醒亦从日报广告开始。"一纸风行，不胫而走。故报纸所到之区，及广告势力所及之地。且茶坊酒肆，每藉报纸为谈料。消息所播，谁不洞知。永印脑袋，未易磨灭。"近代企业家普遍意识到不用报纸广告，势难与洋商抗衡；不用广告，国货销路难以推广。于是，民国时期他们"纷纷登报为招徕"⑤，以报纸广告作为商战的利器，吹响了国货与洋货角逐的号角。民族品牌在选择报纸宣传时，亦根据产品推销范围，选择销路范围相当的报纸，同时还要"考虑销路的质和销行的地段"⑥。

近代民族品牌根据其产品的销行范围，选择报纸刊登，尤以上海、天津、杭州为例，《申报》和《新闻报》为首选，其他报纸亦孜孜以求。以天津东亚毛呢公司为例，其创建的品牌有"抵羊"牌、"高射炮"牌、"高阳"牌、"骑羊"牌、"苏武牧羊"牌、"群羊"牌、"五羊"牌、"三羊开泰"牌、"孔雀"牌、

---

① 陈培爱：《中外广告史——站在当代视角的全面回顾》，中国物价出版社1997年版，第37页。
② 戈公振：《中国报学史》，生活·读书·新知三联书店1955年版，第220页。
③ 高伯时：《广告浅说》，中华书局1930年版，第5页。
④ 叶心佛：《广告实施学》，中国广告社1946年版，第20页。
⑤ 顾柄权：《上海洋场竹枝词》，上海书店1996年版，第181页。
⑥ 陆梅僧：《广告》，商务印书馆1948年版，第137页。

"双羊"牌,其中"抵羊"牌为其拳头产品,销行最广。图3-17为天津东亚毛呢公司在《东亚周年》上的照片,是其1933年度刊登在全国各地的报纸。从中清晰可辨者有《申报》《新闻报》《大公报》《益世报》《民国日报》《庸报》《山东日报》《山西日报》《上海日报》《上海商报》《青岛民报》《北平晨报》《晋阳日报》《实报》等。其刊登范围随其经销范围拓展,据《东亚周年》记载,其产品经销分华北、华中、华东三大经销处,已到达天津、保定、石家庄、郑州、开封、徐州、洛阳、西安、济宁、高密、烟台、潍县、周村、胶州、益都、泰安、青岛、济南、博山、唐山、山海关、秦皇岛、张家口、绥远、太原、榆次、忻县、彰德、上海、无锡、江阴、杭州、安庆、芜湖、松江、南京、常州、汉口、武昌、长沙、武穴、宜昌、沙市、九江、南昌等地。①

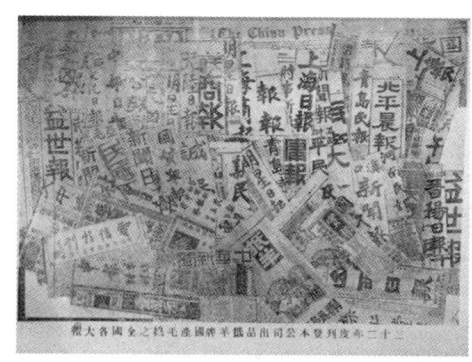

图3-17 东亚毛纺呢公司刊登的报纸广告

一般而言,《申报》和《新闻报》为商家首选,因《申报》的发行范围甚广,据统计,1935年该报全国各地销数总达15.59万份,《新闻报》发行量"至近年(1923年左右)日销几及十余万份"②。广告"几占篇幅十之六七",广告收入"岁入刊费几及百万元"③。以影戏业为例,1939年上海市国产片电影院因物价飞涨,增高票价困难,为避免入不敷出的现象,召开紧急会议,决定开源节流,"自本月十六日起,各影院所载广告,除两大报外,皆暂予停刊"④。可见,申新二报在民众中的影响力非同一般,各企业即使紧缩经费,亦不敢怠慢。

---

① 《全国现有经销处》,《天津东亚毛纺呢有限公司周年纪念》,1934年,天津市档案馆藏,资料号:J252—1—2—2451。
② 《新闻报三十年之事实》,载《新闻报三十年纪念文》,新闻报馆1922年版,历史栏2—3页。
③ 《新闻报三十年之事实》,载《新闻报三十年纪念文》,新闻报馆1922年版,历史栏2—3页。
④ 《电影院入不敷出,实行广告紧缩》,《电影》1939年第46期。

由于竞争的激烈，报纸广告的版面和创意亦随着近代民族企业的争相传播，以大版面示人，彰显企业实力。同业中有刊登半版者，则较之以整版，有整版者，不惜以跨版，以期引起读者注意，使得近代报纸的版面亦由原先的四版增至八版、十六版等。

广告的布局亦由之前的密密实实，发展到虚实相生，留白以引人注目，商家亦开始注重广告标题的创作。五洲大药房所登的"人造自然血"广告，他们把"人造自然血"五字，画成各种物件，如船、伞和塔等，非常巧妙，满足了人们的好奇心。1917年2月5日年刊登在《申报》上的自来血广告，标题更为独特，将其"造血"的广告标题，通过一个儿童放风筝的方式表现出来，手中牵的风筝是一个变形的"造"字，这一小孩仔细看来，是"自来"两字变异而成，孩子旁边是一个"血"字，这样的标题设计非常有创意，将"自来血"具有造血功能的商品特质俏皮地表现出来，使人过目不忘。"人丹"广告，把"人丹"二字嵌在"富国"二字笔画之间，就连当时的国人也夸赞说，"这种广告想得真是'奥妙无穷'"①，确能感动人心，产生较好的效果。

图3-18　自来血广告　《申报》1917年2月5日

民族企业也纷纷高薪聘请设计人才，负责报纸广告设计，报纸广告因此"应时变化"，引人注目。1924年，上海九福公司黄楚九为了打开"百龄机"的销

---

① 戚其章：《广告的研究》，《复旦》1920年第11期。

路，以月薪100元、200元的重金聘请吴虞公、周鸣岗负责报刊广告的设计底稿，广告刊登最为努力，内容天天换新，"其广告颇能应时变化，自易令人注目。各大报中，几于无日无之"①，噱头十足。

由此，近代民族品牌的报纸广告，也由清末的繁冗枯燥，变得越发有趣，诗意朦胧，对仗工整，又或以小说、谈话、问答等形式清晰明了地表达产品特点。20世纪20年代，南洋兄弟烟草公司、兴业烟草公司所登的广告，经常做一篇小说，放在香烟牌子的两旁，或离奇古怪，或情节动人，用连载的方式吸引读者继续关注其广告，日积月累地对读者施加影响，"随风潜入夜，润物细无声"。"这种小说不但做得很好，还要把香烟的意义，含在里边，使看的人见了，就把各种香烟的好处，隐在他们的脑筋里，岂不是一种很好的广告法么？"② 图3-19即为1919—1920年南洋兄弟烟草公司聘请名家写作的小说。

《新闻报》1919年11月15日，南洋之《上海十年记》　　《申报》1920年5月8日，南洋之《春闺燕语篇》

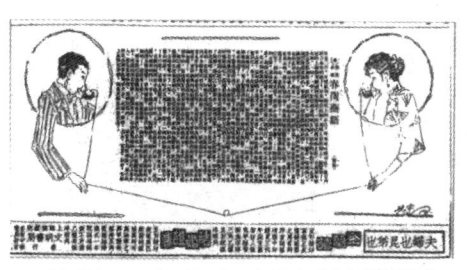

图3-19　南洋兄弟烟草公司广告

图片的运用更为普遍，在创作上更加强调以消费者为本位，抛弃了草创阶段的产品包装物呆板的设计，更加注意发挥图片的感情色彩，漫画、连环画、照片等技法也被运用到广告中，或用夸张的图片博得观众一笑，或用时髦的美女来吸引读者的注意。

在广告文体创作上，民族品牌亦采用悬疑、恐怖、故事、互动、幽默等方式，抓住消费者的心理，吸引消费者注意。"婴孩"牌香烟系黄楚九之大昌烟草公司出品，1918年在产品问世时，在《申报》和《新闻报》上包下第一版全幅广告，第一天登了一个显著的"？"——问号，其余大篇幅的空白。第二天忽然登出一根直竖的小孩发辫，第三天又出现了一个身披围涎赤体的玉雪可爱的婴儿。看报的人都很纳闷，花了偌大的广告费，等来谜一般的画面。究竟怎么回

---

① 小慧：《广告琐谈》，《半月》1925年第3期。
② 戚其章：《广告的研究》，《复旦》1920年第11期。

事？全市议论纷纷。就在这个时间，上海一些店家收到两个红蛋，更是猜疑莫决，第四天各报又有大幅广告，祝贺大家早生贵子。上海市民，深为诧异。第五天在广告中揭开这个谜，解答了之谜。"原来是黄楚九精心策划的广告术，是为他的福昌烟公司新产品'婴儿'牌卷烟作宣传的。"①

民族品牌的报纸广告，亦随着国货运动的开展此起彼伏。"九一八"以前，民族品牌的广告不及外货广告多，之后，这种局面完全翻转。原因之一，在于社会各界提倡国货的结果；原因之二在于国人对广告的观念一天天改变了，在技术方法上也得到改善。民族品牌中，以烟草广告、电影广告、医药广告为最多，同时银行广告、法律广告、书报广告亦日渐发达。广告的技术，"多用趣味的，美术的，诱导的，图解的方式，不再偏重文字的解释和说明"②。

二 杂志广告

杂志广告的传播虽不如日报普遍，但因其周期长，适于长期保存，广告印刷较日报精美、专业性、针对性较强，因此可做详细切实的文字介绍和精美的图画，其优点是"无竞争、得信用"③。近代杂志广告，也因此发展迅速，按其性质有科学、金融、经济、医学、实业、教育、铁路、文学、艺术、体育、电影、妇女、儿童等。近代杂志广告，有上海商务印书馆的《东方杂志》《妇女杂志》《小说月报》，邹韬奋创办的《生活》周刊，天津的《国闻周刊》等，篇幅众多，以香烟广告、书籍广告、医药广告为主。杂志因其专门性的缘故，"可登专门性质物品的广告"④，药物医具登载医学杂志上，儿童用物登载儿童杂志上，体育用品登载体育杂志上，等等。

商务印书馆作为近代最大的出版机构，久负盛誉，凭借其遍布全国和东南亚的经销商和分馆，在社会上影响很大。旗下杂志《东方杂志》《小说月报》《教育杂志》《英文杂志》《少年杂志》《妇女杂志》《学生杂志》等，广告量很大，以《东方杂志》1929年广告为例，其外商广告较多，大约占到60%篇幅，其中以美商居多，⑤近代民族企业实力较大者，如南洋兄弟烟草公司、天一味母

---

① 王金奎、陈醒民：《黄楚九和他的经营术》，《上海政策报》1986年4月18日。
② 张竹平：《十年来的新闻事业》，《大夏》1934年第5期。
③ 罗宗善：《广告作法百日通》，世界书局1933年版，第17页。
④ 冯鸿鑫：《广告学》，中华书局1948年版，第69页。
⑤ 广告部林振斌从美国学成回来，其有一位同学在美国出口广告公司工作，向他介绍了不少美国商品的广告。

厂、天厨味精厂、冠生园、先施公司等也在其上刊登广告。① 1919 年刊登在《东方杂志》上中国烟台张裕酿酒公司的五色广告，惟妙惟肖，形成很强的视觉冲击。

《东方杂志》1918年第9号 　　　《东方杂志》1918年第9号 　　　《东方杂志》1918年第9号

《工商月报》1946年第8期 　　　《上海生活》1939年第8期 　　　《中华工商》1947年第1期

图 3-20　杂志广告中的民族品牌

对于近代企业而言，选登杂志广告，因周期较长，灵活性较差，但因杂志广告制作精良，诚如商务印书馆所宣称的那样，"广告种类很多，传单、招贴，街上发的、贴的，太觉杂乱，实在有些惹厌，注意的人很少。日报效力较大，可惜

---

① 根据《东方杂志》1929 年第 1—24 号广告索引统计所得。

是一时的，不是永久的。要登效力确实最能永久的广告，莫如书籍及杂志"①。纵览近代杂志、画报广告，刊登者多为近代民族企业实力雄厚者，除上述外，还有中法大药房、福新茂新面粉厂、长丰面粉厂、启新洋行公司、中国内衣织布厂、中国化学工业社等。②

近代还出现了专门为民族品牌摇旗呐喊的期刊，如《中华实业界》《国货月刊》等，北平市出版《国货周刊》，天津有《国货研究月刊》，山东有《国货年刊》《济南卷烟工业》《国货丛书》，福建有《福建促进国货公会月刊》，广州有《国货半月刊》等，刊载的民族品牌有南洋兄弟烟草公司的"七星"牌香烟、"美女"牌香烟，虎标永安堂的"虎标八卦丹""虎标万金油"，美亚织绸厂，梁新记的"双十"牌牙刷，五洲药房的"五洲固本皂"，等等。

《国货月刊》 　　　　　　　　　　《华商季刊》

图 3-21　《国货月刊》《华商季刊》中的民族品牌

三　广播广告

广播广告出现得较晚，1920 年出现最早的无线电播音，1923 年始有人利用为广告媒介。我国最早的广播电台是 1925 年创办的开洛公司，当时收音机拥有量很少，且多为矿石机，多推销外商广告，国内的商店不知利用。1927 年，随

---

① 梅：《论登书籍及杂志广告的利益》，《东方杂志》1920 年第 1 期、第 5 期，1921 年第 6 期等。
② 根据《东方杂志》《1925 年五卅增刊》《工商月刊》《工商新闻》《工商管理》《紫罗兰》《上海生活》等杂志统计所得。

着华商私营电台的逐渐发展，中国工商业者也开始利用其宣传商品，大的百货公司如新新百货公司自开业起，就成立专门的无线电台为其做广告宣传。永安、大新、先施等百货公司也随后亦都设立，它标志着广告在更广阔的空间，更快速、更生动地向消费者传播商品及品牌信息。从此，广播在中国迅速发展成为第二大广告媒介。1928 年出台了"代播广告的办法"①。

华商对广播广告的长足利用则是到 1931 年以后，随着各地电台的增设和收音机拥有量的增加，至 1946 年"全国电台为数约八十"。上海一地，则"约占三分之一"②。无线电中的节目，据时人的观察，"在我国似乎以滑稽、唱戏、说书等节目最受人欢迎，这与一国国民的趣味和教育程度很有关系"③。因我国拥有收音机的用户多为城市里中上阶层的家庭，听众大多数为"生活较优裕者，宜做比较高价的日用品和奢侈品的广告"④。这为民族企业中烟酒类、日用服被等提供了很好的宣传平台。广播广告带滑稽或歌曲的口吻，且忌开篇即做宣传，防止顾客"一听到广告，马上旋断"⑤。有一则绸缎局的播音广告，不在开篇即提及该商家，在娱乐中将广告推出，颇能引起听众的好感。

> 通商巨埠算申江，十里洋场热闹忙。
> 道路纵横人辐辏，马龙车水自成行。
> 有一条繁华宽敞南京路，攘往熙来聚万商。
> 两旁店铺如林立，夹杂公司游戏场。
> 老九和真生意好，绸业当中是大王。
> 绫罗绸缎般般有，营业超群有主张。
> 蒋公提倡新生活，推行赞助赖群商。
> 讵知 海上商人无继起，只有那老九和高悬标帜露锋芒。
> ……⑥

广播电台的广告，"终是说得'妙不可言'，一百廿四个好，这是天经地义，

---

① 吴铁声、朱胜愉：《广告学》，中华书局 1946 年版，第 297 页。
② 同上书，第 298 页。
③ 同上书，第 299 页。
④ 同上书，第 299—300 页。
⑤ 叶心佛：《广告实施学》，中国广告社 1946 年版，第 21 页。
⑥ 叶心佛：《广告实施学》，中国广告社 1946 年版，第 21—22 页。

无可讳言的"①。但是广播广告也有弊端，"许多节目时常六七家联合播送"②，这就容易让听众对品牌信息造成混淆，不便于形成品牌记忆。甚至一些播音员报告时间太久，达半小时之久，听众厌烦了，马上换台，因此播音广告一定要简洁，才能收到良好的广告效果。

为避免同行竞争，祥生汽车公司、鹤鸣鞋店等纷纷自建电台，做广告宣传。祥生汽车公司创始于1919年，在30年代发展壮大，老板周祥生非常善于利用广告开展业务，"采用电台播音，形式多样……主要采用南词、弹词、唱片、苏州文书等形式播送电台广告"③。另外，为建立密不透风的听觉网络，祥生汽车公司还与"永安无线电公司同乐广播电台"等建立合作关系，叫车号码为"40000"，契合了四万万同胞做自营汽车，非常响亮。如表3-1为1936年12月永安同乐广播无线电台报告单。

表3-1　　　　1936年12月永安同乐广播无线电台报告单④

播音时间	节目名称	播音员名称	播送商号
9:15—10:15	唱片		祥生，久丰
11:15—12:15	弹词	周剑虹	久丰
12:15—1.15	四明文书	陈昌浩	祥生，徐胜记
1:15—2:00			
2:00—3:00	唱片		韩奇逢
3:00—3:45			济药堂
3:45—4:30	苏州文书	王宝庆	济药堂
4:30—5:15	唱片	新戏考	祥生，心声
5:15—6:15			

---

① 《播音圈"音讯"：播音员与广告品》，《胜利无线电》1947年第11期。
② 静心：《写给每个播音员：谈谈无线电广告："真""实""第""一"》，《播音天地》1949年第5期。
③ 《祥生汽车公司电台广告》，1936年，上海市档案馆藏，资料号：Q407—1—43。
④ 同上。

续表

播音时间	节目名称	播音员名称	播送商号
6:15—7:00	申曲	王㧱新	祥生，久丰，益昌
7:00—8:00	话剧	顾雷音	久丰，韩奇逢，大观楼
9:05—10:00	弹词	陈瑞麟	祥生，恒青
10:00—10:45	弹词	严雪亭	久丰，津津，儿童社
11:30—12:15	弹词	王萍秋	祥生

中西、中法药房均有自己的电台，广播宣传经营的商品，如"明星花露水""艾罗补脑汁""十六岁小姑娘雪花膏"等名牌产品经常在无线电产品中听到。从早上6点开始到夜晚12点结束。除了替自己宣传外，还接收其他行业的广告，维持自家电台的开支。中法药房所设的大陆电台也常以《西厢记》等特别节目接收广告业务，宣传产品。

鹤鸣鞋帽店在广告宣传方面"向来十分注意，尤其在无线电播音中，更是无所不用其极，只需是电台播音的时间之中，终可收到鹤鸣播送的节目"[1]。无论是唱片、沪剧、越剧、滑稽弹词，都可以轧上一份，设想极为周密。其中"杨乃武"的弹词，由李伯康自1946年2月起播出，除替鹤鸣宣传外，不能接受第二家邀约。包银每月30万，价格较贵，但因李伯康号召力较大，"收效自然也广大些"[2]。上海雷霆电台因每夜转播皇后大戏院"纪玉良童芷"之平剧，拥有大量受众，南京路的九丰绸缎局独家播送，广告费虽然庞大，"但收效亦宏大，九丰绸缎局自播送迄今，营业亦随之蒸蒸日上，实为最合算之播音广告也"[3]。可见，播音广告必须以有号召力的名家或有趣新颖的节目才能吸引听众，

四 电影广告

电影广告又称银幕广告，即在电影未开映前播放或电影片之时插播活动幻灯片或广告片的一种宣传方式。此种广告是利用众多男女观影前的闲暇无聊时间，

---

[1] 履之：《鹤鸣店主杨抚生蜡烛脾气》，《秋海棠》1946年第6期。
[2] 同上。
[3] 《简明新闻：最合算之播音广告》，《胜利无线电》1946年第3期。

插播广告以引起观众注意。近代有人指出，凡是观电影者，多"心理系观电影，并非观其他广告"。因此广告连插数片时，"观者即觉扫兴"①。因此广告制作内容要"简单明了"，形式"优美舒适"②，使人一瞥即留下深刻印象。电影广告多随电影业的发展，集中于大城市如北京、上海等地，所以"仅限于都市中商店作当地广告之用"③。其费用，就上海一市看来，"并不很高"④，上等较高，普通的收费较廉。其中活动影片广告，则"收费甚昂，各电影院也并无规定的价目"⑤。我国华商多采用活动幻灯片，插入各种商品、商店之名称等，如香烟、药品等。

国民政府在国货年期间，成立了专门的"中国国货电影宣传服务社"，与工厂合作，特别为"各工厂摄制国货宣传影片百尺，循环放映全国各地，（摄制部分由厂方自行指定），一切费用完全由敝社担负"⑥，"服务社把各国货厂家所委托的摄制片，分成若干组，有梁新记影片的一组，总题目叫做联合阵线，在总题目之下，每一家工厂的片子为一个节目，由服务社携带该项影片分赴各地带宣传。"这一现象表明，"我国的国货商能注意到藉电影力量最传递自己的顺力，也就算是已走上自觉自救之道了"⑦。电影宣传"把生产情况一步步的经过都搬上银幕，不但观者可以体会制作家的伟大，启示着人们对生产者的热情"⑧，不少消费者观看之后，才发觉一件产品要经过那么多严格程序才能生成，无形中对企业产生较好的印象，对其产品也就格外信任。

最初，近代民族企业家所采用的幻灯片或电影广告，较为平淡，"没有戏剧性质的故事表演"，不像外商烟公司制作的"许仙复活记"⑨ 等滑稽有趣。1940年，三友实业社"请李阿毛博士编一部《大胖儿子》，宣传专治妇女病的救苦丸，委托友联影片公司代摄，已经完成，正在金城，金门，平安，荣金各戏院轮流开映，片长四百尺，约映四分钟，情篇曲折，趣味益然，与一般广告影片不大

---

① 顾宝善：《全人俱乐部：广告杂谈》，《大陆银行月刊》1924年第8期。
② 陈文：《商业概论》，立信会计图书用品社1944年版，第300页。
③ 吴铁声、朱胜愉：《广告学》，中华书局1946年版，第302页。
④ 同上。
⑤ 同上。
⑥ 《章华毛绒纺织股份有限公司章华纺织厂关于国货产品的征集、参加组织、调查研究、介绍提倡等来往文件》，1933—1935年，上海市档案馆藏，资料号：Q199—33—293。
⑦ 何炳勋：《参观梁新记牙刷厂宣传电影试片提倡国货与广告技术》，《汗血周刊》1935年第19期。
⑧ 同上。
⑨ 罗宗善：《广告作法百日通》，世界书局1933年版，第25页。

相同云"①。近代民族品牌，实力较为雄厚者，如南洋、东亚等，都会自制影版，在影院播出。

五 橱窗陈列

橱窗陈列广告使商品可以直接亮相给消费者，是企业展示产品、树立企业形象的一个重要手段，不但可以给人以美的享受，还可以给人直观、生动的感官刺激，从而诱发其潜在的购买欲望，促进消费。橱窗陈列，其目的是"使路人驻足而观，引人兴趣，不由自主地进店购买"②。在陈列时要根据商品的性质、时间、颜色等，进行调和设计，务必新颖触目、有意义。

1911 年以前，中国各商店出售的商品都是用布或牛皮纸包装起来，保管在柜内或货架上。外面不陈列商品，顾客进门后点名要货，才能见到商品。后随着日用品的增加，玻璃、灯光技术和陈列设计的发展，橱窗陈列这一广告形式逐渐成为百货公司和商店广告的不二选择。最早的橱窗是在柜内沿壁装置，陈列比较呆板，后来才有了玻璃柜的运用，摆设陈列略显杂乱无章。直到 1926 年前后，各大百货公司的橱窗陈列才有了相当的水准，完全模仿欧美各国，橱窗陈列极合心理学，让路人驻足，心生美感，吸引力颇大。上海三大百货公司——先施、永安、新新，率先在商店门前设置大型橱窗广告，不惜重金从港澳等地聘请专门人才负责橱窗设计和商品陈列。"南京路各大百货公司皆自设有橱窗部，专司其事，盖深知橱窗陈列得宜，对于推销辅助之大也。"③ 同时，还把自己的一部分橱窗供厂商陈列商品，收取租金。很快这一新颖的商品陈列方式逐渐影响到周边城市，北京著名的瑞蚨祥绸布店就专门派人到上海参观百货公司的橱窗陈列方法，回去后将老式的柜台陈列改为橱窗陈列，按商品的类别、花色品种等，经常调整使其新奇美观，吸引顾客。④

时人曾对当时上海南京路的橱窗广告做出如此评价，"精彩的'橱窗特写'……钩心斗角，别出心裁，仿佛跟新年时家家商店门上的春联一样"⑤。冠生园设计的中秋月饼橱窗广告"莺莺拜月"，莺莺小姐对月焚香，立在假山后头

---

① 《别开生面之广告影片三友实业社摄制"大胖儿子"》，《艺海周刊》1940 年第 20 期。
② 谭忆：《橱窗陈列为最有效之广告》，《百代月刊》1937 年第 1 期。
③ 《上海户外之广告：南京路之一角》，《广告与推销》1935 年第 1 期。
④ 参见中国科学院经济研究所等《北京瑞蚨祥》，生活·读书·新知三联书店 1959 年版，第 107 页。
⑤ 炎炎：《橱窗特写》，《新都周刊》1943 年第 26 期。

的张生不时探头,惟妙惟肖,别开生面,"使橱窗广告又一次形成飞跃"①。

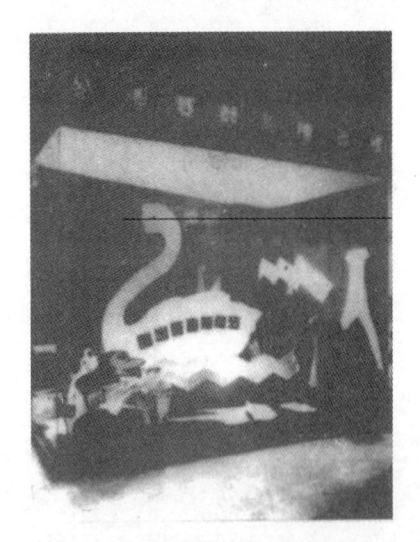

五和织造厂"鹅"牌橱窗　　　　　百代唱片公司橱窗陈列

图 3-22

近代上海、北京、武汉等地的商店、商场、药房对橱窗广告非常重视,均装大玻璃橱窗,放置广告样品,店堂内的柜台,也放置样品,四周悬挂西式广告画。各大建筑物都将此作为一种出租的办法,"于营业上可收相当的成效"②。北京稻香春位于王府井大街东安市场北门路西的第一家,北面橱窗全部临街,各大公司和外商都愿出高价租用稻香春市场内及临街的大玻璃窗等广告做宣传。外商如英美烟公司、瑞英公司等,民族企业如广生行宣传"双妹"牌雪花膏、花露水等,上海先施公司宣传高级化妆用品,等等。据载,那时租赁稻香春一块大玻璃橱窗做宣传(只限于在稻香春售卖的货)每家每月至少要付200元。这样,稻香春就因为地势好,每年可以毫不费力地赚取数千元的广告费,同时还为自己做了宣传。③

六　国货陈列馆

民国初年,宋则久在天津成立"国货售品所",开创了专为近代民族企业宣

---

① 徐百益:《实用广告学》,上海翻译出版公司1986年版,第52页。
② 吴铁声、朱胜愉:《广告学》,中华书局1946年版,第320页。
③ 参见北京市政协文史资料委员会《商海浮沉》,北京出版社2000年版,第183页。

传推广的先河。宋则久于1912年在天津成立了直隶国货维持会，1913年辞去敦庆隆绸缎庄经理职务，花2万银圆买下当时官办的天津工业售品总所，改名"国货售品所"。20年代末，天津宋棐卿成立东亚毛纺厂，生产"抵羊"牌毛线，起初产品质量不太稳定，"国货售品所"大力推销，介绍毛衣花样，代织毛衣裤等，帮助其打开了销路。"国货售品所"历北洋军阀的查封、"九·一八"事变等，饱经波折，改名为"中华百货售品所"。1915年2月，创办了《售品所半月报》，其宗旨为"提倡实业，鼓吹国货，激发道德，矫正风俗，灌输知识，传递技能"。相继办刊7年。宋则久非常重视宣传，亲自带领职工散发传单，街头演讲，唤起民众爱国之心。[1]

国货陈列所里人才荟萃，他们中的职员还编撰了宣传歌词。

既是中国人，当用中国货。
莫谓不干己，人人应尽责。
君不见，街上走的外国人，通身哪有中国货。
寄居中国尚如此，何况在本国。[2]

随后，宋则久在全国各地成立分所，以推销国货。国货售品所在外埠的分庄有上海、青岛、郑州三处，上海分庄由总处副经理李子敬主持。1928年，宋则久游说冯玉祥，在河南创立提倡国货的机构，设立开封国货商店。1933年，在北京设立两个分所，1935年以后，陆续在济南、西安、太原等地设立分所，售品所的营业网遍布华北七个省市，对民族品牌的宣传和推广起到了积极的作用。

1928年，一些爱国人士为抵制外国货在北京前门箭楼举办"国货陈列所"，陈列品除了传统的玉器、地毯、珠翠、丝绸、瓷器等，还有民族工业品棉布、日用品及各种食品。每天参观者络绎不绝，轰动整个北京城，还有一首歌曲广为传世。

前门箭楼看国货，货物琳琅品种多；福建雕漆放异彩，北京珐琅名显赫；湘蜀刺绣花样多，苏杭丝绸人争购；铁锅最讲三道线，广东束鹿

---

[1] 张世一：《天津国货售品所与宋则久》，载政协天津市南开区文史委员会天津市南开区文化局《南开春秋文史丛刊》，政协天津市南开区文史委员会1992年版，第120—123页。
[2] 中国人民政治协商会议、文史资料研究委员会：《文史资料选辑》第10卷第31辑，中华书局1960年版，第229页。

声价高；南剪张小泉为王，北剪王麻子为首；江南花布纤维细，河北土布粗又厚；中国人就应爱国货，振兴中华提倡国货。①

为促进民族工商业的发展，国民政府1928年，在南京首创"国货陈列馆"，隶属实业部，陈列各种货物，任人参观，出版《工商部国货陈列馆开幕纪念特刊》。工商部颁布"国货陈列馆条例"，咨行各省市，着手创设，其主旨是希望"自首都而推广于各省市，使我神州环异之产，精巧之艺，闻于大地，以永扬我国光"②。国货陈列所乃"万目争观之场所，顾著其实质广告之作用，苟其陈列得宜，必收良好之结果"③。20世纪30年代，各地纷纷开办了国货陈列馆，以促国货。如河南一地，成立专门的省县提倡国货委员会，联合党军政及教育界民众团体，组织大规模运销合作社，赶赴天津、上海等各大工厂购置需要物品，"凡党政军及教育界之在职人员，均需强迫服用国货"④，做人民群众的表率。

表3－2　　　　　20世纪30年代各地国货陈列馆及国货商场⑤

省（市）	名称	所在地	成立年月	附设机关
首都（南京）	国货陈列馆	南京	1929.9	国货商场
北平市	国货陈列馆	北平	1928	国货售品所
浙江省	国货陈列馆	杭州	1928.8	国货商场
福建省	国货陈列馆	福州	1928.10	
河北省	国货陈列馆	天津	1928.12	国货售品所
湖南省	国货陈列馆	汉口	1929	国货商场
上海市	国货陈列馆	上海	1929.1	国货商场
青岛市	国货陈列馆	青岛	1929.1	
安徽省	国货陈列馆	合肥	1929.6	

① 王永斌：《杂谈老北京》，中国城市出版社1999年版，第200页。
② 孔祥熙：《国货陈列馆开幕词》，《工商部国货陈列馆开幕纪念特刊》，1929年。
③ 筹办巴拿马赛会出品协会事务所：《广告法》，巴拿马赛会出品所1914年版，第3页。
④ 河南省政府秘书处：《河南省政府民国二十五年度行政计划》，河南省政府秘书处1937年版，第44页。
⑤ 此表根据叶笑山《中国经济年刊》，中外出版社1936年版，第112—113页；中国博物馆协会《中国博物馆一览》，中国博物馆协会1936年版，第121—128页整理而成。

续表

省（市）	名称	所在地	成立年月	附设机关
江西省	国货陈列馆	南昌	1929.8	
贵州省	国货陈列馆	贵阳	1931.7	
宁夏省	国货陈列馆	宁夏	1931.8	
山东省	国货陈列馆	济南	1931.10	国货售品所
湖南省	国货陈列馆	长沙	1931.10	国货商场
山西省	国货陈列馆	太原	1931.12	

参加各国货陈列所的厂家有上海著名的大中华火柴厂、天章造纸厂、田原化工厂、合作五金公司、华生电器厂、一心牙刷厂、中华珐琅厂，天津的东亚毛纺呢公司、永利制碱厂等。国货陈列所在宣传国货时，"除散发传单，游行宣传外"①，还在报纸上刊登广告来宣传。常常采用赋比兴，比较的方式来宣传。"华生电风扇与奇异牌电风扇质量差不多，天厨味精与日本味之素差不多；田原化工厂的烧碱与卜内门的烧碱差不多；中国化学工业社的三星牌蚊香与日本野猪牌蚊香茶不错。"② 1932年，山东省还对在国货竞卖会期间的游行广告，免征广告费。"举办游行广告，俾得普遍宣传，函请免征广告费等，由事关提倡国货，应即特予免费以资替助。"③ 民族企业利用国货陈列所的机会，"不但令人可以知一地方的出品特点，尤足以坚其购买的信仰"④。消费者可以通过试用、分赠的方式，使这些产品的声誉以无形的方式，不胫而走。国货陈列馆还经常举办时装表演、茶舞、游艺等节目，邀请社会名媛，如上海国货陈列会主席团张市长夫人马育英、海关监督刘纪文夫人许淑贞、潘公展夫人唐冠玉等，将章华毛呢纺织厂、三友实业社、鸿翔时装公司、美亚织绸厂、老九纶等⑤的产品展示出来，提高了民

---

① 山东省国货陈列馆：《山东省国货陈列管国货年刊：民国二十一、二十二年合编》，山东省国货陈列馆1933年版，第21页。
② 中国人民政治协商会议重庆市委员会文史资料委员会：《重庆文史资料》第35辑，西南师范大学出版社1991年版，第228页。
③ 《函覆山东省国货陈列馆游行广告免费照办》，《济南市市政月刊》1932年第5期。
④ 健：《设立国货陈列馆之必要条件》，《机联会刊》1930年第24期。
⑤ 参见上海市国货陈列馆编查股《上海市国货陈列馆十九年年刊》，上海市国货陈列馆总务股1930年版，第161页。

族品牌的声望。

1933年，南京路大陆商场设立国内第一家大型国货商场——"中国国货公司"，以"中国人用中国货"为号召，在报纸上刊登大幅广告。在公司专辟橱窗陈列各国货工厂的新产品，琳琅满目，吸引了很多人前往选购。

图3-23　20世纪30年代的中国国货公司[①]

图3-24　国货会展前的观众

---

① 中国国货公司大厦，位居全上海的中心，最热闹的南京路上，它界于山东路与山西路之间，再朝东便是外滩。

图 3-25　河北国货陈列馆（1928 年，现不存）　　图 3-26　"请用国货"碑

1931 年，中华国货维持会致电国民政府行政院，要求政府限制外国人在华设厂，对已设厂者，除勒令依法注册外，并重征其出品税、营业税及倾销税等。请求实业部切实施行奖励国货法，减免国货之捐税，请求"国府、中央党部通令各级党政工作人员，一律服用国货，并加紧提倡国货宣传工作"[①]。

1932 年，中华国货产销协会的中国化学工业社、美亚织绸厂、五和织造厂、华生电器厂、鸿新布厂等 9 个会员厂家，在上海南京路福建路口组建"九厂国货临时联合商场"，于 9 月 18 日，"九一八"事变一周年之际，正式开幕。

1931 年"九一八"事变后，全国提倡国货，国货维持会、上海市民提倡国货会、上海国货工厂联合会、机联会等在上海组成了"国货大同盟委员会"，大造声势，获得了各界人士的支持。1932 年，一批工商界人士组成了"中华国货产销协会"，并先后在郑州、兰州、重庆、成都等地举办国货展览会，在上海、福州、重庆、开封等地设立国货介绍所。1937 年 12 月 1 日，"九一八"事变后，日货充斥国内市场，武汉中国国货公司应运而生。但是由于日寇的侵袭，公司成立不到十个月即宣告停业。

[①] 《中华国货维持会请限制外商在华设厂致行政院电》，载中国第二历史档案馆《中华民国史资料汇编》第五辑第一编·外交，江苏古籍出版社 1994 年版，第 99 页。

七 展览会

展览会自近代缘起，"大都由政府或者商会发起作为提倡工商业，并促人竞争"①。按照举办规模大小，参展方多少，可以分为国际和地方两种，展览会同陈列所不同的是，展览有时间限制，为流动的陈列。

1911年，一些有识之士为提倡民族工商业发展发展，在上海成立最早的是国货团体"中华国货维持会"。1920年，上海工商界创设"国货陈列所"，1921年，该会改名为"上海市民提倡国货会"。该会多次在上海举办国货展览会，并应外埠邀请赴展20多次之多。1925年，由振兴纱厂陆星庄、济生工业社马济生等集合上海三十余家中小型国货工厂，组织上海国货团，后于1927年改名为"上海国货工厂联合会"，在新新公司的屋顶花园举办为期一个月的展销，颇受欢迎，还曾赴外地展销。1927年，由三友实业社沈九成、五洲药房项松茂、家庭工业社陈蝶仙等邀请47位国货工厂，成立"上海机制国货工厂联合会"。1928年7月，国民政府也参与其中，在上海组织召开"国货运动大会"。11月工商部在南市举办"中华国货展览会"，有近百家国货工厂参加，如上海胜达呢绒厂、华商水泥公司的"象"牌水泥、永利纯碱、三友实业社的自由布、冠生园食品公司、王开美术照相、孔雀领带、中华珐琅厂、天厨味精厂、香亚公司、新亚化学制药厂、美亚织绸厂、ABC内衣等，②历时两个月，这是南京政府在沪举办的仅有的一次展览。1929年7月，上海工商界还举办"夏秋用品国货展览会"。20世纪二三十年代，全国各地，尤其是沪、杭、宁地区许多城市，多次举办各种形式的国货博览会或博览会，在推动民族品牌的生产和销售、唤起民众的消费国货意识方面，起到了很好的促进作用。

1929年杭州开办"西湖博览会"，一时间百货蒸腾，斐然可观。1929年在各界人士的推动下，无锡国货展览会于10月9日正式开幕，开幕当天，"倾城士女，热烈参加，诚无锡近年来之罕有盛举也"③。除国货展出外，还有电影、歌舞、戏剧等文艺演出，场场爆满。

1933年，由中华职业教育社发起，全国各国货团体在上海南市普育路举办

---

① 冯鸿鑫：《广告学》，中华书局1948年版，第80页。
② 参见《中华国货展览会纪念特刊》，1928年。
③ 陈文源、贺慰：《1929年无锡国货展览会》，载中国人民政治协商会议江苏省无锡市委员会、文史资料研究委员会《无锡文史资料》第27辑，政协文史资料委员会1993年版，第118页。

规模巨大的"中华国货展览会",连续四年进行国货宣传活动,每一年均有所侧重。在汉口,1934年举办"国货产销会",展出上海78家、汉口51家共45类、1000多个品种的商品,产销会期间,还在街上遍搭彩楼,用飞机散发传单,一些头面人物也前往参加,吸引近10万人次的参观购买者,营业额达到169365.17万元。① 铁道部也为推进国货产品的销售举办了全国铁路沿线国货展览会,该展览会1933—1935年先后共举办了四届,分别在上海、南京、北平及青岛举行。参展品牌有启新洋灰公司的"马"牌洋灰,先施公司的"先施千里香"牙膏,天津盛锡福,丹凰针织厂的"凤阳""牡丹"牌袜,久大精盐公司精盐,金鼠牌香烟,元兴茶庄,广生行的"双妹"老牌等。②

展览会的举办,将产品当场试验,使人更加直观清晰明了产品的品质。另外,各界组织还建立了国货流动推销团,力图将国货产品进一步销往农村市场。在巡回展览中,国货介绍所把一些轻便的实物带上,挑运到其他地区巡回展出,并派员随同前往,使人们"耳听为虚,眼见为实"。

新加坡也曾举办过"国货展览会",来自上海、香港、天津、北平等地的产品曾在此展出,如张裕的"双麟"牌葡萄酒,五洲大药房的"地球"牌自来血,永安堂的"猛虎"牌万金油,南洋兄弟烟草公司之"百雀"牌、"十九军"牌、"白金龙"牌、"海军"牌香烟,广生行之"双妹"牌化妆品,振华公司之"蜜蜂"牌瓷器,家庭工业社之"无敌"牌化妆品,中国化学工业社之"三星"牌化妆品,三友实业社之"三角"牌毛巾,中华珐琅厂之"立鹤"牌珐琅品,天一味母厂"莲花"牌味母,景纶衫袜厂"飞鹰""狮球"牌汗衫,等等。

近代民族品牌不仅参与组织,更以饱满的热情参与其中。1928年,五和织造厂的"鹅"牌向当局申请商标注册成功,为推广产品,先后参加了杭州、青岛、苏州、无锡、镇江、南京、嘉兴、上海及新加坡、泰国等国货流动展览和陈列,1930年10月,"鹅"牌汗衫获得西湖博览会优等奖,受到各界人士的喜爱。天厨味精曾荣获上海总商会商品陈列所第三次展览会品评会最优等证书(1923年12月),江苏省第三次地方物品展览会一等奖(1925),天厨味精获得英国专

---

① 参见忻平等《民国社会大观》,福建人民出版社1991年版,第348—353页。
② 第三届铁展北宁馆筹备处:《铁道部第三届铁路沿线出品货品展览会北宁馆专刊》,1934年。

利证书（1926年4月15日），美国专利证书（1926年10月26日），法国专利权证书（1927年4月14日），国民政府全国注册局办法味精产品合格褒状（1928年4月15日），天厨味精获得首都国货流动展览会优等状（1928年8月）。1933年，天厨味精厂还参加了在美国举行的开埠百年纪念博览会，印有中、英文合编的小册子，名为《百年中调味精之进步》，在博览会上与赠品一起，赠送给参观人群，推广了其在世界各地的知名度。东亚的"抵羊"牌毛线，荣获"铁道部全国铁路沿线出产货品展览会奖状"，安徽省、广州市、潮汕国货展览会，实业部奖状，实业部国货证明书。永利碱厂于1926年6月再次投产，终于生产出了"红三角"牌优质纯碱。同年，在美国费城国际博览会上，"红三角"牌纯碱一举夺得最高荣誉金质奖。大生纱厂的12支"魁星"享誉国内市场，被作为交易所上的标准来评定其他厂家的产品，1918年在巴拿马外国博览会上获奖。1915年，"双妹"牌化妆品在美国旧金山举办的巴拿马赛会上，双妹的子品牌"粉嫩膏"荣获金奖，曾得到黎元洪的亲笔题词——"尽态极妍，才美工巧"，而当时的巴黎时尚界亦用Vive形容这一化妆品，这一事件所产生的巨大影响使得广生行在国内外有了较快发展。

图3-27 1926年天厨味精荣获美国费城国际博览会大奖证书

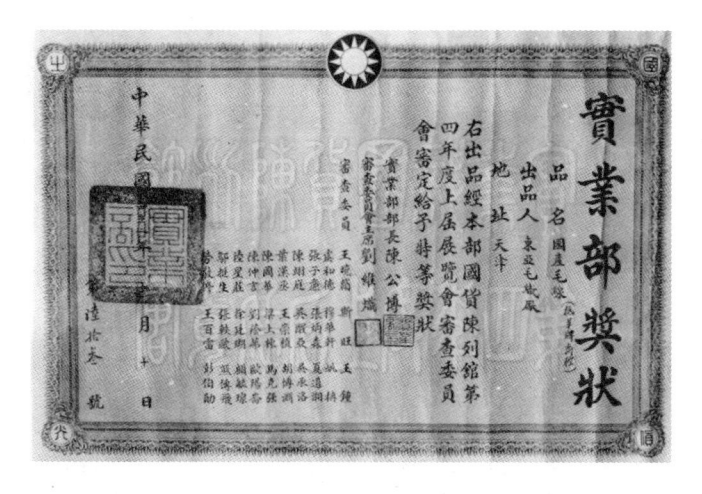

图 3-28 "抵羊"牌毛线荣获实业部颁发的"特等奖状"

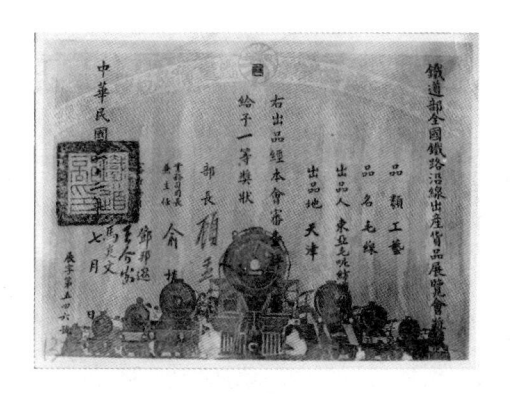

图 3-29 铁路沿线出品展览会——"抵羊"牌毛线奖状、"马"牌洋灰奖状

以启新洋灰公司为例，其生产的"马"牌洋灰，成立 30 年所获奖达 20 多项，具体见表 3-30。

表 3-3　　　　　　　　"马"牌洋灰历年所得之奖状奖章①

时间	展览会名称	所得荣誉
1904 年	美国圣路意赛会	头等奖章
1904 年	美国圣路意赛会	头等奖章
1905 年	意国赛会	优等奖状

---

① 启新洋灰有限公司：《启新洋灰有限公司卅周纪念册》，启新洋灰有限公司 1935 年版。

续表

时间	展览会名称	所得荣誉
1905 年	意国赛会	优等奖章
1909 年	湖北武汉第一次劝业会	一等奖状
1910 年	意国都郎博展览会	优等奖章
1910 年	农商部奏奖南洋劝业会	头等商勋
1915 年	巴拿马赛会	头等奖章
1915 年	巴拿马赛会	头等奖状
1915 年	农商部国货展览会	特等奖章
1929 年	天津特别市第一次国货展览会	特别奖状
1929 年	天津特别市第一次国货展览会	特等奖章
1929 年	河北省临时国货展览会	一等奖状
1929 年	河北省临时国货展览会	一等奖章
1931 年	河北省国货展览会	特别奖状
1931 年	北平市各界提倡国货运动委员会	特等奖状
1932 年	河北省实业厅	特等奖状
1934 年	山东省建设厅	优等奖状
1934 年	中华民国参加芝加哥博览会筹备委员会	谢状
1934 年	铁道部全国铁路沿线出产货品展览会	超特等奖状
1934 年	威海卫管理公署	优等奖状
1934 年	北平市民众教育馆	纪念状
1934 年	河北省国货展览会	特等奖状
1934 年	铁道部全国铁路沿线出品货品展览会	超等奖状
1935 年	铁道部全国铁路沿线出品货品展览会	超特等奖状

可见，就近代民族企业而言，参加各种展览会已成为品牌传播的重要手段，启新洋灰公司成立 30 年，共参加国际展览会 5 次，国内展览会 15 次，斩获奖项 25 个，启新耗费巨大的人力财力，乐此不疲地往返于各种展览会，取得了较好的成效，畅销国内外，成为民族水泥业发展的先驱。汪兆铭曾言其"埏埴坚纯"，挽回利权。

八 其他

1. 户外广告

户外广告中的张贴广告、油漆路牌，古已有之。不论地位的选择、文字图画之设计、油漆之色调，无论外商还是华商都运用得淋漓尽致。凡街头巷尾，乡村城市，张贴广告，满目皆是。荣昌祥公司是近代专营路牌广告的公司，因收费较低，在质量上可以与外商克劳广告公司和美灵登广告媲美，获得了国货厂商中国化学工业社的信任，"继而推广到五洲固本皂"[1]。曾经各大公司企业无不出重金，做广告之费，希望能够借助于广告之宣传吸引社会人士注意，以促营业发展。图3-30即为上海火车站出口处的巨型广告，可以看到五洲固本皂、冠生园等企业的广告信息。据统计，30年代上海户外广告"共有大号广告板二百七十九方，小号广告板三千八百四十方，大号广告板，宽约十英尺，长约二十至三十英尺；小号广告板，宽三十英寸至五英尺，长约四十英寸至六英尺"[2]。大号广告板，租金约每方洋二十五元至五十元，小号广告板，月需大洋五角。其他城市亦如是，随着中外企业的竞争，在交通要道口均有设立。

图3-30 "固本皂""冠生园"路牌广告

随着百货业和交通运输业的发展，霓虹灯广告和车船广告亦称为近代民族企业家利用的广告媒介。当时上海市最高的霓虹灯广告是矗立在国际饭店顶层的"天厨味精"的霓虹灯广告。汽车、火车、轮船上也贴满了广告，如上海先施公司的"先施牙膏·千里香"广告，色彩鲜艳，给路人留下了深刻印象。大

---

[1] 《中国广告公司上海市公司关于私营广告商业在经营管理上的历史经验的初步总结》，载上海市档案馆《上海近代广告业档案史料》，上海辞书出版社2012年版，第234页。
[2] 莫若强：《沪渎广告事业之蓬勃》，《农工商周刊》1928年第46期。

世界游乐场上方的"白金龙"香烟、永安堂的广告牌楼等,路过的人总会多关注几眼。胡文虎于民国初年,专门定做了"虎"牌汽车,向市人推荐"虎"牌万金油。

图 3-31　双层公共汽车上的"先施牙膏"广告

图 3-32　永安堂的广告牌楼　　　图 3-33　大世界上的"白金龙"香烟

2. 时装表演

近代染织业经常在各大商场、饭店等人潮涌动处，举办专门的时装表演，以推广品牌。美亚织绸厂在十周年纪念盛典时，在大华饭店举行。有讲演、时装表演、茶舞等，其时装表演可用"富丽堂皇，出奇制胜"八个字概括。分为三幕，第一幕为睡衣、内衣、常服，第二幕为园游服、外罩服、网球服、茶舞服，第三幕为晚服、晚礼服，花样别致，均由蔡声白和鸿翔公司设计，以此精神推销国货，"国货安得而不发达"①。1936年，永安公司举办时装表演，分结婚仪式、旗袍、晨衣、运动衣、游泳衣、西式西装、披肩等，林文炮花露水、兴泰袜厂、新三星花露香水、大东茶室、足安兴记织造公司、富华电机织造公司、瑞纶织造厂、德昌毛巾厂等，也以合作者的身份参与到表演中，以获得更广泛的社会认知。

3. 样子间

样子间，广告的一种方式，在今天看来，亦可以被称为是企业的品牌旗舰展示店。民国初年，国人亦认识到样子间为"招待之周到，物品之指示，固不容不亟须改良，即样品机说明书之分送，亦不可缓者也"②。南京路是近代上海最为繁华的地段，许多企业都在那里开设样子间。最初洋商较多，后民族企业如"三友实业社、冠生园、泰康罐食公司、家庭工业社、久和袜厂、陈嘉庚橡皮公司、香亚公司、广生行③、胜达呢绒厂、安乐棉织厂、孔雀领带公司、华生电器厂、三星棉铁厂、精益眼镜公司、南洋袜厂、纬原袜厂、金龙袜厂、南华袜厂、打动袜厂、公平铁厂等，已在洋货充斥的盛市中，占了许多地位"④。梁新记在上海南京路也特设驻沪支行，以管理华东及华北业务。"此支行店面娇小玲珑，陈列货物，均含有美术化及科学化。"⑤开幕之初，每天上午8时至11时，人山人海。此时该公司之广告，开销最巨。报纸广告、杂志广告、招贴广告、墙壁广告、电影广告等五花八门，应有尽有。特别是"双十节"的赠品广告，"最饶兴趣，是日购牙刷一把，即得一赠品，得赠品之顾客，大都高叫所得之口号，而同时售货员亦随之高叫，其欢呼若狂之热闹情形，笔难尽述"⑥。杭州、天津、北京等闹

---

① 俯唐：《国货界之有魄力者》，《机联会刊》1930年第22期。
② 君豪：《商业制胜问题：女店员与样子间》，《广益杂志》1919年第2期。
③ 1910年，广生行"双妹"入驻南京路475号。
④ 卓鸣：《上海南京路的过去与现在》，《机联会刊》1930年第18期。
⑤ 澄子：《双十牌梁新记兄弟牙刷公司发展史》，《国货月刊》1928年第3期。
⑥ 澄子：《双十牌梁新记兄弟牙刷公司发展史》，《国货月刊》1928年第3期。

市地区，均开设有样子间。

图3-34 三友实业社在南京路的样子间

4. 月份牌

极具民国特色的月份牌广告，作为一种赠品广告，受到人们的广泛欢迎。除洋货品牌外，民族品牌也不惜重金聘请广告设计者为企业设计月份牌广告，以烟草业最为热衷，南洋兄弟烟草公司、华成烟草公司、福昌烟公司等留下许多传世之作。他们充分利用这一极具中国传统文化特色的广告形式，为品牌做推广宣传。三友实业社曾经花费四百元大洋，请郑曼陀制作一张月份牌广告画，这在当时可谓一笔巨款。① 广生行的"双妹"牌也非常善于利用月份牌来做广告宣传，制作精良的月份牌把"双妹"这一形象带到千家万户。

5. 电话簿

利用电话公司发行的电话簿刊登企业广告，以达到广为宣传的目的。上海电话公司的电话簿业务，每半年更换一次，有400—600页，营业收入很高。时人曾对上海电话簿广告费做了统计，封面和封底每条高度一寸，共计二十条，一万

---

① 参见叶浅予《细叙沧桑记流年》，群言出版社1992年版，第12—13页。这个价格是叶浅予1926年进入三友实业社时，听掌柜的说起的，就当时的物价水平而言，每市石（中等）米需15.77元（参见吴承明《中国资本主义与国内市场》，中国社会科学出版社1985年版，第293页），每市石等于156市斤（参见卢锋、彭凯翔《我国长期米价研究》，《经济学》2005年第2期），因此每市斤米约需要0.1元，就此而论，当时郑曼陀画一幅画的价钱则可以买4000斤米，因此可推测，其价钱还是极其高昂的。

万元，中缝全条一千万元，还有"电话公司这笔广告费已有四万万元的巨数"①。一般小报的收入难及。新光标准内衣制造厂有限公司"刊印了一张插页，外形是一件衬衫，实印 5 万份，在当时所花的费用是很可观的"②。

6. "当垆卖酒"活广告

近代民族企业家也纷纷模仿洋商，聘用女店员售货，在当时曾有人批评其为"花瓶""以女子的色相来招徕商店的生意，来扩展公司的营业"③。但生意的确比聘用男子来的兴旺。梁日新在经营梁新记牙刷时，以身作则，在广东佛山特设一支行，由其夫人古氏管理一切事物，改变了以往我国妇女很少抛头露面的旧习，以助商业。

7. 校园品牌营销

实力雄厚的烟草公司，还在校园里设置奖学金，以提高企业在大学生群体的知名度和影响力，南洋烟草公司主要通过设置"南洋奖学金"的方式，资助学生去欧美最好的学校深造。1919 年，南洋将最初的 5 个奖学金名额都给了北京大学的五四运动的领袖，1919—1923 年，南洋每年提供 10 个名额，共 40 个。南洋烟草公司也因此在学生中树立了良好的企业形象，其生产的产品知名度很高。美国学者高家龙先生认为，这种设置学生奖学金并非仅仅是出于慈善或者学术的目的，而是希望能够"将五四运动的年轻领袖的名声作为公司的广告，将五四的情感化为南洋的商业优势"④。

为了抵制舶来的毛织品，刘鸿生于 1929 年创办了章华毛绒纺织股份有限公司。利用中国固有的羊毛原料，制造各种毛呢，最初章华的产品在上海没人买，为推广销路，刘鸿生曾经在复旦大学招募学生代言，穿着章华呢制的西装，以求在学生中推广销路。"刘氏曾拿出一笔资金在复旦大学招几个学生穿章华呢制的服装，作为活动广告。"⑤

---

① 小平：《电话簿的广告费：收入四万万元》，《新上海》1946 年第 47 期。
② 徐百益：《靠广告起家的新光内衣厂》，载上海市政文史资料委员会《上海文史资料存稿汇编 工业商业第 7 辑》，上海古籍出版社 2001 年版，第 3 页。
③ 马克昌：《花瓶：富有诱惑力的女店员，商店公司点缀品》，《上海特写》1946 年第 5 期。
④ ［美］高家龙：《中国的大企业：烟草工业中的中外竞争（1890—1930）》，樊书华、程麟荪译，商务印书馆 2016 年版，第 188 页。
⑤ 倩华：《火柴大王刘鸿生》，《经济导报》1947 年第 13 期。

8. 文体表演传播

1935年，新亚公司先后组织"新亚国术队""新亚口琴队""新亚篮球队"等，利用这些文体团队进行表演，借此宣传公司产品。新亚还接手"量才图书馆"，改为"新亚流通图书馆"，增加儿童、科学和专门三部分书籍，开办知识讲座，请名流学者主讲，为新亚公司做宣传。

9. 借舶来品名声传播

刘鸿生的章华毛绒纺织股份有限公司的大部分机器来自日晖纺呢厂，新机来自比利时，每年出品约20万元。章华最初销路一般，即使在学生中推广也无甚进展，不得已，设法减去标头，放在西装店当作舶来品卖，这样才获得了销路。于是刘鸿生同南京路三家百货公司商量，使用德国货的标头，在大减价中大量卖出，这也是中国人迷信外国货、不用国货的心态使然。

此外，还有通信广告、香烟牌子、有奖征集诗文等方式，1922年，梁新记为推广销路还在上海增设制刷工厂，选派牙刷负贩员数十广告，花样翻新。后还采用"时装女士通信广告"，由水侠的夫人叶俊生女士亲自向上海各商店递送通信广告，各商店伙计"初则瞠目，继则争读信内广告，读后复读，顿起爱用之心。故其时该公司在上海商业上，遂占有优越之位置"①。可见，这一新奇广告对梁新记开拓上海市场，功不可没。

同时在广告网络的时长方面，除了平日里日常的报刊广告、霓虹灯广告、招贴广告等，他们还积极利用"事件"营销推广品牌。"广告宜乘机会，无论何事，机会为成功之第一要义，即在广告，亦无不利用机会而收奇效。故有广告十次，不如广告一次者。"② 五四时期两次抵货热潮为华商提供了绝好的广告时机。三友实业社抓住时机，在报刊上刊登爱国热情的广告，最终"三角"牌毛巾打倒了日货"铁锚"牌，"自由布"打倒了"毛斯纶"，"透凉罗"打倒了"珠罗纱"。1924年华成烟草公司生产的"金鼠"牌香烟，除了其善于挖掘传统文化民俗做广告宣传外，在五卅运动中，也打出了爱国广告。"静待公理解决，切勿任意暴动。诸公少安毋躁，且吸金鼠香烟。"③ 以抚慰群众躁动心情的公共形象出现在大家面前，劝导大家要平静，不要冲动，先博得大家的好感和信任，

---

① 澄子：《双十牌梁新记兄弟牙刷公司发展史》，《国货月刊》1929年第3期。
② 筹办巴拿马赛会出品协会事务所：《广告法》，巴拿马赛会出品所1914年版，第5页。
③ 《申报》1925年6月6日。

然后再推荐产品。循循善诱之间表达企业之责任，相信静待公理自然解决。"天厨味精"于1933年3月18日在虹桥飞机场举行命名典礼——"天厨号"，由市长吴铁城主持命名仪式。捐献飞机后，其在南洋各地的销售量增加。每到节日，民族企业都会在报纸上刊登贺词广告，以彰显企业实力，增强其社会形象。

同时，就品牌本身而言，在利用广告宣传时，亦要灵活多变，根据其在市场上的地位，选择合适的媒介做品牌宣传。"广告家应该用猜测的心理，以产品的销路作为根据，而作一种约定性的定策。"①

品牌的发展阶段不同，其广告传播的方式和策略应有所区别。在拓荒阶段，市场上竞争较少，因此广告的全部精力，应放在"集中在商品的介绍方面即可，根本用不到顾忌他人的竞争"②。如若竞争较多，则需要以迥异与常的方式，来吸引众人的目光。如华成烟草公司的"金鼠"牌香烟问世时，在《新闻报》上刊登第一次广告，内容为"最高等来安铁〔英语 rat 的译音〕香烟又名金鼠牌"（大字），下列小字"出品伊始，格外优待，每包一角，减售八十，各烟纸号，均有发售，如蒙惠顾，曷胜欢迎"③。几天后又在《新闻报》上列出封面四分之一的大幅广告，在"金鼠牌香烟"五个大字下，登有小字四言诗，"鼎鼎香烟，胶名金民，气茵如兰，价廉如许，可以集思，可以添趣，曰来安铁，华夷同誉，日用所需，费轻易取，有烟以来，无此美举，货高价低，良非自诩，惠顾须知，吉光片羽"④。广告通俗易懂，又有吸引力，吸者都愿一试。随后才慢慢形成其独特的"烟味号、价钱巧"的品牌广告形象。

1942年，《申报》《新闻报》两报均用整版篇幅做了"S"广告，读者看了一头雾水，不知其中意义；第二天，继续整版做了"M"，第三、第四天又连续刊登了"A""R"两个字母，读者纷纷猜测起来，第五天，竟又刊出"T"。五个字母连起来，就是"SMART"，广告给人以悬念的别出心裁的方式引起轰动效应，第六天起，两报又连续刊登了三天的 SMART 衬衫的广告全文，至此谜底和盘托出，新光的司麦脱衬衫正式亮相登场，开始了它半个多世纪的品牌发展

---

① 裘祖范：《商业广告技术之研究》，私立沪江大学商学院工商管理系1949年毕业论文，上海市档案馆藏，资料号：Q242—1—823。
② 同上。
③ 《新闻报》1924年11月9日。
④ 《新闻报》1924年11月14日

道路。

到了竞争期，商家产品较多，在广告传播方面则需要"特别着重于竞争，文字图画，务求卓立，以期顾客乐用"①。华成烟草公司历经二十年来的发展，形成较为成熟的品牌形象，"美丽"牌和"金鼠"牌的广告，经常出现一位时髦女郎，图中美女一袭旗袍，弯眉细眼，圆润光洁，纤纤玉指夹了根香烟，悠然中透露着自信与时尚的美丽。所有的图案中都会出现统一的广告标语"有美皆备，无丽不臻"和"烟味好，价钱巧"，这样的广告语已经成为其品牌的一部分，"音韵和谐、精短美丽"②，充分体现了品牌的优雅与独特。

提醒阶段，也就是产品销量没有问题之时，企业亦需在广告传播方面，做有益的提醒，使"辛苦争得的信誉，必须要永久保持下去，同时再来争取新的客户"③。在广告媒介的选择方面，则需要维持一两家较大报纸即可，在版面上，可以适当缩小，以节省开支，改良产品。

总之，无论是媒介选择，还是时长利用，抑或是根据市场竞争来调整广告传播策略，在近代民族品牌那里，都有了不同层次的尝试体验。近代民族企业孜孜以求，孳孳求利。"在报纸上，在银幕上，在道路的两侧，在舟车的座前，以及在无线电的播音里，许多店家及其出品，为其商号与商标，做了很多的广告，目的为非都在制造'商誉'。现代是商战的时代，广告是制胜的武器，既有连于置邦之效，复有先声夺人之妙。在商业社会上，以广告为手段，作正当的竞争，不仅无可厚非，其在鼓励之列。倘使你储有什么好的货色，待价而沽，如不设法引起别人的注意，怎能达到广销的目的呢？"④广告对于企业推销产品，树立品牌形象方面，确为不可缺少之工具。

上述行文中，因民族品牌的企业资料中，较少有完整的广告媒介的介绍，因此不得已采取一种反方向研究的方法，从当时的媒介，时人对周围社会的观察中，窥得一二零散的资料，或由已问世的档案资料中获知。所幸，笔者在天津档案馆收获《天津东亚毛呢纺织有限公司特刊》《天津东亚毛呢纺织有限公司周年纪念》，从中可以了解到东亚毛纺呢公司的广告网络全貌，但对于广告策略方面

---

① 裘祖范：《商业广告技术之研究》，私立沪江大学商学院工商管理系1949年毕业论文，上海市档案馆藏，资料号：Q242—1—823。
② 卞其蘷：《略谈广告设计》，《工商管理》1948年第2期。
③ 裘祖范：《商业广告技术之研究》，私立沪江大学商学院工商管理系1949年毕业论文，上海市档案馆藏，资料号：Q242—1—823。
④ 陈如一：《谈商号与商标》，《工商新闻》1948年第21期。

亦无从体察。

东亚公司成立于1932年，其广告媒介的网络包揽了报纸、杂志、影版、广告牌、广告灯、游行、展览、旅行宣传、广告画、无线电广告、赠品共十一种，有专人负责文字与图画，媒介租用、广告费的预算有专人管理。

其一，销行范围决定报纸广告范围。"本公司出品所到之处，皆预以报纸广告作宣传，以期使社会人士藉能明悉本公司出品之牌号、用途、优点、购买地点等，五年来全国各处所登之报纸，不下百余种。"① 其中有益世报《申报》《山东日报》《星岛日报》《武汉日报》《大公报》《湖南民国日报》《北洋画报》《青岛民报》《山西日报》《庸报》《华侨日报》《天津商业画刊》等。

其二，杂志广告适切长久。东亚在选取杂志广告时，"酌选对于推销毛线易生效力之杂志若干种"②，如关于学校和家庭等刊物，效力较大，公司成立以来，每年选取的杂志广告不下数十种。可见，那些对时间要求不是很强的民族品牌，可以选用与产品信息适切的杂志刊登，如化学工业、卷烟业、饮食品工业等，都适用于此。

其三，电影广告也有涉入。电影广告分为幻灯片广告和植入广告两种，东亚公司仅限于第一种，即在玻璃片中绘以文字图画，投放到荧幕上，这一广告须特别简单，才能使观众一目了然。"本公司于全国各大商埠较大之电影院，均有影版广告之放映。"③ 可见，东亚公司在电影广告方面，亦有投入，以抢占消费者视线。

其四，广告牌与霓虹灯互为对照。东亚公司的广告牌分两种，一为木牌，可随地而设；二为墙壁，以油漆等绘于墙壁之上，"此类广告，极能给人以极深之印象"④，东亚依靠其全国各地经销商，在商埠通衢要道口、铁路沿线等重要地段，均设立广告牌，不下百余处。霓虹灯分两种，电管灯和玻璃灯，"本公司所设之电管灯约有数十处，其余之玻璃灯数亦甚多"⑤。从图3-35、图3-36我们可以看到其霓虹灯的盛况。

---

① 陈如一：《谈商号与商标》，《工商新闻》1948年第21期。
② 同上。
③ 同上。
④ 《天津东亚毛呢纺织有限公司特刊》，1937年，天津市档案馆藏，资料号：J252—1—2—0506。
⑤ 同上。

图 3-35　东亚公司户外广告牌 　　图 3-36　东亚公司户外广告钟

其五，不定期举行游行广告。游行广告由于时间限制，效力最快，但缺乏永久性，因此东亚的游行广告一般在"新创牌号及开展览会等为最宜"，借助于热闹的场面给予消费者一时刺激，"本公司此类广告每年亦分途举行十余次"①。在每次游行之时，都将产品的牌号列于游行队伍前，或将牌号安置在游行车辆上，吸引消费者注意。

其六，踊跃参加各类展览会。展览会可以将公司产品等一一陈列，使参观人群对产品信息有较为详细深刻的认识。各商业团体举办的展览会、国货展览及铁路沿线展览等，"公司对于此类展览会，向皆踊跃参加"②。在纪念日或盛会之时，颇能收到较好的宣传效果。

其七，旅行广告宣传品牌信息。这类广告在当时非常罕见，东亚公司常常派遣专员，到各地旅行，随时随地做小规模的展览会，向各地公共机关团体等，做演讲式的宣传，"并备有各种宣传性之赠品，随时赠送，以联络听众之感情与注意"③。可见，东亚公司积极抓住各种机会，向社会传播品牌信息。

其八，说明书与用户互动交流。东亚公司还非常重视与用户互动交流，随时调查社会各界人士对于公司产品的批评或改良意见，并将改良的具体办法随时写

---

① 《天津东亚毛呢纺织有限公司特刊》，1937 年，天津市档案馆藏，资料号：J252—1—2—0506。
② 同上。
③ 同上。

出，或以文字来辩驳对公司形象不利的谣言，或将公司出品的特别之处，作文字方面的详细报告，分送各用户以资宣传。东亚公司还常将毛线编织的图样等印制成册，赠予消费者。

其九，广告画分送顾客。每年年终时，东亚公司亦就公司出品的各种美术画，"上书牌号，分送各用户"①，这里的广告画，并不仅限于月份牌，但与月份牌是一样的道理，均是利用人们的爱美之心，将广告画保存，达到长久宣传的效果。

其十，无线电广播品牌信息。"对此类广告，亦颇努力，凡南北各大电台均有本公司广播之广告。"② 东亚公司认为，播音广告，应用最简单之白话，清脆的口音，广为传播产品信息，"使各界人士闻听之下，如对面谈话"③，从而使消费者脱离"听广告文"的感想，才能有效。

同时公司还有各种赠品，或为上述之说明书，或为公司内部报告，即下文的企业报，将企业的出品及对外特别事件编印成书，加深社会各界人士对公司的了解，或以毛线等编制各种样品，银盾、锦标等赠品，赠予消费者以联络感情。

东亚公司在推广品牌信息方面，无所不用，几乎包揽了近代出现的所有广告媒介，从而在各大城市形成密不透风的广告网，从印刷到户外，从播音到旅行，全面立体，向消费者传达品牌信息。笔者推想，其他品牌亦皆如此，根据财力大小，量力而行，量入为出，实施各种广告运动传达品牌信息。

第三节　中国近代民族品牌的企业报

随着近代报刊业的发展，其价值为一般人所认知，故民国以来，"一商店有报，一工厂有报，一团体有报，一机关有报"④ 成为当时的普遍现象。近代我国民族企业家创办的企业报，"数量极为可观，全国不下几百种"⑤。国人亦在自己之外，知道有社会，有国家，人们也因阅读习惯的培养而更加有判断力和传播

---

① 《天津东亚毛呢纺织有限公司特刊》，1937年，天津市档案馆藏，资料号：J252—1—2—0506。
② 同上。
③ 同上。
④ 戈公振：《中国报学史》，商务印书馆1928年版，第201页。
⑤ 王振亚：《报刊广播电视编辑学》，陕西人民教育出版社1991年版，第185页。

力。近代民族企业办报,成为凝聚和传播"品牌文化"的重要载体,对内可以凝聚职工精神,对外可以做广告宣传,联络企业与政府各界感情。近代民族企业的企业报,多借助于其遍布全国及海外的分店及销售网络等,在广泛的地域时空中传播企业理念,宣传品牌文化,这一传播方式更集中、更清晰、更有力。

一 近代民族品牌企业报概况

近代民族企业办报,从某种程度上也是外力侵入,借鉴和模仿洋货品牌的结果。较早出现的是英美烟草公司于1906年在上海创办的《北清烟报》,除刊登香烟广告外,还有中外要闻、路政纪要、国外教育制度介绍、中国矿产见略、谜语选新、短篇小说、海外杂俎、谐谈随笔以及示谕训令等。该报主要是为其各种香烟品牌做广告宣传,并利用各种形式打击和排挤我国民族烟草业。随后,英美烟公司还出版《英美烟公司月报》,专为"公司经理职员之用"①,其宣言为"联络公司中华人相互间感情,并力求中国烟草业发达为职志"②。内载烟叶生产制造、英美烟公司出品行销状况等,"以便公司中华籍职员、各地大小经理,及彼等友人一览即知"③。为增加阅读者兴趣,还专门"更载一切新奇有味之著作",希望"公司中华洋同事,共加赞襄,以利进行"。同时,希望借助经理和职员之手,转赠该报,扩大其传播范围,"读此月报,利益良多,一经阅毕,转赠贵友"。该报还希冀各地经理在广告宣传方面,留意本公司外面的招牌木牌等广告是否清洁美观,是否合乎上等的标准,"倘若有的广告,因为下雨、风吹日晒、装满灰尘,见了即请通知我们,好把他重新修好,我们一定是感激的"④。还指导经销商,注意沿街探头的陈列,"帮助他们把摊头摆得干净好看"⑤使其引人注目,吸引顾客。另外,还有中和灯泡公司创办的《中和灯泡杂志》,专门为"奇异安迪生""亚司令""飞利浦""大司令"灯泡做推广宣传。

外商企业报在推广品牌信息,扩大影响方面的功用,很快被华商知晓,他们亦纷纷效仿外商,创办企业专刊,以推广产品信息,联络社会情谊。与英美烟公司相抗争的民族企业南洋兄弟烟草公司,自1906年创办后就遭遇

---

① 《月报宣言》,《英美烟公司月报》1926年第1期。
② 同上。
③ 同上。
④ 《商业丛谈:本公司的广告》,《英美烟公司月报》1926年第10期,第37页。
⑤ 同上。

英美烟公司的排斥和打击。公司在泰国推销员给公司报告称，泰国四家报纸，若轻彼重此，则别家出言讥讽，若四家均登，则价格不菲，因此建议公司"只有办小报，统计费用每月总比登报为轻"①。国内广州的著名商报《七十二行商报》，主笔黄绩文被英美烟收买在公司兼职，对南洋的新闻"始终不落稿"，因此南洋"买告白亦不当在彼处矣"②。基于以上原因，简玉阶意识到"办报以作喉舌，此策良然"③。20世纪20年代初，南洋兄弟烟草公司在香港、广州和上海也设立了自己的报纸等，专门刊登南洋广告部职员拟定的广告。其他各家企业报亦先后创办起来，呈现出"一商店有报，一工厂有报，一团体有报，一机关有报"④ 的局面。

据学者马学斌⑤研究，近代企业办报最早者以经营虎标牌万金油出名的胡文虎在仰光创办的《仰光日报》，1918年简照南、简玉阶的南洋兄弟烟草公司在广州创办的《天声日报》⑥，顾琅的直隶国货维持会在天津创办的《白话报》，中西药房编有《环海皆春》，中法《卫生要旨》《讴歌集》，五洲药房《卫生指南》等小册子，数量可观，不下百种。这些企业报，都积极利用报刊刊载中外新闻、广告、小知识、文艺作品等。

较有代表性的企业报是《售品所半月报》。该报由宋则久于1915年创办，为其天津国货售品所（当时称"工业售品所"）的机关刊物。其宗旨为"提倡实业，鼓吹国货，激发道德，矫正风俗，灌输知识，传递技能"。内容丰富，有言论要问、小说、童话等。每期三五千份，另附送《国货目录》一份，初期，宋则久亲任主编，发行两年后，因人力财力不济，于1917年停刊，约在1933年复刊，1937年秋日寇入侵平津时停刊。

天津东亚毛呢纺织有限公司的企业报最多，办《方舟》《抵羊声》主要负责对外宣传推销产品，办《东亚精神》和《东亚声》对职工进行严格的"精神训练"。

《方舟》创办于1936年，由储揖唐等编撰，其发刊词以推广家庭理念，"承

---

① 中国社科院上海经济研究所、上海社会科学院经济研究所编：《南洋兄弟烟草公司史料》，上海人民出版社1958年版，第248页。
② 同上书，第68—69页。
③ 同上书，第248页。
④ 戈公振：《中国报学史》，商务印书馆1928年版，第201页。
⑤ 马学斌：《我国企业报史考略：解放前的企业报》，《新闻与传播研究》1983年第5期。
⑥ 此报已散佚，目前未见到。

认家庭问题有研究的必要,至于家庭的意义,使命,组织,管理,设施,以及对于个人社会的关系等问题,我们都不固执己见,只知按照合理的思想与科学的方法探讨研究"。希冀本刊物成为"经营家庭的手册"①。以家庭为企业宣传推广"抵羊"牌毛线的基本单位。

图 3-37　企业报《方舟》《抵羊声》《东亚精神》

《抵羊声》(旬报)刊载有关"抵羊"牌毛线的销售情况,"并参以各报剪集,如科学新发明等消息,藉增兴趣"②。《东亚声》和《东亚精神》为对内增强企业凝聚力的册子,对工人进行"东亚精神"的训练。

《人钟月刊》是荣氏集团于1931年9月创办的纺织业刊物。1931年,申新纺织先后成立8处,纱锭40万枚,纺机4000台,职工2.5万人。"研究纺织学术之刊物,犹付缺如。无增进知识之机会,则一缺憾也。"③因此无锡申新"以申新标准纱牌人钟命名,分为言论、学术、译述、调查、杂俎无泪"④。普及棉纱知识,宣传企业产品。

《海王》为近代化学企业刊物,发行时间为1928—1949年,⑤先后在河北、四川、南京等地发行。该刊由名企业家范旭东、化学家侯德榜等人经营的天津永利制碱公司、河北久大精盐公司和黄海化学工业研究所及永裕公司四机关联合主办,为方便各处分机关全体讨论和互通消息而设。其创刊的目的是"文字沟通人

---

① 《编者·发刊词》,《方舟》1936年第1期。
② 《欢迎各界义务稿件》,《抵羊声》1936年第33期。
③ 《发刊词》,《人钟月刊》1931年第1期。
④ 同上。
⑤ 目前可以见到的第5、6、7、8、13、15、16、17、19、20、21卷,初为旬刊,后改为不定期刊。

群情感和改善人群的心理的"①。除介绍各厂情况，联络久大、永利、黄海、永裕四家公司的兄弟情谊外，还以"家常琐事、新村所见、明星校闻"等，解解战争时期沉闷的空气。

图 3-38 企业报《人钟月刊》《永安月刊》

新亚药厂为推销药品，1928—1946 年公司先后出版发行 20 版《星牌良药集》作为公司主要的宣传品，介绍公司生产制药，各类药品的性能，疗效等，对促进产品销售起到了重要作用。② 1932 年，公司先后出版《新亚药刊》《国药新声》《现代医药》《健康家庭月刊》、*Modern Therapecitcs* 等，公司将这些出版物分赠各地医师、医院、药房代售处等，广泛宣传公司产品。

另外，当时的大新、新新、永安等百货公司也都创办有企业报，《永安月刊》即为永安公司的百货商品做推广宣传，创刊于 1939 年，终刊于 1949 年，其发行人为时任永安百货公司总经理郭琳爽，以登载文史掌故及生活百科小品文见长，自诩"统办环球货品，推销中华国产"。

二 近代民族品牌企业报的分析

近代民族企业将企业报，作为传播品牌文化，推广品牌信息的喉舌，把办报同经营活动紧密联系在一起，认真对待。范旭东、荣宗敬等还纷纷为自办刊物题

---

① 《祝辞》，《海王》1932 年第 1 期。
② 参见陈礼正、袁恩桢《上海新亚药业有限公司志》，上海社会科学院出版社 1996 年版，第 20—21 页。

词，聘请专人负责刊物。从近代民族品牌企业报的内容，可作如下功用方面的解读。

1. 广而告之品牌信息

企业报，第一宗旨乃为企业服务，产品推销自为重中之重。近代民族品牌的企业报，都以或多或少的版面，或明或暗的方式，为企业产品做推广宣传。《海王》经常以连载的方式刊载四家企业的广告，如久大精盐的广告，"物美价廉，完全国货""本公司创立于民国四年，每年经手盐量二万万数千万斤，缴纳税收年约五百万元"①。永利公司的"红三角"牌广告，"政府特准免税产品""本公司有东亚最大最完备之制碱工厂用'苏而维法'Solvar Process 制造纯碱并附制各种碱类品各列后，纯碱、洁碱、烧碱、氯化钙"②，充分发挥企业报的独家广告功能，在人群中传播品牌信息。

图 3-39 茂新面粉广告——《人钟月刊》

除广告外，企业报还面向社会征集有关品牌的诗歌、故事等，与社会大众进行互动式传播。《人钟月刊》第 2 期，刊有荆梦蝶所作之"人钟铭"，"人钟，本厂出品之商标也。钟之由来尚已，最古为乐器，所以成乐，见于春秋者，有周景王之钟。……今人钟之义则异乎以上三者，而更有进焉，实业精华之所结，国计民生之所系，闻钟而作工，闻钟而就食。盖千万人生活之钟也。故以人钟铭"③。

---

① 《本团体广告之十一》，见《国闻周报》，《海王》1933 年第 11 期。
② 同上。
③ 荆梦蝶：《杂俎：人钟铭》，《人钟月刊》1931 年第 2 期，第 1 页。

将"人钟"牌棉纱中的"钟"从历史典故中挖掘深意，同时与"人"相结合，说明"人钟"棉纱是千万人的工作、吃饭之所系，与国计民生和人类生活密不可分。《人钟月刊》还以"人钟""申新"命题，征求投稿，将这些征集的打油诗刊载在刊物上，如"申新"有"申报自由谈甚健，新闻快活话无穷（子科）"①"申江依旧繁华梦，新市频传赈济声（×卿）"。② 人钟有"人界地灵王勃赋，钟鸣鼎食石崇家（×卿）"③ "人面不同心各异，钟声及远韵斯长（子章）"等。从而使"人钟"这一品牌名字以对仗有趣的韵律，深入人心。

2. 展示企业形象，沟通内外

近代民族品牌的企业报，大都占用较大的篇幅，将产品的产销状况、科技进步、工厂进程和企业公益活动等信息公之于众，希望工友能够同舟共济，农工商界得以匡扶。《海王》旬刊，每期都有四家企业的业绩、生产力及行业信息，对于企业的历史也进行不遗余力的宣传，如久大二十周年之际，将久大比喻为"中国精盐商鼻祖"，创办永利，历经二十年发展，树立国家酸碱工业基础。在纪念之日，"藉伸遥祝，以介眉寿"④。《海王》还将1930年永利"红三角"纯碱在比国博览会获奖的证书刊发出来，以壮声誉。《人钟月刊》中《申新过去的回顾和今后应取的方针》等。《抵羊声》每期都有"各区销价概况"，如华北区的标题"销数激增，催货更急"，华南区"各家通电催货，杜经理专程来津"，华东区"需货甚紧，战经理专程来催"，华中区"对湘鄂大批发货，鄂经理家倭君仍留津坐"，华西区"销路甚好，协商添货"等⑤。企业报以"各地一片大好"的销售业绩展示给代理商和公众，树立其营业信心和购物信心，提升企业的社会影响力。

企业报大都以非营利的方式，分赠各经销处等，以达到广泛传播的效果。《人钟月刊》以申新公司中的"人钟"命名，借助于申新在全国纺锭业已有的实力，来巩固其市场地位，在消费者心目中建立持久的美誉度。《人钟月刊》言，"本刊不带营业性质，凡属申新范围，如总公司，各工厂，各批发处，各花庄等

---

① 《诗钟披露》，《人钟月刊》1931年第2期。
② 同上。
③ 同上。
④ 南郭：《祝久大二十周年纪念》，《海王》1934年第30期。
⑤ 《各区销价概况》，《抵羊声》1936年第33期。

同人，均按期赠阅一份"①。如若没有及时收到者，请来函即付。近代民族品牌还纷纷将企业原貌、厂房等用照片展示出来，形象生动。实业部部长陈公博来厂视察的留影也被刊发在《人钟月刊》上，公关社会。

图 3-40　永利工商博览会之奖证

近代民族品牌企业报，还经常刊发有关"读者调查"的函件。如《售品所半月报》刊有，对"本报为什么不登洋货；君对本报有什么不满意的地方吗"等。如果顾客能圆满答复这些问题，并按要求将个人的姓名，职业、通信处等填写清楚，剪下寄本报即奉送唯一家庭读物《售品所半月报》三个月。

3. 取悦消费者，建立品牌忠诚

企业报还根据其产品的目标消费群体特征，刊发与之相关的信息，以取悦消费者，建立品牌忠诚。《方舟》为天津东亚毛呢纺织有限公司的企业报，为吸引其"抵羊"牌毛线的购买者——家庭主妇的注意，刊有儿童问题、婚姻问题、夫妇之道、家庭卫生、性的问题，烹饪法、装束等，同时还增加了许多漫画、编织、散文、诗、小说等休闲消遣娱乐的内容，增强刊物的可读性和趣味性。最有特色的是每期都有各种时尚毛衣、背心等的编织方法，并给予不同的配色，附以时尚女士或可爱儿童的照片等，在更广泛的消费群体中普及毛衣编织的方法和配

————————
① 《发刊词》，《人钟月刊》1931 年第 1 期。

色式样，消除女性消费者因编织技术而产生的购买风险和不安。东亚为联络消费者感情，免费开办"天津东亚商行刺绣编织法"班，鼓励女士购买"抵羊"牌毛线。"本商行为华商专售国产抵羊牌毛线及一切机织及编织等出品，花样新颖，定价低廉，特为国货。近感社会各界仕女，皆喜编织，特于本行楼上开设刺绣编织班，分门教授，欢迎参加，分文不取。"① 另外，由于《方舟》定位于家庭，还刊载与家庭生活有关的广告信息，如"飞鹰"牌国产皮带、"依得力"精片、勒吐精老牌代乳粉、盛锡福"三帽"牌帽、中原公司、虎标万金油、力士香皂、矮克发胶卷等，既满足了目标消费群体的"一站式"购物信息需求，又赚得了一笔可观的广告费用，一举两得。

4. 训练员工，形成品牌精神

天津东亚毛呢纺织有限公司非常注重"企业精神"的训练，创办《东亚声》等来内化企业精神，聘请留美心理学博士何清儒协助员工进行精神训练，编写了《东亚精神》一书，对职工进行精神主义的训练。书分甲、乙两种，目前笔者见到的只有甲种。"希望通过此使职工接受一种训练，职工需要对公司了解，一位新职工进入公司，对于公司的沿革、组织、目的、工作概况、重要规则等，都应当熟悉，然后才能应付自如，办事便利。对于团体的生活，也才能圆满。这些关于公司的事，是无论谁担任什么公司，都必须具有的常识。"②

东亚公司的厂训为"己所不欲，勿施于人""对人要有同情怜爱的心理""对别人都如同对自己，爱别人都如同爱自己"③，悬挂在企业的高墙上，还采用固定的习俗与仪式，除了每天十五分钟的讲解外，每周一次的职员聚餐会上，也要宣讲"东亚精神"。另外公司还举办专门的"东亚精神培训班"。将全厂工人编组，分批脱产学习，每批两周。办班期间，除照发工人工资外，还提供丰盛的免费伙食，并有计划地组织工人参观教堂、学校、孤儿院或其他工厂，开展文体活动等，以开阔工人眼界、增进工人实业救国的意识。培训班上，宋棐卿亲自主讲，谈笑风生、妙语连珠，极富感染力。他一再强调以基督教义为本，《东亚

---

① 《天津东亚商行刺绣编织法》，《方舟》1936 年第 11 期。
② 天津东亚毛呢纺织有限公司：《东亚精神（甲）》，天津东亚毛呢纺织有限公司 1945 年版，第 4 页。
③ 天津东亚毛呢纺织有限公司：《东亚精神（甲）》，天津东亚毛呢纺织有限公司 1945 年版，第 17 页。

铭》的第九，即为耶稣圣训"不要受人的服事，乃是要服事人"①，希望员工发扬敬业精神。

图 3-41　东亚铭——东亚精神

荣氏兄弟在经营茂新、福新系统时，一直坚持"不能过陷于自封之境域"为其企业方针，重视产品质量，创立名牌产品，重视信誉等。

"办报以作喉舌，此策良然。"② 企业报作为近代企业科学管理方法的一种，亦是企业广告宣传重要的一环，其功能被国人渐知，他们纷纷利用企业专刊这一舆论工具，发表和刊载对企业品牌有利的见解和主张，从国家命运到行业发展，从技术进步到各界匡扶，使企业内外互通消息，以促经营，加深经销商、消费者等对企业的认识，同时也利用企业专刊，吸引更多游资，扩大企业发展。社会外界也将企业报作为企业的一部分，尤其是其品牌文化和精神的凝结。近代民族品牌的企业专刊，一方面成为企业内部信息传播的良友，品牌精神的内外传播渠道。东亚公司的厂训"己所不欲，勿施于人"的企业文化，还将其内化为人生中的点滴格言"你愿别人怎样对你，你必须先怎样待人"。对职工进行"理想的员工""优秀的员工"教育。企业报的对外传播，影响消费者对企业的认知，增

---

① 同上，附页。
② 中国社会科学院上海经济研究所、上海社会科学院经济研究所编：《南洋兄弟烟草公司史料》，上海人民出版社1958年版，第248页。

强其对品牌文化的认同。

广告作为品牌传播的重要手段，对于品牌知名度和美誉度的塑造具有重要的作用。在广告作品中，品牌名称、品牌标志、广告口号、包装等，都是其文图创作的对象。近代科技进步所带来的各种媒介，也有相当的发展，"除报纸刊物外，继起者又路牌广告，墙壁广告，幻灯广告，电车广告，公共汽车广告，甚而扩展到标准钟广告，格式活动广告，花样百出"①，日报广告为近代民族品牌所倚重，"一般厂商，都将大部分的广告费，用于日报广告，这也是因为日报是每天出版的，广告效力，收获较速"②。另外，陈列和展览也会以静态和动态的方式出现在近代民族品牌的广告传播网络中，其中"西湖博览会"成为中国会展业的滥觞。从媒介策略方面，"有许多广告，永远在固定的地位"③，使消费者对产品形成深刻的品牌印象和固定的品牌认知。在品牌发展周期发面，亦有拓荒期、竞争期和提醒期的不同策略，使近代民族品牌的广告传播网络无处不在，无时不有。"在报纸上，在银幕上，在道路的两侧，在舟车的座前，以及在无线电的播音里，许多店家及其出品，为其商号与商标，做了很多的广告，目的为非都在制造'商誉'"④，建立较高的品牌知名度和品牌美誉度。

企业报作为民族品牌的媒介喉舌，在对内熏陶品牌文化、凝结企业精神，对外沟通信息，传达企业形象方面、发挥着卓越的功效。在已有的研究中，由于阶级斗争的因素，将其视作麻醉企业员工的精神产物，在认识上存在一定的偏差。我们应充分认识到，企业报在广而告之品牌信息、展示企业形象、沟通内外、取悦消费者、建立品牌忠诚、训练员工、形成品牌精神等方面的功用亦是民族品牌广告传播网络中的重要一环，成为现代企业管理的重要组成部分。

---

① 红女：《广告事业重兴》，《海涛》1946年第8期。
② 徐百益：《广告对于国货厂商的前途》，《机联会刊》1935年第112期。
③ 含凉：《广告中的上海》，《新上海》1926年第11期。
④ 陈如一：《谈商号与商标》，《工商新闻》1948年第21期，第7版。

第四章 近代民族品牌广告传播效果分析

"广告者，助长百业之工具也，近世凡百企业当此创始，莫不以广告为先驱，而繁荣滋长，尤赖广告为辅翼。"① 近世广告在商业上的作用，成为必然的趋势，我国商人目睹美孚洋行推销其"美孚"火油灯，白礼氏利用广告推销其"船"牌、"百合花"牌、"水牛"牌等洋蜡烛，利华公司利用种种广告推销其"日光"牌肥皂，英美烟公司利用广告推销其"孔雀"牌、"品海"牌、"刀"牌、"大英"牌等香烟，到处粘贴该行各种精美印刷广告，"该行等之商品流行全国，伟哉广告之力！故其营业蒸蒸日上也。"② 许多民族企业内部，也都设立广告部。近世新闻事业也渐次发达起来，日报广告拥挤异常，版面增多。招贴广告五光十色，不一而足。有关民族品牌与广告事业的共促不在此赘述，聚焦于广告对于品牌的直接推广效果，品牌认知、品牌营销以及由于长期的市场推广和积累形成的品牌资产等。

同时，广告和语言一样，都是传达信息的符号表征，近代民族品牌的广告话语，在诱惑消费者消费时，更多地从动员消费国货方面入手，尤其是在五四运动、五卅运动期间，几无例外都将其定位于"国货"，其所强调的"中国人请用国货"等，已超越了产品和服务本身的价值，更多地具有了符号学和社会学的象征意义。民族品牌的广告话语和产品、社会运动一起，通过一次次的议程设置，将"消费国货"反复强调为时下的运动口号和消费热潮，帮助国民构建对于现代民族国家的认知和民族意识。

---

① 何嘉：《现代广告学》，中国广告公会1931年版，潘序。
② 蒋裕泉：《实用广告学》，商务印书馆1925年版，第3页。

第一节　广告传播与品牌效果

随着近代民族工商业的发展，企业内部纷纷附设广告部经营设计甚至创办企业报以助营业，每年的广告费用不断增长。虽与外商相比，仍有些稚嫩，但在学习和模仿之间，亦蹒跚学步，偶有亮彩，令洋商品牌刮目相看，甚至在与洋商的抗争中，争得一席之地。"试观今日在我国市场上，占有地位者，莫不设有广告部，专司其职……而广告之方法，亦日新月异，随商业竞争而改进，盖广告之与商业，犹口之与心，心有所思，必赖口发声于外。"[①] 广告与商业之间的共谋共促，催生了近代报纸的商业化，同时也提高了近代民族品牌的社会认知、品牌营销和品牌资产等。

一　增强品牌认知

1. 推广新产品新用途

企业创新品牌，推广产品用途，发布打折信息，都须仰赖广告告知公众。"新货品之出世，必赖广告为之介绍于众。"[②] 最初，华成烟草公司生产的香烟品牌有月宫、三旗等，因"三旗"的售价低，利润薄，因此华成于1924年重组成功后，"筹议另出新牌烟来争夺市场"[③]。1924年正值鼠年，华成推出"金鼠"牌香烟，立即在《申报》《新闻报》上刊登广告，内容为"最高等来安铁〔英语 rBat 的译音〕香烟又名金鼠牌"，下列小字"出品伊始，格外优待，每包一角，减售八十，各烟纸号，均有发售，如蒙惠顾，曷胜欢迎"[④]。几天后又在《新闻报》上列出四分之一的大幅广告，在"金鼠牌香烟"五个大字下，登有小字四言诗，"鼎鼎香烟，胶名金鼠，气茵如兰，价廉如许，可以集思，可以添趣，曰来安铁，华夷同誉，日用所需，费轻易取，有烟以来，无此美举，货高价低，良非自诩，惠顾须知，吉光片羽"[⑤]。广告通俗易懂，又有吸引力，吸者都愿一试。

[①] 李治：《谈中国的广告》，《商业月刊》1931年第1期。
[②] 孙孝钧：《广告经济学》，南京书店1931年版，第7页。
[③] 方宪堂：《上海近代民族卷烟工业》，上海社会科学院出版社1989年版，第25页。
[④] 《新闻报》1924年11月9日。
[⑤] 《新闻报》1924年11月14日。

华成烟草公司改组后，营业逐渐扩充，"销路亦日益发达"①。资本增至三百六十万元，在上海汇山路建厂，设发行所于上海宁波路，更在南京、汉口、天津、杭州等地设立分公司，其出品的香烟，如"金鼠"牌、"美丽"牌、"月份"牌、"也是"牌、"生生"牌、"天真"牌、"发达"牌、"三马"牌、"琴棋"牌等，"行销全国，脍炙人口"②。在民族烟草类品牌中，推为巨擘。

九福公司的"百龄机"颇负盛名，早期广告中只是宣称其为"许多医学家药物学家聚精会神研究得之结果，炼取百药之精华制成"③。随着市场地位的确认，更以科学主义的方式，告知消费者其成分为次亚磷酸钙、硫酸亚铁等。"人造自来血"本为补血圣品，适用于贫血、失血、神经衰弱、妇女月经不调、脚气、疟疾等，其后的广告甚至将其提高到对"戒烟"也有一定益处。可见，"有许多货品虽已被人家利用，但利用广告作为新用途的介绍"④。永安、冠生园等企业在20世纪20年代也经常利用广告发布打折优惠信息，以吸引更多顾客。

2. 增强消费者信仰

民族品牌利用各种媒介刊登广告，"乃引人及使人信"⑤。于是，就有了消费者的第一次"AIDA"过程。对此，企业仍需重复刊登广告，以彰显企业实力，"使一般人来购买，增加他们的信仰心"⑥。利用广告来做宣传，可以消除其购买疑虑，使其对购买的产品，产生信仰。

产品经过广告宣传于社会，"消费市场对该货品的质状、色味、优点所在，已得其大概"⑦。销售员再去推销兜揽，就有了更进一步的力量。五洲固本皂药厂，生产的"固本皂"，在面向社会宣传时，亦利用实验方法和精确数字来说服消费者。五洲还成立专门的"五洲固本皂药厂研究部"，将化验报告公之于世。"提倡国货，必先提高国货之品质，庶足与外货相竞争，若徒恃偷工减料，粗制滥造，贬价以求售者，必不旋踵而悉归于消亡也。"⑧ 该报告将五洲固本皂与市

---

① 《为国货卷烟业巨擘华成烟草公司出品之金鼠牌广告》，《礼拜六》1935年第591期，封面说明。
② 同上。
③ 《申报》1923年11月17日。
④ 冯鸿鑫：《广告学》，中华书局1948年版，第4页。
⑤ 孙孝钧：《广告经济学》，南京书店1931年版，第7页。
⑥ 冯鸿鑫：《广告学》，中华书局1948年版，第5页。
⑦ 不详：《广告学》，南京不详，第11页。
⑧ 五洲固本皂药厂：《五洲固本皂药厂研究部管理分析报告》，无出版年，第1页。

第四章 近代民族品牌广告传播效果分析

场上的外货进行比较化验,以此来证实其"品质之精良可靠,已为识者所公认"①。在广告中,还以软文的方式,将好肥皂的标准一一列出,然后得出"以上四项,要样样满意的,只有五洲固肥皂"②,吸引客户购买。

图 4-1 固本皂——肥皂测验法   图 4-2 "美丽"牌香烟广告

华成烟草公司的"美丽"牌香烟,品质优良,在广告宣传时亦采用类比联想的方式,使消费者对其品质产生好的联想。图 4-2 广告中,"'孔雀鸟'是鸟类中美丽的皇后,'美丽牌'是烟界中得灿烂之明星"。这一广告,通过类比联想的方式,使人因喜欢孔雀的美,而联想到"美丽"二字,"无形中想到香烟品质的高贵,形式的可爱,并吸者得时髦"③。以孔雀来喻指其"美丽牌"也为香烟中之皇后。

"人造自来血"品牌名称就将其功效简单直接地表达出来,血是生活力之源泉。通过洋洋洒洒的广告,让人们信服,血液为人生活之源泉,为健康所必需,为新陈代谢之媒介。为了让人们相信,还通过功效验证——实地实验之确证。"血虚之人,面色如纸,服自来血七日,察眼睑之内皮,必较未服之前,红润多多。"④ "服自来血七日之后,必能较未服前增加体重一磅。"⑤。谢函一束——"人造自来血发行三十余年,功效卓绝,口碑载道,受其惠者,何啻千万

---

① 五洲固本皂药厂:《五洲固本皂药厂研究部管理分析报告》,第 1 页。
② 《肥皂测验法》,《机联会刊》1931 年第 37 期。
③ 《广告学》,南京不详,第 30 页。
④ 五洲大药房:《人造自来血保证集》,无出版年,第 8 页。
⑤ 同上。

人来函伸谢，感道自来血之功效宏伟者，不一而足。"① 将各地人们的"眼皮试验、刺破手皮试验、体重日增、举重试验、见饭色喜、青年记忆薄弱、步履轻松、房老过度、乳水淡薄、滴漏不息、头已不晕耳又不鸣、气血从此不亏、血症从未一发、戒烟后转弱为强、心悸耳聋霍然痊愈"② 等共四十份各地来函一一刊出，使人们对自来血的功效有了更为清晰的认知。人造自来血，还聘请著名京剧大师梅兰芳为其广告代言，提高知名度和美誉度。

1933年10月，梁新记牙刷也曾经请立法院孙科为其产品撰写题词刊登在杂志广告上，以增加消费者对产品的信任。"国货双十牌牙刷，质料优美，工作精巧"③，因为"双十"牌牙刷除了式样多美观外，还能永久保持"一毛不拔"和"脱毛包换"的优点，所以社会人士，咸乐用之。

图 4-3　梁新记牙刷（《华洋月报》1935 年第 1 期）

20 世纪 30 年代，"国人对国产品渐渐的认识，制造业逐步改进"，在南京路的闹市中，"像三友实业社，冠生园，泰丰罐食公司，家庭工业社，久和袜厂，

---

① 五洲大药房：《人造自来血保证集》，无出版年，第 8 页。
② 同上书，第 8—19 页。
③ 《梁新记弟兄牙刷公司广告》，《华洋月报》1935 年第 1 期。

陈嘉庚橡皮公司，香亚公司，广生行，胜达呢绒厂，安乐棉织厂，孔雀领带公司，华生电器厂，三星棉铁厂，精益眼镜公司，南洋袜厂，纬源袜厂，金龙袜厂，南华袜厂，大东袜厂，公平铁厂等，已在洋货充斥的盛市中，占了许多地位"①。民族品牌在南京路样子间的开设，亦可增加国人对于消费国货的信心。

3. 帮助消费者鉴别商标

品牌广告的持续和大范围传播，可以有效防止仿冒商标，帮助消费者鉴别品牌标识。"我国商家有一种最易犯的通病，每见市上有某种货品销路畅旺，同业就往往用不正当的手段，仿其形态，冒其商标，以欺骗市场，以博眼前微利。"②用广告，则可以提醒消费者，"促之注意鉴别，以免鱼目之混珠"③。新创商标牌子，也需要广为宣传，务必使众人皆知，以免混杂。

五和织造厂非常注重广告宣传，每年都会拨出一定数额的专款作为广告费用。同时在商标的宣传上尤为重视。在注册商标时，亦防患于未然，相继注册了"五禾"、"五荷"、"金鹅"、"银鹅"、"天鹅"、"蓝鹅"、"白鹅"等保护商标，对音同字不同及容易与鹅相关的词都做了保护。除利用报纸做广告宣传外，还在全国分销机构做橱窗广告及霓虹灯广告。在南京西路仙乐斯草坪上，五和织造厂的商标设计"鹅"，在原静安寺路的草坪上用水泥塑成五只不同姿态的白鹅，吸引着过往人群。杭州西子湖内，终日荡漾着两艘白鹅形态的游艇，在登载游客的同时，还为"鹅"牌内衣做忠实的宣传。"鹅子游溪日，汗衫着体时"④，提醒消费者夏令已届，请认准"鹅"牌汗衫。

图4-4 "鹅"牌衬衫广告

---

① 卓鸣：《上海南京路的过去与现在》，《机联会刊》1930年第18期。
② 《广告学》，南京不详，第118页。
③ 孙孝钧：《广告经济学》，南京书店1931年版，第11页。
④ 转引自李克让《上海名牌竞风流》，中国纺织出版社1999年版，第106—107页。

胡文虎的"虎标"牌万金油，不仅重视商标注册，在广告宣传中也时常将"虎"的商标示人。每到春节胡文虎就派人在街头悬挂大量灯笼，在灯笼上画虎。在永安堂的经销点，用"老虎"乐队招徕顾客。胡文虎还专门定做"虎"牌汽车，向市人推荐"虎"牌万金油。永安堂的月份牌上，也以美女攀着虎的形象示人，分发赠送。报纸广告中更是如此，广告中经常用穿着礼服，戴着领带的"虎先生"示人，以此来提醒消费者，认准"虎"牌商标，防止假冒。

荣氏集团的"人钟"牌棉纱经过几十年的发展，在社会上反响很大，竟然引来日商的妒忌，仿冒申新旧的商标以达到鱼目混珠的效果。申新纺织公司不得不在每一小包"人钟"棉纱商标上加盖钢印，供消费者鉴别。

4. 壮大声誉，展示企业形象

以获奖证明展示企业形象。近代民族品牌常常在广告中将其获奖证明、国货证明等刊发出来，以壮观瞻，展示企业形象。中华珐琅厂自1919年起设立总发行所，后陆续在汉口、南京、杭州、青岛、天津等处设立发行所，在上海分设门市部四处。积极参加各种展览会，"博得社会上美满评论，获有工商部、中华国货展览会、西湖博览会及实业部特等奖状"①。五洲固本皂还将浙江省政府"免税"的证明刊发出来，"曾呈财政部，请免重征，今已得批准矣"②、以证实其"为全国销数最大之肥皂"③，使消费者乐于购买。

图4-5　固本皂——浙江省免税证明　　图4-6　国货之王——"鹅"牌

① 范剑平：《中华珐琅厂》，《机联会刊》1947年第207期。
② 亦敏：《五洲药房》，《机联会刊》1936年第152期。
③ 《机联会刊》1930年第7期。

五和织造厂积极参加各类展览会,华商界举办的新年国货推广大会等,如图4-6"国货之王"即用"鹅"这一品牌标识展示企业形象,生动可爱,给人留下深刻印象。新光厂利用广告、新闻媒介、展览会、橱窗陈列等宣传方式扩大影响,在上海衬衫业中也是绝无仅有的。除《申报》《新闻报》外,还经常在《商报》《大公报》《新夜报》《经济月刊》《中国生活画报》等十余种报纸杂志上刊登广告、记者采访文章、新闻报道及股票信息等,提高品牌知名度。

另外,公益营销也是企业树立企业形象,传播品牌声誉的重要手段。南洋兄弟烟草公司曾设立"南洋奖学金",资助学生到欧美最好的学校深造,来争取学生的支持。1919年将四个名额给了五四运动中北京大学的四位学生领袖。南洋设置学生奖学金,"并非仅仅出于学术或慈善的目的,而是要将五四运动的年轻领袖的名声作为公司的广告,将五四的情感化为南洋的商业优势"[1]。20世纪初,南洋兄弟烟草公司在历年的各省灾荒及粤省水灾米荒中,屡输巨款联络与人民的感情,从而为南洋树立良好的企业形象。1920年华北大旱期间,南洋在北京设立"粥棚",向穷人提供免费食品,并派人与当地的佛教赈灾等慈善机构一起工作。为了募集救灾资金,1920年提出,每销售一箱香烟捐出10元赈济北方旱灾,1931年每箱香烟捐出3—8元赈济苏皖水灾。遍登广告,记载赈灾之品,公司信誉大大增加,"此举连捐输合计,约费2万元,而南洋公司之声名老幼咸知"[2]。另外,南洋还热衷公益事业,如兴办学校、建筑医院等,"国民对于南洋之感情遂日深,当时营业执烟界牛耳"[3]。福昌烟公司"马占山"香烟广告中,亦采用这种方式,每箱香烟捐出善款支援战争等,这一由销量决定的捐赠提升了企业形象和声誉,使有良知的消费者更乐于购买,从而促进品牌销售。

天厨味精于1934年"捐资十一万元,购置飞机"[4],捐给国民政府。为此还专门举行了盛大的命名典礼仪式,在社会上引起很大反响。1934年8月22日,国民政府按照人民捐资救国奖励办法第二条第四款之规定,颁给金质奖章,以昭奖励,裨益空防,爱国热忱。

---

[1] [美]高家龙:《中国的大企业:烟草工业中的中外竞争》,樊书华、程麟荪译,商务印书馆2001年版,第188页。
[2] 中国社会科学院上海经济研究所、上海社会科学院经济研究所编:《南洋兄弟烟草公司史料》,上海人民出版社1958年版,第99页。
[3] 《南洋兄弟烟草公司最近状况之调查》,《工商半月刊》1929年第1期。
[4] 《国府明令:(一)褒奖事项:二、天厨味精制造厂捐资购置飞机明令褒奖》,《内政公报》1934年第35期,第1809页。

二　推广品牌营销

品牌产品必须是可靠的、优良的，"方有良好结果"①。但是，物美价廉的商品，不经广告宣传，其"声誉不能鹊起，销数不能激增"；一经广告宣传后，将其优点过人之处，用适当方法呈现出来，消费者就受其引诱，其货品也随之畅销，"这就是广告所发生的力量"②。西人把广告比喻为"事业之保姆，乳之育之，抚之护之"③。我国实业界将广告与商业的关系，"犹蒸汽之于机器，有莫大之推动力也"④。企业非常注重广告宣传，如南洋兄弟烟草公司1923年广告费占销售费用的11.42%，费用宏巨，效果显著。⑤

1. 创造新的需要

利用广告介绍新产品，制造新的诱惑，可以使消费者对品牌产生新的需要。例如摄影机为新式器物，"其所以能得人乐用，则广告为之提倡者也"⑥。中国古无刷牙习惯，然自日本的"金刚石""丝带"牌牙粉等进入中国后，慢慢地，人们也养成了"每天早晨要用半硬的牙刷与丝带牌牙粉刷牙一次"⑦的习惯。但是自从牙膏问世之后，消费者的习惯又被更换了。"以前刷牙大都用牙粉，自从牙膏问世，一般人就改买牙膏了。"⑧ 中国化学工业社生产的"三星"牌牙膏、五洲固本皂药厂生产的"固本"牙膏，还有洋货品牌"黑人牙膏"等渐渐替代了牙粉，成为日常必需品。

2. 拓宽销路，以利营业

广告是战斗的先锋，其目的在于帮助企业卖出产品，赚取利益。"出卖商品，则又非推销得宜不可，推销方法，务使大众知晓的方法，就不得不利用广告。"⑨五洲大药房的人造自来血经常在《申报》《新闻报》上刊登广告，声名远播，

---

① 不详：《广告学》，南京不详，第2页。
② 同上。
③ 孙孝钧：《广告经济学》，南京书店1931年版，第3页。
④ 朱庆澜：《广告学》，商务书局1918年版，序。
⑤ 中国社会科学院上海经济研究所、上海社会科学院经济研究所编：《南洋兄弟烟草公司史料》，上海人民出版社1958年版，第247页。
⑥ 蒋裕泉：《实用广告学》，商务印书馆1931年版，第8页。
⑦ 《每天早晨要用半硬的牙刷与丝带牌牙粉刷牙一次》，《三六九画报》1940年第3期。
⑧ 陆梅僧：《广告》，商务印书馆1940年版，第20页。
⑨ 冯鸿鑫：《广告学》，中华书局1948年版，第4页。

"五洲大药房所发行各种良药,其中人造自来血一种,行销全国,声名最著"①,1920年,根据上海各药房营业统计,"当以五洲药房首屈一指"②。人造自来血还在南洋一带打开销路,成为新加坡、泪罗等地的国货明星。医药行业中的新亚化学制药公司,其生产的"孔雀"牌牙粉、牙膏及医药品,"出品精良,目下行销之广,遍及全国"③。五洲大药房生产的"五洲固本皂""荷叶荷花"牌皂类,其平均每天可出三千箱,"年销约值三百余万元。其销售区域,药品较皂类为广:皂类专销国内;而药类则已销到国外,如泪罗,吉隆坡,三宝垅,石叻,吧城,庇能,纽约,金山,小吕宋,孟加锡,台湾等"④。都开设有五洲药房的分支联号或代理处。五洲固本皂,不特垢腻一抹即去,不损皮肤,不伤衣料。

依靠铺天盖地的广告网,日本味之素1922年以前在中国市场销路很旺,"漏卮竟年达二百余万之巨",吴蕴初1923年创办天厨味精厂后,因产品品质优良,不仅在国内风行,而且国外"行销也极畅,最近几年来,该厂的营业数字,已年达三百万元以上了"⑤。中国化学工业社生产的"三星"牌牙膏,风行全国,"南洋各埠,也都有特约经销商。最近数年,每年营业总在二百四五十万元之谱了"⑥。其生产的"观音粉",广告中由中华国货维持会来提倡宣传,"所制三星牌各种化妆品及三星牌蚊香,精美异常,国人所赞美乐用"⑦。观音粉的质量在舶来品之上,定价较为低廉,为国产明星。本会在提倡国货,对此裨益民生的产品尤为介绍提倡。

近代棉纺业发展较快,大生纱厂的12支"魁星"牌棉纱驰名各地市场,1918年在巴拿马万国博览会上获奖,成为问世较早的国货名牌产品。永安的金城棉纱和大鹏细布等名牌产品,由于质量上长期比较稳定而行销国外。根据永纱技术人员的回忆,永纱80支产品还少量出口至巴西,这表明永纱产品质量已经

---

① 自新:《人造自来血之功效》,《卫生杂志》1932年第3期。
② 《五洲药房营业状况》,《医药杂志》1921年第6期。
③ 《国货介绍(一)新亚化学制药公司之出品:化学之部》,《国际贸易周报》1932年第3期。
④ 亦敏:《五洲药房》,《机联会刊》1936年第152期。
⑤ 亦敏:《天厨味精》,《机联会刊》1936年第153期。
⑥ 亦敏:《中国化学工业社(工商史料之十二)》,《机联会刊》1934年第104期。
⑦ 《东方杂志》1925年五卅增刊,内页广告。

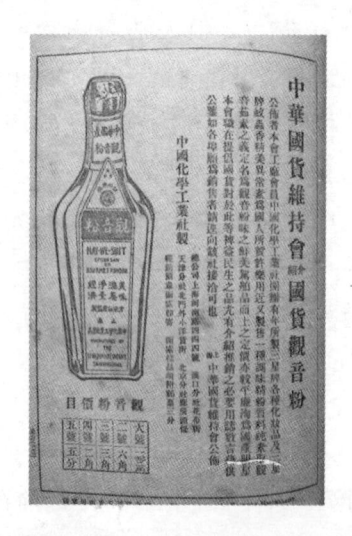

图 4-7 观音粉广告 《东方杂志》1925 年五卅增刊

达到较高水平。[①] 申新公司的"人钟"牌棉纱,销路很广,其 16 支和 20 支"人钟"牌棉纱经常销往南洋、印度等地,甚至销往日本,受到国外市场的青睐,这在中国民族棉纺织业中也是不多见的。

天津东亚的"抵羊"牌毛线,行销区域,华北、华中、华南,华东,四大营业区域,每区委托分销家或门市部,推销取廉价主义,各区域由本公司委派督导员销货员负责宣传推广责任,以协助各区域分精力家推销。

三友实业社生产的"三角"牌西湖高档毛巾,在上海的"中国国货公司"和南京路的各大百货公司,都有出售。直至 1931 年"八一三"事变后,三友实业社遭到日机的轰炸停产,以致高档毛巾在市场上处于脱销状态。可见,"三角"牌毛巾在市场中的地位。随后,李康年为弥补这一空当,办厂生产了"钟"牌毛巾,成为国内市场上的高档名牌产品。

1939 年,李康年接管经营不善的鸿兴袜厂,在工艺上加以改进,扩大广告宣传,使"狗头"牌纱袜成为名牌产品。李康年认为"广告是重要的,也是有作用的,但却必须实事求是,切忌夸大。宣传超过实际,就成为虚伪欺骗了,会产生相反的效果,败坏了商品的信誉"[②]。可见,在那个时代,国人就有了对广

[①] 上海市纺织工业局、上海棉纺织工业公司、上海市工商行政管理局永安纺织印染公司史料组:《永安纺织印染公司》,中华书局 1964 年版,第 143 页。

[②] 转引自吴广义、范新宇《苦辣酸甜——中国著名民族资本家的路》,黑龙江人民出版社 1988 年版,第 184 页。

告真实性与商誉的认识，并付诸实践。

第一次世界大战期间，我国民族面粉业获得了较快发展，俄、英、法、美、日本等都成为我国面粉业的输出对象。其中荣氏集团福新、茂新厂生产的"兵船"牌面粉，每年输出五六百万包，远销英、法、新加坡、吕宋等地。①

华生电扇于1925年制造问世，其功效与外货相比，有过之而无不及，营业大盛，"销数年达二万余只，价值百余万元"②。其销行范围，"不但全国各地，爱用该厂出品，就是南洋各属，也都乐于购买"③。1931年，由于华生电风扇的崛起，美国的"奇异"牌电扇在中国市场节节败退，最终退出了中国市场。

五四运动期间，抵制日货，在广东地区"各经此一番救国大运动，各洋货店莫不营业锐减，而土货畅销，尤以南洋烟草公司营业大为增进，日来大有应接不暇之势"④。借助于抵货风潮，南洋营业获得了较大发展。

3. 削弱洋货品牌的市场范围

广告乃商战利器，可以帮助民族品牌在市场上攻克洋货品牌。清末民初，洋货品牌在中国都市乡村非常流行，国人身上穿的，甚至连口中所食用的椒麦亦仰给外国人。随着近代民族品牌的创建和广泛传播，政府和社会各团体的提倡，民族品牌在洋货市场中亦争得一席之地，甚至将有些洋货品牌赶出中国。

最有代表性的应推三友实业社生产的"金星"牌烛芯，在其问世之前，流行市场上者，仅日商中桐洋行独家专营出品，营业极佳。陈万运、沈九成、沈启涌创办之后，"优良的金星牌国货烛芯，亦遂于此时问世，逐渐取舶来品之地位而代之矣"⑤。时第一次世界大战爆发，外货供应紧张，国外南洋等地的烛芯，亦由三友实业社供给。"本埠英美洋烛制造商，如亚细亚火油公司，及美孚洋行等，为供应各地需要，相继向该社大量添订。"⑥ 三友实业社于1916年，因业务

---

① 荣溥仁：《三十周纪念册感言》，见"茂新、福新、申新总公司三十周年纪念册"，1929年版，转引自周季弯《第一次世界大战时期中国民族工业的发展》，上海人民出版社1958年版，第37页。
② 亦敏：《华生电器厂（工商史料之二十五）》，《机联会刊》1935年第119期。
③ 同上。
④ 《民国日报》1919年10月8日，转引自广州青年运动史研究委员会《五四运动在广州资料选编》，广州青年运动史研究委员会1984年版，第105页。
⑤ 梅汜：《三友实业社》，《机联会刊》1947年第214期。
⑥ 同上。

范围扩大，组建有限公司，有感于国内市场上毛巾一物，为人生日用所必需，市场上除日货"铁锚"牌毛巾外，还少有国货替代品，于是公司抱着精益求精的精神，改良品质，生产"三角"牌毛巾，在报刊上大做广告，于是"遍销中外，盛名历久不衰，而铁锚牌毛巾，卒告绝迹"①。民族品牌依靠优良的品质和广而告之的传播，将洋货品牌赶出中国市场。

"五卅"惨案发生时，日货成了爱国抵制运动的主要对象，"味之素"在中国市场上的销路一落千丈。天厨味精厂抓住这一有利时机以"完全国货"为号召，大做广告，"敬请国人，爱用国货，天厨味精，国货精品"②，先后参加国内各种国货展览会，并先后获得上海总商会陈列所第三次展览会最优等证书、江苏省第三次地方物品展览会一等奖等，在市场上声名鹊起，"上海营业所门前的批趸者更是络绎不绝"③，其价格、质量都比味之素有较大优势，牢牢掌控了市场的主动权，日本"味之素"除在东北还保留部分市场外，国内市场几乎全被天厨的"佛手"牌味精为主的中国品牌占有。

广告还可以帮助企业获得市场，并借此垄断市场，"虽然垄断市场的方法有许多，但是广告是最合理的一种"④。华成烟草公司的"金鼠"牌香烟、"美丽"牌香烟问世后，十分重视广告宣传，在上海《申报》《新闻报》上大做广告。"当时采取在每箱烟的成本中提取二角作为广告费，广泛进行各种广告。"⑤对英美烟公司的打击很大。1931年大中华火柴公司备外货"凤凰"牌火柴倾销，处于危急时刻，该公司还与华成联合推出"美丽"牌火柴，既替"美丽"做了广告，又为大中华打开了销路。"广告，确实对卷烟的推销起过很大的促进作用。华成曾附制火柴一种，即以美丽为商标，行销以来，营业确有显著成效。"⑥抗战期间，各民族企业经营困难，华成亦孜孜以求，不放弃其在卷烟市场上的地位，持续不断在报刊中刊登广告，其广告语"有美皆备，无丽不臻""烟味好，价钱巧"，配合以不同的广告图案，彰显其品牌个性。华成还在重要城市和乡镇绘图油漆广告，在上海、沪宁、沪杭铁路沿线设置铁皮广告，在电影院放映幻灯

---

① 梅汜：《三友实业社》，《机联会刊》1947年第214期。
② 上海档案馆：《吴蕴初企业史料：天厨味精厂卷》，中国档案出版社1992年版，第389页。
③ 同上。
④ 冯鸿鑫：《广告学》，中华书局1948年版，第5页。
⑤ 方宪堂：《上海近代民族卷烟工业》，上海社会科学院出版社1989年版，第127页。
⑥ 同上书，第65页。

片广告等,种种广告措施,对其持续占有市场发挥了很大作用。

南洋兄弟烟草公司借助"五卅"事件的抵货危机,在报纸上广为宣传,"中国人购买中国香烟",为品牌销售创造有利时机,南洋兄弟1925年总销售额为3645.6万元,比1924年的2521.1万元增长了45%。① 而英美烟公司1925年的销售量则由1924年的634624箱减至587950箱。②

五洲"固本皂"问世时,英商"祥茂"牌肥皂早已垄断中国市场。为证实其肥皂比洋货好,五洲借助化学实验,得出"固本皂"的水分为33.56%,纯藻含量为61.24%,"祥茂"肥皂的水分为57.25%,纯皂为36.40%③。还让销售员在柜台上放两碗清水,一个放"固本皂",一个放"祥茂"肥皂,顾客们通过亲眼所见,证实了两种肥皂的优劣,于是"固本皂"受到消费者的欢迎,动摇了"祥茂"牌肥皂的市场地位。20世纪三四十年代,最终战胜了"祥茂肥皂",杨大金在《中国实业志》中记载,"近来粗皂,吾国自制者渐多……较之外国货,已立于有利之地位,可见在此项肥皂已渐自给"④,消费者逐渐摆脱了过去依赖洋肥皂的消费习惯。

染织类民族品牌在提高质量的前提下,也挤占了部分洋货市场。民国初年,河北乃至华北的棉布市场上,主要行销英国出产的"三剑""金狗""牡丹"等牌号的竹布,外观虽然好看,但不耐穿,后来日本的本色12磅"龙头"牌细布,因质地结实,耐穿耐用,逐渐在市场上占据优势,销量大大超过英国竹布。大兴纱厂自1924年生产棉布之始,就瞄准棉布市场的行情,摸准了顾客的消费要求,他们根据"龙头"牌细布的特点,设计生产了同"龙头"牌细布相同规格,相同形式的"山鹿"牌细布(也是12磅)。这种布不仅质地结实,耐穿耐用,而且价格也与"龙头"牌布相同。后来,大兴在生产过程中,采取了"减经加码"的工艺,布面稍显稀疏,便于染色,使外观更加漂亮,手感柔软;加长了尺码,布商乐于经销,消费者也乐于选用。这样,大兴的"山鹿"牌细布很快在市场竞争中显出优势,销路渐畅,排挤了日本"龙头"牌细布的销售。⑤

---

① 参见中国社会科学院上海经济研究所、上海社会科学院经济研究所编《南洋兄弟烟草公司史料》,上海人民出版社1958年版,第220页图标。
② 参见《英美烟公司在华资料汇编》(第二册)第733页中的图表数字。
③ 五洲固本皂药厂:《五洲固本皂药厂研究部管理分析报告》,上海不详,第4—5页。
④ 杨大金:《现代中国实业志》上,商务印书馆1934年版,第490页。
⑤ 杨俊科、梁勇:《大兴纱厂史稿》,展望出版社1990年版,第59页。

1935年，天津东亚毛呢厂生产的"抵羊"牌毛线，由汕头代理处托厦门谦和洋行在厦推销，厦门市"推销国货委员会"给予积极支持，号召全行业予以推广，使得"抵羊"牌毛线达到年销售5万磅的成绩，厦门德忌利士洋行代理的"蜜蜂"牌毛线销数锐减。① 20世纪20年代，景纶衬衫厂生产的"金爵"牌卫生衫问世后，因其质地温软，织造精良，确有胜过舶来品之处，所以出品不久，大受社会人士的欢迎，"同时，外货的卫生衫，也几乎完全绝迹了"②。其中，广告的力量是不容小觑的。

三 累积品牌资产

1. 品牌成为行业标准

为有效抵制洋货品牌，各行业纷纷成立行业组织，建立交易所，如荣氏集团联合面粉业成立上海面粉交易所，茂新公司生产的"兵船"牌粉成为上海面粉交易所的标准牌号。荣宗敬于1920年联合棉纱同业在上海成立了纱布交易所，以控制价格，掌握市场。由于荣氏企业棉纱产品的质量好，产量多，销路广等，其生产的"人钟"牌棉纱，最初是16支，以后是反手20支，在华商纱布交易所里，一开始就被公推为交易所的标准交易商品，此后一直保持到1934年。

2. 品牌上市

近代民族企业亦发行股票上市，如永安公司、大新公司、中国内衣公司、信谊药厂、五洲大药房、中西大药房、明星香水厂、大中华公司、商务印书馆、南洋兄弟烟草公司、天厨味精厂等，在某种程度上亦是其品牌资产累积的结果。

在近代上海证券交易所里，许多民族品牌如棉纱、呢绒、橡胶、绸缎、化妆品、日用品亦榜上有名。

---

① 庄金章：《提倡国货和抵制洋货的回忆》，载厦门市政协委员会《厦门史料辑录》第二辑，厦门市政协委员会1961年版，第37—38页。
② 巴玲：《景纶衫袜厂》，《机联会刊》1934年第109期。

表 4-1　　　　　　1948 年证券交易所民族品牌市价①　　　　单位：万元

行业	民族品牌		外商品牌	
	品牌名	市价	品牌名	市价
棉纱（件）	20 支金城	13200	蓝凤	23400
	章华花呢	525	又 100 派力司	365
橡胶	双钱大平靴	410（涨）		
	回力男套鞋	250		
	回力男鞋	630		
	回力长筒靴	1650		
	回力女套鞋	210		
	回力特制球鞋	630		
	国货汽车胎	4000	外货汽车胎	7500
化工	永利烧碱	9500	300 公斤美货烧碱	8400
化妆品	三星牙膏	540	黑人牙膏	670
	固本牙膏	210		
	明星香皂	440	力士香皂	850
日用品	固本皂	569（涨）	剪刀皂	554（跌）
	美丽火柴	2520（涨）	凤凰火柴	2550（跌）
	美丽牌 250 支	49	老刀	77.5
	金鼠	24.2	吉士	67

从表 4-1 我们可知，近代民族品牌在市场上累积了一定的价值后，成为证券交易所中的名牌产品，尽管与外货品牌相比，仍有一定的差距，但聊胜于无，其品牌"资产"在经历了初建后，得到了一定的发展，尤其是新中国成立后依靠原先的"品牌"名称，引领各行业的复兴，其品牌价值得以凸显出来。

在以质量为前提的基础上，近代民族品牌依靠广告传播在市场上形成了广泛的品牌认知，其营业亦随之大增，尤其是五四运动以后，消费者"消费国货"的心理日渐形成，许多民族品牌在国内市场上与洋货品牌一较高下，甚至将洋货

---

① 《上海商情》，《经济通讯》1948 年 4 月 17 日、4 月 28 日、4 月 23 日、4 月 25 日。

品牌驱逐出中国市场，如"三角"牌毛巾与"铁锚"牌毛巾，"佛手"牌味精与"味之素"，等等。许多民族品牌的销路不仅遍布国内，而且远销海外，成为颇负盛名的民族企业。如笔者在洋洋洒洒的民国文献档案中，发现这么一篇文章《中国粉厂扬声海外——英国人看无锡茂新一厂》，文中提出英国刊物《浦面粉工业周刊》第101卷第25期，1948年圣诞特刊介绍了世界上三家宏大的面粉厂，其中一家即无锡茂新面粉厂，另外两家为荷兰、加拿大的企业，这也是令无数民族企业为之骄傲和自豪的事情。在介绍中国茂新厂时，文中用了"一家现代化的中国面粉厂"作为标题，共八节，五千字三页，插图五帧，"从而证实握有世界最大产麦量之一的中国面粉工业界确有企业性发展时，能不令人刮目而视，兴奋不已！"该报指出无锡茂新一厂不仅为胜利后第一家规模宏大之新型面粉工厂，亦为"名闻全欧之罗宾生工厂，承装新式机械之第一家制粉工厂云"①。可见，近代民族品牌的名声亦随其质量和品牌传播的力量"广告"带到国外。但是在洋洋自得之时，亦须注意到，民族品牌的广告传播，也产生了许多负面效果，日报广告中烟草、医药广告为大宗，在外人看来，中国仿佛都是病鬼和酒鬼。"细查日报上之广告，纸烟广告占地为最多，其次即为书业，及各药房广告。"②"神药广告是近数年中国报纸上的新纪元。"③好像中国人需要补品的人特别多，孱弱得可怜。难怪外国人讥讽我们是"东亚病夫"。各行业在报纸广告中的版面分配问题，一方面反映着当时的社会现实，另一方面也暴露出当时的报纸对送登广告不加选择，缺乏行业自律。

第二节　　广告话语与社会影响

美国历史学家大卫·波特曾说，现在广告的社会影响力可以与具有悠久传统的教会及学校相匹敌。广告主宰着宣传工具，它在公众标准的形成中起着巨大作用。④ 广告是社会的一面镜子，反映着不同时代的文化、生活和社会政治。戈公振在《中国报学史》中提到广告的功效时，他说："广告为商业发展之史乘，亦

---

① 立仁：《中国粉厂扬声海外：英国人看无锡茂新一厂》，《面粉工业》1949年第6—7期。
② 蒋裕泉：《实用广告学》，商务印书馆1931年版，第3页。
③ 陈定闳：《从报纸广告看中国社会》，《民主与统一》1946年第11期。
④ [美]舒尔茨：《广告运动策略新论》，刘毅志译，中国友谊出版公司1991年版，第1页。

即文化进步之纪录。人类生活，因科学之发明日趋于繁密美满，而广告即有促进人生与指导人生之功能。……故广告不仅为工商界推销出品之一种手段，实负有宣传文化与教育群众之使命也。"① 国人在民国时期，亦认识到广告不仅是一种经济传播现象，同时亦是一种文化现象，是社会各种文化的融合与象征。

近代民族品牌在动员国民消费购买民族品牌时，其广告诉求方式有很多种，其中"国货""著名国货"是其显要特征，其所强调的"中国人请用国货""挽回利权"等，已省去了对产品功能价值的描述，更加强调产品的符号价值。这是对近代中国遭遇西方列强军事经济侵略的意义生产，民族企业家试图从广告层面，利用手中的商品，通过大众媒介对近代国民实施一种有效动员，希冀国民行动起来，消费国货以挽救国家经济安全，防止利源外流。尽管这一动员不能使所有消费者在心理上达到感情上共鸣，即消费国货的心理认同，但是某种程度上，其通过广告等媒介反复强化的民族主义和爱国主义，在消费领域构建了民族品牌的文化意义和象征意义，整合了国民个人在近代民族国家里的社会身份和民族认同。民族品牌的广告话语，以推销消费主义为己任，这种通过商业广告不断强化的消费趋势，在消费者心目中不断生产出"诱导消费""消费爱国"的心理机制，从而成为推动近代民族企业发展的社会认同和定位需求，成为民族品牌区别洋货品牌的个性表达。

广告不是脱离社会而存在的，它总要依赖社会上的某些东西而存在，"在某种意义上，广告反映出了它周围的'现实'"②。中国近代是战乱频仍的时代，在此环境中成长起来的民族品牌，其广告除与其自身的品牌个性相关，还与其赖以生存的政治经济环境密不可分，因此本书以民国成立、五四运动、五卅事件、"九一八"、"一·二八"、七七事变、抗战胜利为外部环境的节点，前后选取《申报》15 天报纸上的民族品牌广告为样本，既结合了近代中国政治上的几次大事件，又同时对民族品牌的黄金时段，20 世纪二三十年代的关注较多。同时，为避免《申报》一家之言，还结合其他著名报刊，如《新闻报》《大公报》《东方杂志》等分析其广告话语表达方式的变化与坚持，从社会学和符号学的角度关注民族品牌广告话语与个人、社会、国家之间的互动和意义生产。

---

① 戈公振：《中国报学史》，生活·读书·新知三联书店 1955 年版，第 220 页。
② [美] 苏特·杰哈利：《广告符码：消费社会中的政治经济学和拜物现象》，马姗姗译，中国人民大学出版社 2004 年版，第 223 页。

一　民族品牌广告话语

1. 民国成立前后的民族品牌广告话语

民国成立前后,《申报》上出现的民族品牌有五洲大药房的"人造自来血"和"助肺呼吸香胶",其广告均以"健康"为诉求,如人造自来血的广告,"广告语——人之生也,无论男女老幼,其身体之强健,精神之充足,寿命延长,百病不侵者,斯何故欤,曰血足故也。问有身体孱弱,头晕目眩,四肢乏力,腰酸腿痛,夜眠多梦,一举步而即心惊心跳者,斯文又何故欤,曰血虚故也,外此文有男子肾水既亏,梦遗……补血又能补肾,瓶底码字方为真。"① 同时将"人造自来血"定义为"强国强种之原料"。其广告诉求,仍以产品的使用价值为主,医药广告似乎都是如此。

图4-8　人造自来血广告　此广告每日刊登

与同时期的洋货品牌相比,其广告创意与表现略显粗糙,无图画配饰,以单纯的文字叙事,虽能将产品特点一一展现,但由于读者在翻阅报纸时的注意力有限,如无特别需求,不会在茫茫字眼中注意到很小的信息。同时期的"仁丹"广告,以大版面示人,版面设计以斜切的方式一分为二,左上为产品功用和适用范围,"仁丹者,实军人官员绅士淑女学生等之,各界必备之神药也"②;右下以固定的品牌标识,翘胡子的军人形象出现在城楼上,城楼外各界人士蜂拥抢购,营造其产品畅销中外的品牌声誉。

同时期《新闻报》上出现的民族品牌有启新洋灰公司的"缸砖",其诉求以

---

① 《申报》1911年12月28日。
② 《申报》1912年1月7日。

南洋劝业公会获奖证明，同时将产品的科学特质"禁火力达至一千八百度"告知读者。《东方杂志》这一时期的民族品牌也以上海五洲大药房的"人造自来血"和"女界宝"为主。杂志广告的广告表现，因版面不受限制，且不受其他广告干扰，比报纸广告略胜一筹。

图 4-9　启新洋灰广告　　　图 4-10　女界宝广告　　　图 4-11　自来血广告
《新闻报》1911 年 11 月 15 日　《东方杂志》1912 年第 9 期　《东方杂志》1912 年第 9 期

2. 五四运动时期的民族品牌广告话语

随着国人广告观念和品牌意识的增进，这一时期刊登在报纸上的民族品牌也随之增多。刊登在《申报》上的广告有五洲大药房的"人造自来血"，三友实业社的"三角"牌卫生软毛巾、张裕葡萄酒、冠生园、"大吉"牌香烟、香亚公司、"无敌牌牙粉"、双妹老牌化妆品、永安公司等 19 个民族品牌，其广告话语表现如表 4-2 所示。

表 4-2　　　　　　　《申报》五四时期民族品牌广告话语表现[①]

行业	品牌名称	标题	广告诉求	广告表现
医药	人造自来血	自来血	功效	文图
		陈幕镇南栅陆乐民君证明自来血有愈四肢困乏悲痛腰酸之患	证言	文图
		血液为金钱之代价	功效	文字

①　此表根据《申报》1919 年 4 月 27 日至 5 月 10 日制成。

续表

行业	品牌名称	标题	广告诉求	广告表现
染织	三角牌卫生软毛巾	请提倡购用国货 部准注册，禁止冒牌	国货 情感	文图
饮食品	张裕公司精酿西法红白葡萄酒、白兰地酒	爱国诸君饮，盖日饮一杯乎 益气补血，壮志强身	推介	文字
	冠生园	谨告代售冠生园结汁牛肉者有鉴 奸商模仿本牌	提醒	文字
卷烟	大吉牌香烟	请吸大吉牌香烟	国货	
		吸大吉牌香烟者注意 三月份可得赠品唐僧画片	赠品促销	文图
	黄鹤楼牌香烟、双童牌香烟	注意优等国货上等烟叶 二十只可换购原香烟	赠品促销	文图
	和平烟	和平烟出世 五十只换赠月份牌	赠品促销	文图
	双喜牌烟	民生问题、利权问题、爱国主义	爱国 情感	文图
	和平香烟	金钱问题 利权损矣	爱国	文图
	双鸟牌香烟	双鸟牌香烟 便宜上等烟叶	推介	文图
	大喜与双喜牌香烟	耻 请用国货	爱国	文字
	中国牌香烟 金鼎牌香烟	上海振胜制烟厂新出品	推介	文图
化学工业	香亚公司生发香油	香亚公司生发香油， 香气馥郁，光润无比	美女代言	文图
	无敌牌牙粉	爱用无敌牌牙粉者鉴 无敌牌牙粉之十大功用	功效	文字
	双妹老牌化妆品	双妹牌花露水 超等白玫瑰香水	功效	文图
	广生行	九周年纪念所有货物减价五天	促销	文图
	保险牌牙粉	国货牙粉中之霸王	推介	文图

续表

行业	品牌名称	标题	广告诉求	广告表现
百货服务	永安公司	新乐府 商战商战，欧风丕焕，慨我中国，牛后是作	推介	文字
		大减价二十一天	促销	文字
	先施公司	大减价二十一天	促销	文字

这一时期的广告诉求，以烟草业为例，更多地以"国货香烟"为主题进行推广宣传。"大吉"牌香烟的广告，"香烟每岁输出不下数千万金，恐长此以往中国大好之金钱，势将化为尘土矣，愿爱国诸君，请以爱国为前提，而购此完全国货之香烟"①。

南洋兄弟烟草公司的诸多品牌，全部打出"国货"字眼，与市场上的英美烟公司展开针锋相对的竞争。其中"双喜"牌香烟，从孙中山先生的"三民主义"出发，为其品牌诉求寻找合理的连接，"民生问题""利权问题""爱国主义"。"烟叶虽小，负担甚重，爱国同胞，选择是用，民贫国弱，痛定思痛，不早回头，利权断送，双喜纸烟，气味香浓，吸之吸之，乐亦无穷，敬告中国主人翁。"②"和平"牌香烟，广告标题"金钱问题"，"纸烟利权损失，岁以数字万计，国人其知之否乎。遂请吸回本国制品，以塞此漏厄也。况本公司之香烟，实驾乎舶品之上，不信者，请一试之"③。"双喜"与"大喜"牌香烟，广告标题"耻"，"请用国货"，广告语为"心要明，耳要聪，强者日恣睢，弱者悲呼惨，但几无地以自容。弱者受辱固应而，奈何虎伥作恶，至今犹不止，噫嘻吁天崩地坼会有时，惟我黄魂终不死"④。五四时期，南洋借助于"国货"广告宣传获得了消费者的认同，营业额大幅度提升。

此时期民族烟草业发展迅速，在与英美烟公司竞争的同时，各民族品牌之间亦开始用"赠品"的方式，或以画片，或以月份牌，或赠以原牌香烟等来吸引消费者，使其长期购买形成消费习惯，从而构建品牌忠诚。

百货服务类品牌的表现方式以文字为主，多以促销降价来吸引顾客，而化妆品、医药类以功效诉求为主，或以美女推介，或以消费者证言来为其功效保证，使消费者信服。

同时期的《新闻报》和《东方杂志》等，民族品牌没有超出《申报》范围，

---

① 《申报》1919年4月27日。
② 《申报》1919年5月4日。
③ 《申报》1919年5月7日。
④ 《申报》1919年5月9日。

其创意表现大致与其相同，不再一一列出。

3. 五卅运动时期的民族品牌广告表现

1925 年左右的中国近代民族工业，已呈现出百花齐放百家争鸣的发展态势，其在《申报》上出现的有黄楚九经营的五洲大药房、九福公司、中法大药房的"百龄机""艾罗补脑汁""急救时疫水"，南洋兄弟烟草公司的"长城"牌香烟、"金龙"牌香烟，华成烟草公司的"金鼠"牌香烟等，共 25 个品牌，其广告诉求表现如表 4-3 所示。

表 4-3　　　　《申报》五卅运动时期民族品牌广告话语表现①

行业	品牌名称	标题	广告诉求	广告表现
医药业	百龄机	闷损服百龄机，心神爽快 疲倦服百龄机，精力饱满	功效	文字
		据化验部报告近来到本公司验痰者十之三四痰中有结核菌	功效	文字
		体虚脚肿请服百龄机	功效	文字
		四川人注意四川省百龄机分销处	推介	文字
		气喘痰多　治本病之经验谈	医士证言	文字
		大人物之精神	名人证言	文字
		前驻义公使吴宗濂先生年交七十服百龄机得种种功效	名人证言	文字
		胃痛却食	功效	文字
		说梦　服百龄机可以镇神安脑缓和刺激	功效	文字
		母乳　乳母服百龄机　身体强血足乳汁浓厚	功效	文图
		人体大小轻重长短之比较 服百龄机助长发育增补精血使体格日渐魁梧	对比功效	文图
		御外侮	比兴	文字

---

① 此表根据 1925 年 5 月 23 日至 6 月 6 日《申报》制成。

续表

行业	品牌名称	标题	广告诉求	广告表现
医药业	艾罗补脑汁	如此治疗必可绝迹	功效	文字
		弥补人体弱点	功效	文字
		名满天下 功效奇伟	对比功效	文字
		脑筋感受激烈刺激 头晕神昏 请服艾罗补脑汁	功效	文字
		数十年来天下驰名 无论何人一瓶见效	推介功效	文字
	急救时疫水	急救时疫水	品质	文字
	人丹	良心不泯赶快购用国货	爱国 情感	文字
	非洲树皮丸	说脑	科学	文图
卷烟业	长城牌香烟	请吸国货小长城香烟	爱国 情感	文图
		注意国货与人格——漏厄！	人格	文图
	金龙牌香烟	金龙牌香烟为最名贵之香烟	诗歌场景	文图
	金龙、长城、联珠、爱国、金字牌等香烟	爱国者请吸国货香烟	推介	文字
	金鼠牌香烟	风行海内 驰誉全球	推介	文字
		形影不离	场景	推介
		金鼠牌香烟 静待公理解决	情感	推介
	百乐多牌香烟	百乐多牌香烟赠品启事	促销	文图
	双烟牌	国货香烟	推介	文图
	龙门牌香烟	热心爱国请吸龙门牌香烟	推介	文图
	爱美克牌等	敬告同胞救国雪耻之根本方法其速提倡国货	推介	文字
	兴业烟公司	请记记枪杀徒手学生的惨剧 快快的购用国货挽回利权使祖国日富日强	恐怖	文字
	中南牌香烟	国货	文字赠品	文图

续表

行业	品牌名称	标　题	广告诉求	广告表现
染织工业	老鹰钟牌丝绵袜	袜中之王	品质	文图
		袜中之王 所以能推销至国内外 开幕廉价只有五天	促销	文图
	狗头老牌袜子	狗头老牌大减价	促销	文图
	透凉罗蚊帐 三友实业社	你来看	品质	文字
		哭南京路被害的学生	恐怖诉求	文图
	三角牌棉织品	三友实业社门市部	推介	文字
时装	ABC 内衣	现代最完善的新式汗衫	推介	文图
化学工业	双妹老牌艳颜水	双妹颜语	故事体	文图
	双妹老牌生发油	提防假冒双妹老牌生发油	提示	文图
	金钟牌化妆品	农商部注册香亚商标	提示	文图
	陈嘉庚橡皮底	国货明星	推介	文图
百货服务	先施公司	先施公司 本公司设厂自造中西家具……	推介	文图

　　五卅运动期间抵制英货，英美烟公司的销售一落千丈。许多报纸拒登英美烟公司广告，社会上拒吸"大英"牌香烟，这给民族卷烟业带来一个绝好的发展机会。南洋兄弟烟草公司乘势而上，在报纸上大做广告宣传，呼吁国人购买国货香烟，长城香烟，"爱国之心，人皆有之，故凡欷客，必用国货香烟，否则人必以君为慢矣……"① 广告中两位身穿中式长袍的男子，互相作揖递烟，表达中国人当吸国货香烟的品牌诉求。

　　长城联珠香烟广告，"吾人今日唯一之救过方法，即为提倡国货，挽回国权，同胞爱国，请速提倡国货，长城联珠等香烟你最要之一法也"②。广告中把提倡国货挽回利权，同长城联珠牌香烟联系在一起，催促消费者速速购买。

　　华商烟草公司自 1925 年 5 月刊登广告后，其品牌诉求，一直追随南洋兄弟烟草公司，采用大版面示人，每日刊登三则四分之一版广告，品牌口号"爱用国

---

① 《申报》1925 年 5 月 23 日。
② 《申报》1925 年 6 月 3 日。

第四章　近代民族品牌广告传播效果分析

货请吸××香烟""提倡国货"① 等来感召消费者，如此大版面大手笔，在"五卅"期间表现卓著。

"五卅"事件发生后，民族品牌中反应速度最快者为三友实业社，其在6月1日的《申报》刊登了以"哭南京路被害的学生"为醒目标题的巨幅广告。这则广告约占当天《申报》一版的半版篇幅。广告以标题第一字"哭"套红的大片"血迹"作底，并放大为其他字的2倍。上面还印有一个泪流满面愤怒的人头，形成强烈的视觉刺激。洋洋洒洒五六百字，慷慨激昂，感人肺腑。其内容先是号召"未死之中国同胞，一醒睡狮之梦，三省戴天之仇，努力奋起，以雪是耻"，接着把雪耻的实际行动引入抵制洋货、购用国货的主题。该广告以提问的方式号召"未死之中国国民"，应该认识到："南京路之子弹有限，合中国之子弹无穷。此后尔愿着外货之毛丝纶乎？抑愿着国货之自由布乎？尔愿用外货之珠罗纱乎？抑愿用国货之透凉罗乎？尔愿作冷血动物乎？抑愿作热血之人类乎？当尔觉悟用国货可以作一子弹无形之抵抗时，则今日学生诸君虽死，亦可作挽救中国民气之动点矣。"② 在当时特定的历史条件下，这则广告以血红的画面，有点血腥味的味道引起人们的恐惧不安和警醒，从而起到了较平时更为突出的抵制洋货和推销国货的作用。6月14日，三友实业社再一次以"请看今日之域中，竟是谁家之天下？"呼喊大家觉醒，号召国人购买国货"三角"牌毛巾等产品。

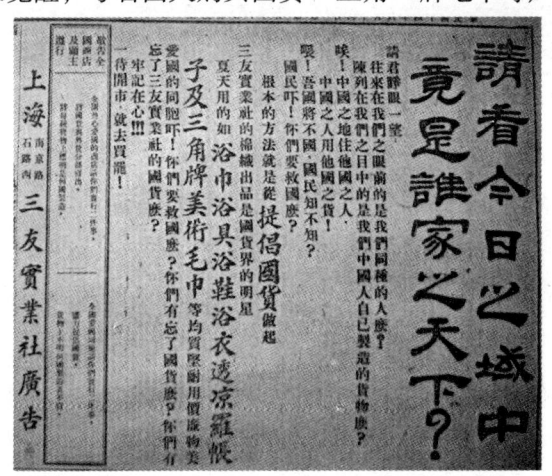

图4-12　三友实业社广告　《申报》1925年6月14日

---

① 《申报》1925年6月4日。
② 《申报》1925年6月1日。

相对三友实业社而言，其他品牌对"五卅事件"的反应要迟缓些，如华成烟草公司、兴记烟草公司、九福公司、中法大药房、南洋兄弟烟草公司、广生行、张裕公司等，在时隔几日后才做出回应。在广告创意表现方面，"金鼠"牌香烟的广告话语更为理性幽默，以抚慰群众躁动心情的公共形象出现在大家面前，劝导大家要平静，不要冲动，"静待公理解决，切勿任意暴动。诸公少安毋躁，且吸金鼠香烟"①。先博得大家的好感和信任，然后再推荐产金鼠牌香烟，循循善诱之间表达企业之责任，相信静待公理自然解决。

图4-13　张裕公司广告　《申报》1925年6月21日

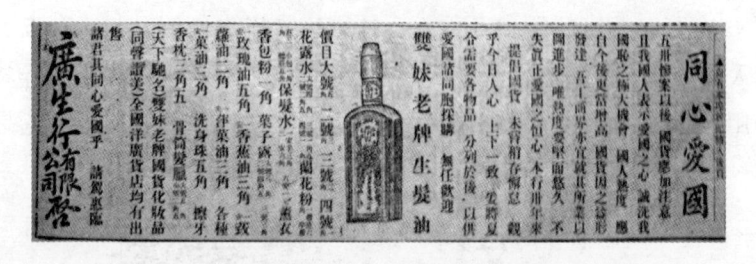

图4-14　广生行广告　《申报》1925年6月15日

《东方杂志·五卅专刊》上出现的民族品牌，除上述以外，还有启新公司的"马牌"洋灰、上海鸿章纺织染厂、中华化学工业社的观音粉、泰丰罐头食品有限公司的"双喜"牌食品、香亚公司的"金钟"牌花露水、梁新记的"双十"牌牙刷等，其广告话语亦以"国货"为号召，呼吁国民购用国货。

4."九一八"期间民族品牌的广告话语

20世纪30年代初，民族烟草业发展旺盛，其中华成、华商烟草公司等的广告话语，更显娴熟，通过长期固定的广告宣传，品牌形象深入人心。1931年，江淮流域发生近代以来最大的水灾，受灾区域达16个省，百货公司在这一时期发起赈灾特卖会，先施公司除向"国府赈灾会及湖北、安徽、湖南、江苏、江西

---

① 《申报》1925年6月6日。

等各省水灾急赈会分别捐充洋二万四千元外"①，9月14日至18日，将售货总额的10%全数捐助各省水灾急赈会以表"心系同族"之理想。新新公司全体职员捐助一月四分之一薪金，并于9月21日在屋顶花园举行"上海游艺演员公会"，连同举行空前大集合大规模筹款助赈游艺大会，将三日内所得售资全数捐助赈灾，场内不再募捐，号召"多来一人，多救一命"②。永安公司也于9月15日，在"永安乐社表演粤剧筹赈水灾"。众企业孜孜求利以图，能略表拳拳爱国爱民之心，实为可敬。

此时期，《申报》上出现的民族品牌有"先施""永安""新新""美丽"牌香烟、"金鼠"牌香烟、"芬芳"牌香烟、"百龄机"等共39个，其广告诉求表现如表4-4所示。

表4-4 《申报》"九一八"时期民族品牌广告话语表现③

行业	品牌名称	标题	广告诉求	广告表现
百货服务	先施公司	先施公司特别大减价廿五天八月廿日起	促销	文字
		减价期内依照来价发售	推介	文字
		九月十四日起至十八日止五天收获总额提出百分之十全数捐助各省水灾急赈会	公益	文字
	国货商场	大减价廿一天	促销	文图
		大减价二十一天 应时货品 搜罗完备	促销	文图
	新新公司	新新公司大减价 绸缎大竞卖	促销	文字
		新新公司大减价只有六天	促销	文字
		新新屋顶花园上海游艺演员公会联同举行空前大集合大规模之筹款助赈游艺大会	公益	文字
	永安公司	永安公司十三周年大减价最后三天 永安乐社表演粤剧筹赈水灾	促销	文字
	大新公司	大新绸缎局周年纪念大廉价	促销	文字

① 《申报》1931年9月14日。
② 《申报》1931年9月21日。
③ 此表根据《申报》1931年9月11日至25日制成。

续表

行业	品牌名称	标题	广告诉求	广告表现
卷烟	美丽牌香烟	如花美眷流连丽景吸美丽牌香烟倍增佳兴	场景	文图
	金鼠牌香烟	烟味好　价钱巧	推介	文图
	芬芳牌香烟	气氲缭绕　芬芳馥郁　花香烟香迷离扑朔	场景	文图
	红大喜香烟	各界一致赞扬	名人证言	文图
	各花牌香烟	各花牌香烟　烟味若各花之芬芳	场景	文图
	船主牌香烟	本公司特出念支装船主牌香烟香烟大王	推介	文图
医药	百龄机	人体之肥料	功效	文字
		康健秘诀	功效	文图
		百龄机之效力	功效	文图
		早婚者鉴	功效	文图
		滋补全身功效	功效	文图
		大不劳倦	功效	文图
		母健儿肥	功效	文图
		多病的妻	功效	文图
		百龄机之补力　补血　补精	功效	文字
		百龄机滋补全身功效	功效	文图
		多做三十年事业	功效	文图
		百龄机基本效力有补血之效力，有健胃之效力，有滋阴之效力	功效	文字
	地球老牌杀蚊香	燃香一盘终夜安眠次日办事精神爽健	功效	文图
	人造自来血	致力滋补	功效	文字
	亚林防疫臭水	减菌消毒　辟疫保安	功效	文图
	艾罗疗肺药	润肺气　清肺热	功效	文字
	呼吸香胶	秋凉多咳	功效	文图
	艾罗补脑汁	唯一健脑圣药	功效	文字
	中法大药房	秋季大廉价大赠品廿五天		

续表

行业	品牌名称	标题	广告诉求	广告表现
染织工业	三角牌帐料	卫生帐料	对比	文字
	秋季女孩套衣	秋季女孩套衣	对比	文字
	三友实业社	改良服装展览会今日开幕	推介	文字
		改良服装博览会后：三友实业社大减价七天	促销	文字
		语妙双关 三友实业社大减价七天	故事体	文字
		改良服装博览会道谢（二）	推介	文字
		快人快语 三友实业社大减价七天	故事体	文字
		一鳞半爪 三友实业社减价只余两天了	故事体	文字
	二一二	名言论证	故事体	文字
		今之"耆英会"	故事体	文字
	章华呢绒哔叽	真正国货呢绒	推介	文字
	三星棉织厂	请到三星棉织厂参加路市展览大会陈列室去看国货出品		
	安禄棉织厂	包脚布面孔 安禄棉织厂 八折	故事	文字
化学工业	双妹老牌牙膏	笑容可掬	场景	文图
		超等牙膏	消费者推介	文图
	永美牌扁瓶霜	运动家喜用永美牌扁瓶霜盖以其能保护肌肤不为风日所侵也	场景	文图
	中国化学工业社	中国化学工业社举行二十周年纪念优待客户购货银百元奉赠代价券二十五元	促销	文字
	雅霜	国货化妆品之最先发行者，首推雅霜	功效	文图

续表

行业	品牌名称	标题	广告诉求	广告表现
化学工业	孩儿面	国货润面剂中之唯一妙品 滋润手脸 四季咸宜	文字	功效
		应用及时的唯一润面妙品	功效	文图
	宝塔牌香妃霜	驰名盛销 美容极品	推介	文图
	景德瓷器公司	四周大减价纪念一月	促销	文字
	天一味母	以沉毅猛勇之精神 永远对日经济绝交	国货	文图
饮食品	杏花酒楼	著名中秋月饼上市	推介	文字
	冠生园陈皮梅	冠生园陈皮梅 秋节送礼 人人欢迎	推介	文字
	先施公司	先施公司特聘苏广名厨精制各式月饼	推介	文字
	冠生园月饼	独步海上无人不爱的 冠生园月饼	推介	文字
		冠生园科学烘焙月饼秋节礼品	推介	文图
		冠生园欧化月饼	推介	文字
机电工业	亚浦耳	创制之红绿电灯物质精良 为点缀国庆佳节之必需品	品质	文图

　　在此时期，打"国货"牌的广告诉求不多。1931年7月，日本侵华"万宝山"事件，各民族品牌的广告诉求并未发生太多改变，唯有天一味母，在广告语中直指日本，"以沉毅猛勇之精神 永远对日经济绝交"①，号召国民购买国货调味品，"本厂为万宝山案件，不惜巨大牺牲，廉价一万箱以副爱用国货诸君盛意"②。借万宝山事件，进行廉价促销，以表企业社会责任。

　　棉纺业中三友实业社的广告诉求，每日用故事体的小说，将产品利益植入其

---

① 《申报》1931年9月24日。
② 同上。

中，幽默风趣，如语妙双关、快人快语、一鳞半爪等，符合了国人对传统文化的消费心理。在广告布局上，"留白"以刺目，更加清晰易读。

《申报》1931年9月11日　　　　　　　　《申报》1931年9月15日

图4-15　三友实业社广告

这一时期出现在《新闻报》上的民族品牌根泰公司的"合和粉"，广告语"真是每饭不忘"①。还有华品烟公司的"三妹"牌香烟，广告语"星期日，约朋友和腻友作郊外旅行，切记不要忘了她"②。同时配以好友相伴户外旅游的场景，美哉快哉。

5."一·二八"时期民族品牌的广告话语

近代民族品牌中，烟草业发展旺盛，华成烟草公司的两个拳头产品——"美丽"牌香烟、"金鼠"牌香烟在报纸上刊登活跃，或以头版整版出现，或以三分之一竖版、四分之一版每日出现，其广告话语诉求已发展成熟，"有美皆备，无丽不臻""烟味好，价钱巧"，配以各式生活场景变化出现，表现出成熟的品牌形象。其他烟草公司南洋兄弟、福昌烟草公司等在这一时期也表现出众，福昌烟推出"马占山将军香烟"，借用抗日英雄"马占山"的影响推销香烟，"慨自逆寇凌边恣行吞略我东北膏腴，遂于不抵抗之下，竟付沦亡，独马占山将军，以饥寒久疲之孤军当锐气方张之强敌，风气变色，百折不挠，武穆而下，千载一人，愿同胞吸此至高无上之极品马占山香烟，闻风兴起，共图大事也"③。同时，每箱香烟提慰劳金十元，支持抗战。

---

① 《新闻报》1931年8月15日。
② 同上。
③ 《申报》1932年1月23日。

图 4-16 "马占山将军香烟"广告 《申报》1932 年 1 月 3 日

这一时期,出现在《申报》上的民族品牌有先施公司、永安公司、"美丽"牌香烟、"金鼠"牌香烟,还有上海烟公司的"克雷斯"牌香烟、"发达而"牌香烟等 32 个,其广告诉求表现如表 4-5 所示。

表 4-5 《申报》"一·二八"时期民族品牌广告话语表现①

行业	品牌名称	标题	广告诉求	广告表现
百货服务	先施	先施公司特别大减价廿一天	促销	文字
	先施	购买皮货者之福音	促销	文字
	永安	大减价只有二天	促销	文字

① 此表根据《申报》1932 年 1 月 21 日至 2 月 1 日制成,自 2 月 2 日起,《申报》出版临时专刊,无广告。

续表

行业	品牌名称	标题	广告诉求	广告表现
卷烟	美丽牌香烟	有美皆备　无丽不臻	场景	文图
		有美皆备　无丽不臻 古之人恒爱……	场景	文图
		小枝美丽牌香烟 有美皆备　无丽不臻	场景	文图
		有美皆备无丽不臻 　本公司小美丽牌香烟畅销两粤……	推介	文图
	金鼠牌香烟	烟味好　价钱巧	场景	文图
	金带牌香烟	请吸完全国货金带牌香烟 第一次牺牲大赠品十万元	促销	文图
	马占山将军香烟	伟人名烟　并垂不朽 每箱提慰劳金国币拾元	名人	文图
	七星牌香烟	七星牌高贵香烟 拣用顶上烟叶　制造特别精良	推介	文图
	金库牌香烟	金库牌香烟　五十支每听大洋五角　二十支每包大洋两角	功效	文图
	联珠牌香烟	美人有落雁之容　联珠有特殊之味	场景	文图
	克雷斯牌香烟	克雷斯名贵香烟　每听售洋七角五分	推介	文图
	发达而牌香烟	每听六角五分　本埠售洋五角 上等舶来品香烟竞赛结果　发达而为经济香烟中之最经济者	比较	文图

· 169 ·

续表

行业	品牌名称	标题	广告诉求	广告表现
医药	自来血	冬令尤宜	功效	文字
	百龄机	胜利	功效	文字
		功效试验	功效	文字
	艾罗补脑汁	长夜漫漫 何以挨度	功效	文图
		功用一般	功效	文字
	助肺呼吸胶	此胶功能补助肺经调节气管	功效	文字
	九福乳白鱼肝油	九福乳白鱼肝油功用	功效	文图
	中法大药房	大廉价大赠品	促销	文字
	麦精鱼肝油	地球商标 购者注意	推介	文图
	地球牌牛痘苗	今冬天气干燥少雪 各处已有天花发现 种牛痘为防止天花第一要法 本药房之地球牌牛痘苗	功效	文字
	补力多	补力多	功效	文图
		举例	科学论证	文图
	虎标万金油	世间至奇至妙之药 莫过于永安堂虎标万金油	推介	文图
化学工业	无敌牌蝶霜	洁白光嫩 附小圆镜 蝶霜有显著功效	功效	文图
	无敌牌洁白牙膏	无敌牌洁白牙膏	功效	文字
	双妹老牌茉莉霜	清香如茉莉 洁白似冰霜	场景	文图
	双妹老牌牙膏	食而不知其味 双妹老牌超等牙膏	功效	文图
	广生行	适合现代人生的需要 双妹老牌超等牙膏 双妹老牌生发油 双妹老牌雪花膏		
	五洲美容霜	保护娇容 上等香品	推介	文图
	香亚公司	新年赠品 买一送一	促销	文字

续表

行业	品牌名称	标题	广告诉求	广告表现
染织工业	三友实业社	三友实业社大减价又送水仙	促销	文字
	安禄棉铁厂	减价赠品	促销	文字
饮食品	冠生园	大减价今天	促销	文字
		应时糖果食品	推介	文字
		社会上需要的冠生园现代化食品	推介	文字
		人人皆欢迎 家家皆合用的	推介	文字
	105巧克力糖	冠生园食品本年度新出品	推介	文图

此时期的医药业仍是重中之重，黄楚九经营的中法大药房、九福公司、五洲大药房，除旧有产品外，不断开发新的药品，还涉足美容产品，推出"五洲美容霜"等。

6. 七七事变时期民族品牌广告话语

20世纪30年代，化学工业的发展日渐成熟，除了中国化学工业社、广生行、家庭工业社继续高歌猛进引领中国日用化工用品外，久大盐业、五洲大药房也纷纷推出日用品牙膏等。热水瓶、搪瓷、油漆等也出现了许多著名品牌，其广告诉求多倾向于推介和场景式介绍。烟草业中，华成烟草公司、南洋兄弟烟草公司仍是民族烟草业的龙头，华成烟草公司在广告诉求表现上更趋完善，这一时期的广告力推"金鼠"牌香烟，每日刊登。南洋兄弟烟草公司的广告诉求相对单一，如"白金龙""红金龙"等，版面也小，广告语极为简短，缺乏个性化表现。这一时期，出现在《申报》上的民族品牌共68个，其广告话语诉求如表4-6所示。

表4-6 《申报》七七事变时期民族品牌广告话语表现①

行业	品牌名称	标题	广告诉求	广告表现
化学工业	三星牙膏	标准品质！标准价格！	名人	文图
		品质最高 牌子最老	场景	文图
		品质最高 牌子最老 常用三星牙膏能使牙齿洁白牙龈坚固永绝牙患	推介	文图

① 此表根据《申报》1937年6月30日至7月14日制成。

续表

行业	品牌名称	标题	广告诉求	广告表现
化学工业	三星蚊香	三星蚊香停止调换白玉牙膏通告	推介	文字
	双妹牌花露水	提神醒脑　辟机解暑	推介	文图
		夏令必备	场景	文图
	双妹老牌	双妹老牌化妆品　今昔之美	推介	文图
		花露水　提神醒脑　夏令必备　生发油　用此发油自觉头上光泽不腻馨香扑鼻	场景	文图
		爽身粉　花露水	功效	文图
	双妹牌爽身粉	浴后用此粉扑身周身爽快且无热痱疮疖及皮肤恶患	功效	文图
	五洲固本皂	痱子窘人眠不得	功效	文图
		五洲固本香皂　固本药皂	功效	文图
	三星消毒药皂	除垢杀菌　卫生必备	推介	文图
	海王牙膏	中国首创　盐质配制	功效	文图
	无敌牌牙粉	擦面牙粉　前门牙粉　黑牙散　雪齿粉	功效	文图
	无敌牌牙膏	无敌牙膏　以钙晶为去齿石之主力	功效	文图
	立鹤牌搪瓷	立鹤牌面盆	场景	文图
	三八纽扣	三大特点	场景	文图
	金钱牌镕铜罐	耐火坚固	推介	文图
	三元老牌	各式俱备　花样时新　坚韧耐用适足称心	推介	文图
	美术香皂	异军突起　美容妙品	推介	文图
	八卦牌擦铜油	老牌国货　价廉物美	推介	文图
	双鱼牌热水瓶	藏沸藏冰　冷热由之	推介	文图
	五洲空心蚊香	杀蚊功效特强　国人应用国货	推介	文图

续表

行业	品牌名称	标　题	广告诉求	广告表现
化学工业	沙漏水瓶	夏令之宝	推介	文图
	康元制罐厂	赠送活动教育玩具	促销	文图
	长城 凤车牌油漆	国货老牌油漆	国货	文图
	一三一牙膏	健龈洁齿　味如留兰　日常擦用保护牙齿	功效	文图
卷烟	美丽牌香烟	我们大家永远爱吸	场景	文图
		香味隽妙　适合上等人口味　有美皆备无丽不臻	场景	文图
		觅胜地以避暑　吸好烟而生凉　有美皆备无丽不臻	推介	文图
	金鼠牌香烟	小金鼠香烟真真有味　所以依常常爱吸	推介	文图
		病菌之敌	功效	文图
		种种优点为老吸客常常称道	推介	文图
		烟味研究得保你合口而满意	推介	文图
		始终保持着烟味好价钱巧的一贯主义	推介	文图
		烟味隽永　引人入胜　烟味好价钱巧	推介	文图
		美丽的风景　清香的烟味　使人欣赏　令人可爱	推介	文图
		是烟料既精，制法尽善，所以上口清香四溢，多吸嘴不知燥……	推介	文字
		饭后一支　可供消化	推介	文图
		小金鼠牌是最够味的香烟	推介	文图

续表

行业	品牌名称	标题	广告诉求	广告表现
卷烟	红金龙香烟	红金龙	推介	文字
		红金龙　红金龙	推介	文图
		红金龙　全国风行	推介	文图
		烟好价廉　每包铜圆十一枚	推介	文图
	白金龙	白金龙	推介	文图
		优美精良	推介	文图
	中兴牌香烟	恭祝上海市政府成立十周年	公关	文图
	派克牌香烟	富丽堂皇　精美绝伦	推介	文图
医药	中法大药房	中法大药房大赠品一月	促销	文字
		龙虎人丹、罗威沙而　象牌急救时疫水　双狮牌灭蚊香　双狮牌花露香水　庆祝上海市政府成立十周年纪念	公关	文图
		五洲空心蚊香　良丹	功效	文图
		象牌急救时疫水　七八九十滴救命在顷刻	功效	文图
	五洲药房	夏令赠品　只有两天了	促销	文字
	人造自来血	贫血　人造自来血	功效	文图
	龙虎人丹	龙虎商标　完全国货	功效	文图
		龙虎老牌　完全国货　辟瘟防疫　人人必备	推介	文图
	亚林防疫臭水	夏令地上不可一日无此	功效	文图
	三角牌真马宝	发行三角牌真马宝二年半来之回忆	功效	文字
		灵哉马宝功效昭昭……	推介	文字
	利凡命	专治贫血　上海新亚药厂名贵出品	功效	文图
	良丹	葫芦良丹问世	功效	文图
	虎标万金药皂	夏令卫生　必备药品　杀毒防疫　去毒生肌	功效	文图

续表

行业	品牌名称	标题	广告诉求	广告表现
医药	补使命	滋补强身辅助戒烟	推介	文图
		上海新亚药厂谨祝上海市政府成立十周年	公关	文图
	虎标万金油	虎标万金油是下令最好痧药	功效	文图
		时疫急痧 霍乱吐泻 夏天急症 搭服立愈	功效	文字
	虎标永安堂	庆祝上海市政府成立十周年纪念	促销	文字
	当归素	妇科圣药	功效	文字
	当归儿	妇科要药	功效	文图
	维他赐保命		功效	文图
机电工业	亚浦耳灯泡	中国首创亚浦耳氩气泡 为国货灯泡界最标准出品	国货	文图
		亚浦耳天蓝泡	推介	文图
	亚浦耳 华生 华通	国货电扇之权威 中国人应用中国货	国货	文图
	华通电风扇	华通电风扇	推介	文图
	华南电扇	保用十年 修理免费	推介	文图
	华生牌电扇	唯一国货 保用十年 修理免费	场景	文图
		首创国货 保用十年 修理免费	场景	文图
饮食品业	冠生园	冠生园果子露 不掺糖精	推介	文图
		冠生园庐山支店暑天开市	推介	文字
	冠生园果子露	天愈热 口愈渴 解渴消暑唯饮冠生园果子露	推介	文图
	五洲果子露	果汁浓厚 鲜美适口 解渴生津 消暑妙品	推介	文字

续表

行业	品牌名称	标题	广告诉求	广告表现
染织工业	三友实业社	可爱的彩花毛巾	推介	文字
		你的儿女就活泼可爱了	故事体	文字
		大贱卖一律照码六折	促销	文字
		好头顾看看斌媚 满肚皮想想欢喜	推介	文字
		市政府十周年纪念期内 毛巾被一律八折	促销	文字
		三友实业社发行同人书联	推介	文字
		彩花毛巾之诗话	诗话	文字
		时代进化程序	推介	文字
	三角牌透凉罗帐料	你的府上在那里？	推介	文字
	三角牌西湖毛巾	一条西湖毛巾洗得遍体生凉	推介	文字
		白固白 美亦美 善吸汗 人人爱	推介	文字
	三角牌西湖手帕	西湖手帕满街飞	推介	文字
	三角牌罗纱汗衫	三角牌罗纱汗衫 大快人心	推介	文字
	三角牌毛巾被	三角牌毛巾被 又名 夏秋被	推介	文字
		特别八折十四天	促销	文字
	盾牌 狐牌	麻纱汗衫	推介	文图
	孔雀蓝布	孔雀蓝布 万字色布 完全国货	推介	文字
	鹅牌麻纱汗衫	凉爽细洁	推介	文图
	英雄牌 翔空牌 鸡星牌	丽秋汗衫	推介	文图
	美亚织绸厂	每周贡献织物一种 逢星期一发行	推介	文字
	阴丹士林	漂亮妇女穿的阴丹士林什色布	场景	文图
	老九和	购货摸彩 最后三天	促销	文字

续表

行业	品牌名称	标题	广告诉求	广告表现
时装	ABC 内衣	夏季减价最后三天	促销	文图
百货服务	中国国货公司	夏季大廉价	促销	文字
		庆祝市府十周年纪念 今日牺牲品 中国人请用中国货	促销	文字
	新新公司	今天开放冷气	服务	文字
		新新公司商场全部施放冷气	服务	文字
		延长营业每晚九时打烊	服务	文图
		海上唯一薄利商场 南京路之清凉世界	服务	文字
	民生实业	民生实业公司渝宜线轮船开期预报	推介	文字

1937 年 7 月，上海机制联合会在《申报》上刊登了半版"联合广告"，其刊发语为"一个国民虽然也可以御外侮，但不及全体国民一同御外侮。全体国民协力同心，虽然可以御外侮，但不及受了公民训练而御外侮。一种国货虽然也可以抵制外货，但不及全体国货一同抵制外货。全国国货工厂结了团体，虽然可以抵制外货，但不及用联合广告宣传了去抵制外货"[1]。在这则广告中，出现的民族品牌有"立鹤"牌面盆、"三角"牌西湖毛巾、"鹅"牌麻纱汗衫、"龙虎"人丹、"华通"电风扇等共20个品牌，通过集体的力量来推广民族品牌，既经济实惠，又达到了推销商品的功效。

1937 年 7 月 7 日为上海市政府成立十周年，《申报》再次刊登联合广告，由时任上海市市长吴铁城力荐，"推荐第一流国货"。其上榜的民族品牌有"一三一"牙膏、"华生"电扇、新亚药厂的"补而神"内服液、"三星"牙膏、"亚浦耳"灯泡共五个品牌。

---

[1] 《申报》1937 年 7 月 5 日。

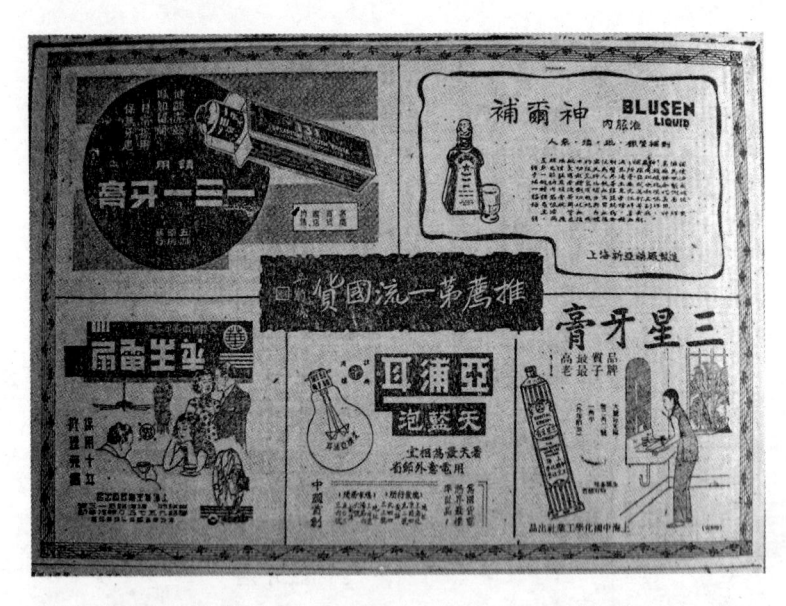

图 4-17　民族品牌联合广告　《申报》1937 年 7 月 7 日

7. 抗战胜利初期的民族品牌广告话语

抗战胜利后，一切工业都在恢复之中，白报纸依赖进口，《申报》的版面缩小至一张，在头版的版面中，广告也被压缩成了一寸大小，广告诉求表现方面，也受了影响，多为简单的推介，无创意可言。这一时期的民族品牌，医药业中的信谊药厂、新亚药厂成为抗战胜利后乃至新中国成立后的明星企业。抗战胜利初期，出现在《申报》上的民族品牌有 19 个，其广告诉求表现如表 4-7 所示。

表 4-7　《申报》抗战胜利后民族品牌广告话语表现[①]

行业	品牌名称	标题	广告诉求	广告表现
医药	新亚青霉素	减菌力强　毫无毒性	推介	文图
	龙虎人丹	辟瘟防疫　人人必备	推介	文图
	百疾龙粉剂	信谊药厂　最新出品	图解	文字
	息疟灵	最有效之化学抗疟圣剂	推介	文图

---

① 此表根据《申报》1945 年 8 月 8 日至 22 日制成。

续表

行业	品牌名称	标题	广告诉求	广告表现
纺织	菊花牌汗衫	品质第一	推介	文图
	龙门牌罗纱汗衫	老龙门牌罗纱汗衫　荣誉出品	推介	文图
	环球手帕	环球风行　安全手帕　安全第一	推介	文字
日用品	双十牌牙刷	双十牌牙刷万岁　牙刷之王 最坚硬！最伟大！最名贵！最乐用！	推介	文图
时装	象牌雨衣	象牌雨衣还本	促销	文字
	SMART	SMART庆祝世界和平	推介	文字
	大不同	大不同皮革制品公司　欣逢世界和平庆祝胜利全部半价两天	促销	文字
	ABC内衣	ABC内衣　西装　工衣　衬衫　皮鞋　童装	推介	文字
化学工业	百雀牙膏	洁齿化×	推介	文图
	无敌牙粉	无敌牙粉	推介	文图
	和平牌化妆品	和平牌各种化妆品　不日问世	推介	文字
烟草	秋海棠香烟	金晋烟公司出品	推介	文图
	天鹅香烟	天鹅	推介	文图
饮食品	冠生园	冠生园西点面包　照常供应	推介	文字
百货服务	王开照相	王开照相	推介	文字

抗战胜利后，随着后方经济的恢复，报纸版面自1947年起恢复如初，创意表现亦有所改观，"回力"球鞋在此时期表现卓然，广告中突出其产品特性"弓形底"，广告画面中不时出现起品牌标识"WARRIOR"。华成烟草公司的"金鼠"牌香烟又重新登场，广告诉求保持不变，"烟味好，价钱巧"，"美丽"牌香烟，"有美皆备，无丽不臻"，广告图片中，配以各式场景，在图片下方还配以"十美图"的小说，吸引读者持续关注。

· 179 ·

图4-18 "回力"牌球鞋广告,《申报》1948年4月17日

图4-19 "金鼠""美丽"牌香烟广告,《申报》1948年4月18日、1948年4月20日

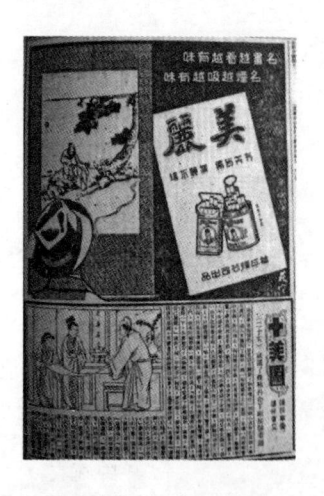

图4-20 "美丽"牌香烟广告,《申报》1948年4月18日、1948年4月20日

二 广告话语与社会影响

广告和语言一样，是一种传达信息的符号表征，除表层意义外，还具有深层次的意蕴理解和社会影响。近代民族品牌的建立传播，与洋货品牌的到来有着极大的关系，当洋货倾销，利权外溢，危及国家经济安全时，民族企业家着急了，就连清末政府也意识到要"自强求富"了。于是，民族企业负着拳拳爱国之心，从模仿外货到主动出击，创建了许多可与外货相抗衡的民族品牌，由于品牌源头本身就有浓厚的抵抗主义与爱国情绪，其广告话语自身被赋予太多的"爱国主义"情怀，使消费者购买民族品牌的这一消费行为，已超过了商品和服务本身的所提供的使用价值，更多地具有了符号学、社会学方面的象征意义"用国货就是爱国"。近代民族品牌的广告话语和社会的互动传播，在某种程度上构建了近代国民对民族国家的认知和觉醒。清末帝制终结，建立中华民国，广告在"家国构建"的近代化历程中，或多或少扮演了冲锋陷阵的角色。

1. 制造消费爱国的社会风尚

消费主义是20世纪二三十年代由于生产过剩引起的一种生活方式、社会文化现象和价值观念体系，在美国最先出现并逐渐盛行。典型的代表理论为凯恩斯的"消费理论"，消费乃一切经济活动之唯一目的和唯一对象，鼓励消费的经济政策在资本主义国家得到广泛重视和实施，并随着全球化浪潮的推进，向世界各个地方蔓延。消费主义价值观念自诞生之日起就得到大众传媒不遗余力的宣介和推广,在大众传播学里,广告是商家与消费者沟通互动的工具,商家花费巨资刊登广告,将商品塑造成为一种既有使用价值又有象征价值的想象体,通过反复宣传,使广告的信息进入消费者的记忆之中,并且无形中影响消费者的选择,消费者毫无抵抗能力,这是早期的传播学效果。但是消费者并非是沉闷的,他们常常主动寻求信息以达到社会化人的满足,因此广告是商家所希冀构建的想象力与消费者需求的共同体,良好的广告通过不断重复,刺激了消费者的需求,重复则造就了民族品牌的知名度,同时又进一步强化了其说服消费者的可能。从某种程度而言,消费者的集体意向又主导了广告的内容及其陈述方式。

近代上海、天津、武汉等城市开埠后,日渐奢华的消费风气和富庶人群的聚集,是消费主义在中国生长的土壤。近代报纸杂志等传播媒介的出现,广告业的出现及发展,为整个社会构建了所谓的"象征性现实",进而在市民大脑中构建了消费主义美的画卷和欲望想象。近代民族品牌的创建者,无论其创设动机是什么,都必须遵循市场经济的规律进行科学管理,"在广告中也必然不自觉地宣扬消费的价值和意义"[1]。因此追求利润是第一要务,他们必须通过某种方式为自己造就既有消费能力,又热衷消费的消费者市场。

近代民族品牌所宣扬的消费爱国,是近代中国遭遇民族危机的传播影射,是民族品牌广告传播的话语所指。通过五花八门的广告,民族品牌同产品、传媒和近代国货运动一起,构筑了一种无处不在的"消费文化";话语表达中的"中国人用中国货"等向人们宣告了"消费爱国"的民族自觉与高尚情怀。

"国货""爱国"普遍见于各种商品的广告中,从表4-7中,我们可以看出,"爱国""国货"等字眼出现在近代各行各业中,就连百货服务类亦赫然在目,其中烟草业最多,其次为化学工业、医药、染织工业、机电工业,饮食品最少。

烟草业中,南洋兄弟烟草公司时常利用民众的爱国热情,大力鼓吹,其生产的香烟品牌有"白金龙""红金龙""联珠""爱国""七星"等九十多种,但每一种品牌的广告都注入了爱国主义的色彩。"和平牌"香烟,广告标题"金钱问题""纸烟利权损失,岁以数字万计,国人其知之否乎。遂请吸回本国制品,以塞此漏厄也。况本公司之香烟,实驾乎舶品之上,不信者,请一试之。"[2] "长城"牌香烟,

---

[1] 王儒年:《欲望的想像:1920—1930年代〈申报〉广告的文化史研究》,上海人民出版社2007年版,第99页。
[2] 《申报》1919年5月7日。

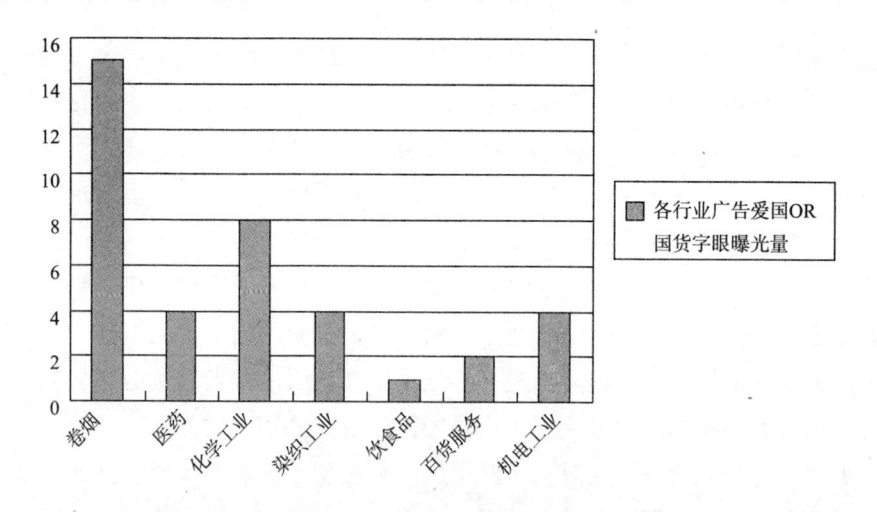

图4-21 《申报》各行业广告爱国OR国货字眼曝光①

"不吸香烟，固然最好，要吸香烟请吸国货长城牌"②。"注意国货与人格——漏卮！君购一份国货即为国家减少一份外溢之漏卮，保存一份国民之人格。幸勿以细微而忽之。明乎此者请吸老牌国货长城牌香烟。"③就连英美烟公司的董事都觉得"中国的公司机会主义地利用了'如今在整个中国变得日益强烈的"中国是中国人的"这种感情。'"④南洋公司包括其他的民族卷烟厂在五卅运动中都获得了发展。洋品牌香烟也不得不调整策略，"爱国诸君，吸之无碍"。

上海家庭工业社生产的"无敌"牌蝶霜，在"九一八"事变之初，其广告尚在宣称"现代美容品的代表"⑤"真正科学化的美容品"⑥，诉诸于现代性与科学主义。而至9月底，其广告用语发生了明显变化，赫然标明"占据！恢复!!"⑦显然套用了当时的社会主流话语，日本占领东北三省，全国民众要求收复失地。广生行的"双妹老牌"化妆品同样如此，在五卅运动前夕，其广告诉

---

① 此图根据上述各时期民族品牌广告话语制成。
② 陈子谦、平襟亚：《英美烟公司》，载上海文化史馆、上海市人民政府参事室文史资料工作委员会《上海地方史资料》（三），上海社会科学院出版社1984年版，第59页。
③ 《申报》1925年6月5日。
④ [美]高家龙：《中国的大企业：烟草工业中的中外竞争》，樊书华、程麟荪译，商务印书馆2001年版，第248页。
⑤ 《申报》1931年9月20日。
⑥ 《申报》1931年9月22日。
⑦ 《申报》1931年9月28日。

求一直是"精良配置""双妹颜语"等或科学主义或幽默诉求的故事体劝诱消费者,至五卅运动后,其话锋一转"同心爱国""五卅惨案以后,国货应加注意,切我国人表示爱国之心,诚洗我国耻之极大机会,国人热度,应自个今后更当增高,国货因之益彩发达。吾工商界宜就其所业以图进步,唯热度要坚而悠久,不失真正爱国之恒心。本行卅年来,提倡国货,未尝稍存携带,观乎今日之心,上下一致,爰将夏令需要各物品,分列于后,以供爱国诸同胞采购,无任欢迎"①。

香亚公司 1925 年 6 月 29 日的广告也以"援助失业工人"起见,减价销售,希望爱国诸君购用国货化妆品。天厨味精厂的"佛手"牌味精广告,声称继续降价,旨在"答爱用国货诸公之热忱,并作经济绝交之后盾"②。黄楚九经营的民族品牌"龙虎人丹",自列诸报端之日起,即以"国货人丹"为号召,直指日本翘胡子"仁丹"。"同胞请用国货人丹。"③ "良心不泯赶快购用国货人丹"④ "争人格,塞漏厄。中国国民请服中国人丹"⑤ "欲洗奇耻,速用国货。中国人请服中国人丹。"⑥ "宗旨坚定,请用国货。"⑦ 每天以不同的广告诉求点,表达其拳拳爱国之心,振兴国货之愿望,呼吁国人购用国货。

民族品牌中的三友实业社,其广告语对周围环境的反应非常之快,创意也非常巧妙。创办之初,因财力有限,每日刊登的广告版面很小,广告语为"请提倡购用三角牌国货,部准注册,禁止冒牌"⑧。五卅惨案发生后,第一个在报纸上刊登了对此的广告,该广告占有半版篇幅,标题为《哭南京路被害学生》,"哭"字套红,为其他文字的两倍大小,其上印着一个流着泪水、怒容满面的人头,洋洋洒洒五六百字,慷慨激昂,感人肺腑。6 月 14 日,再次以半版篇幅,"请看今日之域中,竟是谁家之天下?"号召国人购买国货,购买"三角"牌毛巾等产品。"我真心爱国么?我假使真心爱国的,我就不能忘怀于国货。"⑨ "九一八"事变之后,三友实业社立刻发布广告,以"紧急会议"为题,通告全国呼吁和

---

① 《申报》1925 年 6 月 15 日。
② 《申报》1931 年 9 月 30 日。
③ 《申报》1921 年 4 月 21 日。
④ 《申报》1926 年 6 月 6 日。
⑤ 《申报》1925 年 6 月 8 日。
⑥ 《申报》1925 年 6 月 12 日。
⑦ 《申报》1925 年 6 月 24 日。
⑧ 《申报》1919 年 4 月 27 日。
⑨ 《申报》1925 年 6 月 12 日。

平，号召大家"加紧抵制工作，立誓订立信约服用国货，呼吁消费者购买其产品"①。稍后几日又做广告，"国难民愤，热情腾沸，国货服装，贡献需要"②。与日经济绝交，势必导致原料缺乏，诸多厂商从而设厂自造。三友实业社曾在杭州自设纱厂，其广告称此为"救国方案"，依然未离"人心未死，国难可救"的宏大话语。③ 三友实业社在几次大的社会事件后的快速反应，充分体现了企业自身对国家命运的人文关怀，在广告话语中，把国民对国家的情感认同与消费行为巧妙联系在一起，这是民族主义在广告领域的时尚表达。

1933—1937年国货年期间，各民族品牌更是紧密配合政府和社会团体的提倡，通过不断强化"消费国货"等，在消费者心目中不断生产出"诱导消费""消费爱国"的心理机制，维持民族企业的时代发展。刘鸿生的章华毛纺厂，自1933年"国货年"开始生产一种名为"九·一八"的哔叽呢，每当"九·一八"纪念日，均在各大报刊上刊登醒目广告。如1934年9月18日在《申报》第一版刊登整版广告，呼吁"国人，汝其忘九一八之耻乎？请用中国唯一伟大毛纺厂章华九一八哔叽呢，纪念国难，发奋图强"④。受到国人的称颂，风靡一时，争购踊跃，致使上到达官贵人，下至平民百姓均以穿着章华呢绒而自豪，为爱国之象征。

民族品牌的广告话语，充分利用了因民族危机而激荡起来的爱国情绪，通过大量的广告言说，使"国货"一词一度成为民族品牌的代指，从而把国民的消费行为同振兴实业、挽救民族危亡这些高尚的社会实体性目标联系起来。利用爱国主义对消费者道德上的约束，从而在意识形态方面控制国民的消费行为，凡是中国人都必须按照广告中的预期来消费民族品牌产品，从而实现自身与国家的共同发展。

在民族品牌的广告话语中，"国货"使得消费成为一种约束，一种道德，一种制度，是一种主动的集体行为。民众在强大的宣传阵势下，也渐渐改变起来，"像晨起洗盥罢：以前面盆，漱口杯，毛巾均是洋货，擦的是 Prophylactic 牌，但现在呢，我的面盆和漱口杯均是立鹤牌，其余用的是一心牌牙擦，西湖毛巾，三

---

① 《申报》1931年9月24日。
② 《申报》1931年9月28日。
③ 《申报》1931年9月26日。
④ 《申报》1934年9月18日。

星牙膏和椰子香皂。这完全是国货!"① 大众媒介和商业广告的联姻,共谱了民族主义的命运之歌,由高声调的政治主张向更宽广的商业符号扩散,声势浩大地向普通民众表达了"消费即爱国"的消费主旋律。

2. 唤发民众的民族主义意识

广告,作为一种商业手段,不仅作用于消费领域的时尚生成机制,同时也兼具意识形态的说服功能,塑造着人们的社会观念和政治自觉。近代民族品牌的广告话语,通过重复、沉淀,在一定程度上构建并唤醒了民众的"民族意识",使之观念化、自觉化。民族意识一词,梁启超先生最早做了定义,他指出"何谓民族意识?谓对他而自觉为我"②。费孝通先生认为,民族意识是"同一民族的人感觉到大家是属于一个人们共同体的自己人的这种心理"③。马克思列宁主义认为民族意识作为一种意识形态的要素具有重大意义。它包含有对民族属性的意识,对民族价值的忠诚,民族自豪感,以及在解放斗争中对共同利益的意识。所有这些都是民族解放运动和民族形成的重要刺激因素。此外,民族意识还包含对待其他民族的关系。目前学术界对此的认识很多,也有分歧,大体上包含两方面的内容:(1)人民对于自己归属于某个民族实体的意识;(2)在不同民族交往的关系中,人们对本民族生存、发展、权利、荣辱、得失、安危、利害等的认识、关切和维护。④

"中华民族"观念的萌生、发展与社会认同,是中国近现历史上的一件大事。"作为一个历史的过程,清末至民国时期'中华民族'观念的萌生与确立,是与整个中国现代化的运动相联系的"⑤,尤其与西方列强的压迫所引发的民族自觉、民族大团结休戚相关以及形式上"中华民国"的成立及其发展相伴而生。其中,近代报刊媒体、民族品牌对现代化过程中民族意识的形成发展,扮演了重要的角色。广告文本中不断强调的"利权外溢",迫使国人不得不担忧中华民族的命运,从而对自己的消费行为进行审视和思考。

"看报不看广告,正像吃蟹不吃蟹脚。有许多从新闻,从时论,或从报屁股

---

① 《我的夏日用品》,《申报·国货周刊》1933年6月29日。
② 梁启超:《梁任公近著》(第一辑 下卷),商务印书馆影印本,1923年版,第43页。
③ 费孝通:《关于民族识别》,《中国社会科学》1980年第1期。
④ 黄兴涛:《现代"中华民族"观念形成的历史考察——兼论辛亥革命与中华民族认同之关系》,《浙江社会科学》2002年第1期。
⑤ 黄兴涛:《清末民国时期"中华民族"观念认同性质论——一种"中西古今"互动分析的尝试》,《北京档案史料》2004年第2期。

上看不到的奇文佳作，却往往从广告中发现出来。"① 廖沫沙本意在于讽刺当时报刊广告的写实荒诞，但却从另一方面将广告话语从语义所指延伸到了更深层次的社会意义。"广告也许是我们时代最出色的大众媒介"②，民族品牌通过"消费爱国"的语义所指，构建了一种部落意识，民族意识。孔雀蓝布在推销自己"完全国货"的同时，实际上是赞扬了国货品牌的总体，再加上其他民族品牌广告话语中的"国货之王""国货之星"等，通过这样一种同谋关系，即时的勾结，瞄准了阅读广告信息的读者，使他们无不中的，又透过各种消费国货品牌的单个群体传递给每一个消费者。"每一幅画面、每一则广告都强加给人一种一致性，即所有个体都可能被要求对它进行解码，就是说，通过对信息的解码而自动依附于那种它在其中被解码的解码规则。"③

（1）广告传播可以使"民族团结"。对消费者而言，广告可以培育消费习惯。"因广告之宣传，而人民生活习惯，即达标准化，生活一致，民族可以团结。"如"蝴蝶"牌牙膏、"双十字"牌牙刷、"虎标"牌万金油等，均为我国民族工业，报纸广告应大力鼓吹宣传，养成中国人用中国货之习惯，外国货的广告可以少登，"五四"时期全国报界联合会于1919年4月12日通过了《拒登日货广告案》，次年5月4日，报界联合会在广州召开第二次常会时，再次重申，颇收成效。可见，广告的效力有时候比新闻大，我国各地有派报人之组织，一个首领往往能指挥五六十人，全国总计约十万人，又能为报馆的经理，须利用此种组织并加强之，使其直接受报纸之指挥。广告应"专为本民族事业之用"④。调整本民族的消费习惯。人丹广告一直在广告中强调"中国国民请服中国人丹"⑤，即希望国人能够自觉地团结起来，购用中国人自己研制的人丹。

（2）广告号召民众"自我救赎"。民族品牌的广告话语，反复强调利权外溢了，必须消费国货品牌，人们作为民族国家中的一员，必须保持对民族的忠诚，必须自我改变，自我救赎。在胜德制造厂的一则烟嘴广告中，"爱国须从极小处着想，虽一烟嘴之微，亦宜改用国货……是美丽的国货，是有实用的国货。此货一出，外国货的烟嘴，就不在爱国家手中了！"⑥ 情真意切地呼唤国民，爱国，

---

① 达伍（廖沫沙）：《广告摘要》，《申报·自由谈》1933年4月20日。
② ［法］鲍德里亚：《消费社会》，刘成富、全志钢译，南京大学出版社2000年版，第134页。
③ 同上。
④ 汪英宾：《报业管理要义》，《新闻学季刊》，1941年第1期，第76页。
⑤ 《申报》1925年6月8日。
⑥ 上海机制国货工厂联合会：《机联会刊》1933年第23期。

从小处做起。

泰山、龙门、黄河、长城是中华民族符号的象征,兴业公司推出"泰山"牌香烟,华商烟公司推出"龙门"牌、"黄河"牌香烟,南洋兄弟烟草公司的"长城"牌香烟,"不吸香烟,固然最好,要吸香烟请吸国货长城牌"。① 还将长城作为广告画的主题,对联曰"忍令祖国金钱流于异域,相率中原俊杰挽我利权",上联是"众志成城"。② 微言大义,足见其相率国人抵御洋货之决心。"爱国之心,人皆有之,故凡软客,必用国货香烟,否则人必以君为慢矣……"③ 其后的省略号耐人寻味,如不用国货香烟,则会被人指责没有爱国心,一个人如若没有爱国心,将是如何的骂名。在隐晦中,透着犀利,犀利中鞭挞着国人的良心。西方人和中国人都可以证明,南洋的爱国广告宣传收到了良好效果。"1915年7月,英国驻广州领事报道说,南洋的报纸广告在'激发爱国者只抽他们的香烟,和支持本地工业'方面是有效的。"④ 民族品牌广告文本中再现的有关近代中国命运的镜像,一次次鞭挞着国人的良心,迫使他们自省自身的消费行为,从小处做起,救赎民族命运。

图4-22 南洋香烟广告 《申报》1925年6月5日

民族品牌广告话语中所突出的"利权外溢",进一步强化了列强侵略所造成

---

① 陈子谦、平襟亚:《英美烟公司》,载上海文化史馆、上海市人民政府参事室文史资料工作委员会《上海地方史资料》(三),上海社会科学院出版社1984年版,第59页。
② 《申报》1925年6月18日。
③ 《申报》1925年5月23日。
④ [美]高家龙:《中国的大企业:烟草工业中的中外竞争》,樊书华、程麟荪译,商务印书馆2001年版,第109页。

的中国命运的现实，以无声的方式呼吁国民尽一份天职，自我救赎，重建大国尊严，维护国家经济安全。广告话语所宣扬的"爱国"自救等，不同于传统以文化认同民族的原则，而是现代民族意识中共同利益的纽带，一旦共同的利益受到侵犯，民族国家就得凝聚。

近代民族品牌的广告话语，强调国货、强调中国人用中国货的民族主义诉求是这一时期广告话语的主流，这一民族主义情绪是在近代民族国家形成基础上升华而成的，或是经过民族主义情绪的激化而形成的，这种激化源自五四运动时期，梁启超曾富有远见地指出，要保卫中国不亡，要保卫中华民族不成为亡国奴，只有推行民族主义，于是民族企业家也开始以社会自治、公民自治的觉悟参与到社会运动中，并用他们的实践引导着民族主义的炽热情感达到自己的目的。近代中国，民族意识成为动员近代社会一切力量的最有效资源，成为凝聚社会人心整合社会观念意识的象征，它一方面源自中华民族自古以来独立富强的泱泱大国的骄傲；另一方面也在千疮百孔的西方势力的冲击下不断批判、反省突破。在国际市场中孕育发展的近代民族品牌，虽不能与洋货品牌的"价廉物美"相抗衡，但其利用了爱国热情，动员社会各方面力量，经历了自1905年开始的国货运动，1933—1937年政府社会各界提倡的国货年，几次大的民族危机使得民族品牌在商战领域取得了不错的成绩，"三角牌毛巾打倒铁苗牌毛巾，自由布打倒毛斯纶，透凉罗打倒珠螺纱。中国人自己有了的，却莫再用外货，造成商战的趋势，护助国货的成长，也是国民的天职"①。近代国民在反复说教中，亦有所触动，中国的"国货意识"在这一时期得以形成。

近代民族品牌自初建以来，就遭遇"物美价廉"洋货品牌的倾销，社会人士亦咸用洋货为喜，不知国货为何。但亦孜孜以求，从无到有，从模仿到创新，建立了各行各业的民族品牌，在市场上形成了广泛的品牌认知，营业亦随之推广，有些甚至将洋货品牌赶出中国市场，如"三角"牌毛巾与"铁锚"牌毛巾，"佛手"牌味精与"味之素"，等等。许多民族品牌的销路不仅遍布国内，而且远销海外，成为颇负盛名的民族企业，积累了一定的品牌资产。

从某种意义上说，"广告的渗透已经构成了我们社会生活空间的更为强大的符号系统和认同体系"②。一方面广告及其产品、文化共同构建了我们所面对的

---

① 《申报》1925年6月18日。
② 刘泓：《广告社会学》，武汉大学出版社2006年版，第4页。

物质世界，反映了我们这个社会的经济兴衰；另一方面，则吸收了社会上流行的价值观念和政治主张，将社会中诸多象征意义反映在其广告传播中。近代民族品牌在构建自身品牌个性的同时，也社会化参与到近代社会的互动传播中。通过不断地宣扬"爱用国货"等话语主张，附加给产品特殊的民族情感和爱国主义情怀，使消费者在购买和使用民族品牌时，在心理和情感上实现了"消费爱国""中国人用中国货"的民族自觉和民族自豪，帮助人们在近代民族危机中完成了个人力量在民族国家经济领域中的自我认同，只有消费国货才是爱国，作为国家的一员，我们必须使用国货，即"中国人用中国货"，于此，我们便可以理解，为何茅盾笔下富商的女儿被告知不能再用那些精美的日货，妈妈告诉她，那是不爱国。

第五章　对近代民族品牌广告传播的反思

国恃经济以存，经济亦犹国之命脉，而品牌则是民族经济的象征和精神载体。中国近代民族品牌在风雨砥砺的战乱中踽踽前行，缺资金，缺技术，但毅然在凄风苦雨中创建了一批知名的民族品牌，涉及烟草、化工、医药、电器、饮食品等行业，这些品牌通过精良的品质和优秀服务，借助于蓬勃发展的近代广告事业，广告传播亦从无意识，到主动创新，从不知利用报纸广告，到纷纷登报为招徕，利用各种新事物、新材料建立密不透风的广告网，竟得一方市场，有不少品牌将洋货品牌赶出中国市场，甚至销往国外。但尽管如此，仍应保持一分冷静与清醒，反思总结近代民族品牌在品牌建立和广告传播中的教训，为当今民族品牌的发展提供历史的借鉴和思考。

第一节　中国近代民族品牌建立发展的思考

中国近代民族品牌的发展，说到底就是近代民族工商业的发展，品牌只是其实体经济的表征和价值体现。有关近代民族工商业发展，历史学家和经济学家从20世纪起就开始不断地总结、反思、批判，笔者不敢妄加批驳，只敢就前人所述及所见所想，议其梗概，就品牌自身略谈一二。

一　列强围剿近代民族品牌的发展

当古老的中国还在封建道路向资本主义道路上徘徊前进时，已经走过了机器化大生产的西方列强正忙于在世界各地建立殖民地，寻找市场。于是，鸦片战争就成了其处心积虑进军中国的伊始，以鸦片开路，武力护航，征服并瓜分中国。"一国炮舰攫得之利益，各国皆可坐享门户开放之利。中国历来断送的权利，大都因此。"① 各国纷纷以军事政治力量迫使清政府与其签订各种不平等条约，以经济力量将中国卷入世界市场中，击破了传统中国农业经济的藩篱。

市场环境有利洋货倾销。洋货之所以能够顺利地到达中国，并盘踞都市乡村，和外国人执掌着中国的海关管理权密不可分。清末以来，中国海关总税务司之职一直由洋人担任，英国人李泰国、美国人李度，整整90年的时间一直成为英美在华利益的代理人。"帝国主义根据不平等条约所规定的特权，通过海关这个公开的和'合法'的工具，用征收极低的关税或者免除关税的方法，向我国大量地输入商品，吸收廉价原料，进行残酷的经济掠夺，绞杀我们的民族工业"②，从而使中国长期处在落后的从属的半殖民地的地位，桎梏了国家经济的命运。

通商口岸成为洋货倾销的集散地。自南京条约开放五处通商口岸后，"又陆续开放商埠一百零二所之多，暂停口岸二十九所，门户洞开，出入一任人意"③，资本主义国家的工业产品，犹如潮水般涌来，如水银泻地，遍布城市乡村。

中外不平等条约所规定的协定关税，对洋货非常有利，洋商只需要缴纳5%的进口税和2.5%的子口税，就可以将洋货推行全国。而中国自生自长的民族企业，却面临着传统社会所遗留的各种苛捐杂税的弊端，关卡林立，货物过境税漫无节制，大大增加了民族品牌发展的困境与成本。近代军阀割据，战争频仍，军费开支庞大，这笔费用自然也落到民族工商业肩上。中国自制的民族工商业品，要征收落地税例3%，每过一个关卡值百抽二，如此沉重的负担，民族品牌自然成本较高，棉纺织业中"日本的立马牌、财神牌的棉纱就霸占了湖南的市场"④，其他省市也是如此。

"帝国主义列强还在中国经营了许多轻工业和重工业的企业，以便直接利用中国的原料和廉价的劳动力"⑤，并以此对中国的民族工业进行直接的经济压迫，阻碍了中国生产力的发展。另外，洋人还通过在华投资开设银行，垄断了中国的财政和金融，使中国财政愈益陷入破产的深渊。外国侵略者还投资中国铁路，操纵了铁路沿线的矿山。

---

① 顾毓全：《修改商约与中国的工商业》，《东方杂志》1934年第12期。
② 孔原：《海关制度的历史变革与中华人民共和国暂行海关法》，转引自孔经纬《中国工商业史上的几个问题》，辽宁人民出版社1957年版，第29页。
③ 杜重远：《在重重压迫下国货该怎样谋出路》，《申报国货周刊》1933年1月1日。
④ 周季鸾：《第一次世界大战时期中国民族工业的发展》，上海人民出版社1958年版，第86页。
⑤ 《毛泽东选集》第2卷，人民出版社1952年版，第623页。

二 技术原料仰赖外人鼻息，品牌无根

吴蕴初创办的"天利氮气厂"，源于1934年购买的美国杜邦化学公司淘汰半价出售的机器，品牌技术和质量的发展，牢牢控制在外人允许的范畴，"民二十三年他购买了美国杜邦化学公司折半价的机器，负债办了天利淡气厂，先出产阿摩尼亚，后来又出产了硝酸"[1]。使用别人淘汰的技术来发展工业，必然导致产品在技术生产上无法与外货抗衡，且技术的更新发展要仰仗外人的鼻息。

表5-1　　　　　　　　1912—1932年机械分类进口统计[2]　　　　　单位：关两

年份	农业机械	发电厂机械	印刷机械	推进机械	纺织机械	其他	总计（包括未列名等）
1912	60798	—	—	544198	454722	3474073	4533791
1913	112700	—	—	642209	836864	3108682	4700455
1914	53145	—	—	1050640	2035644	4896287	8035716
1915	53935	—	—	671612	1410988	2244214	4380749
1916	204520	—	—	576503	1930657	3377217	6088897
1917	108190	—	—	227528	1216153	3787899	5439770
1918	164188	—	—	646023	1650074	4727633	7861594
1919	53022	—	—	1589405	3744011	8737197	15336287
1920	1004277	—	—	2347634	6903610	12722016	24158067
1921	2192405	—	—	5109007	26723011	22560972	57327643
1922	695733	—	—	2395490	30484376	16486194	51066953
1923	301716	—	—	1474349	12316486	4048708	28036336
1924	279977	807581	10323449	1963229	5510631	12965972	23703243
1925	161688	856151	151487	1919784	3406827	8603903	16720860
1926	52540	831606	579681	1901407	4057796	9146383	18392603
1927	665976	1291521	434528	2978961	3709254	9311301	19743096

---

[1] 黄醒华：《民族资本家发达史：化工元老吴蕴初》，《经济导报》1947年第4期。
[2] 此表根据何秉贤《民国二十一年我国工商业的回顾》民国元年至廿一年九月机械分类进口统计制成，《民族杂志》1933年第1期，第12页。

续表

年份	农业机械	发电厂机械	印刷机械	推进机械	纺织机械	其他	总计（包括未列名等）
1928	743364	1315912	769093	2565988	4105157	10413884	21641366
1929	1407226	2533179	1229593	3440703	8931751	13208251	33847091
1930	1489757	3538245	1115867	3756564	13994663	21944778	47459094
1931	682198	3676683	731630	3670520	13800616	20314030	44875346
1932	54294	2939592	429573	3327618	7209308	2772749	22952127

原料的进口也依托外国，这就决定了中国民族品牌生产的成本，盈利空间有限，难以和本已享有丰厚关税权的外货相媲美。我们翻阅海关报告册，报告显示，1912年至1932年，五金钢铁机械的进口由2200余万海关两增至12000余万两，增加了6倍以上。但是"一切的基本原料，都要仰给他人"①，不仅金钱输出损害不少，妨碍我国民族工业的发展，也使得民族工业的品牌技术和原料生产牢牢掌控在外人的范围内，品牌生产缺乏稳固的根基。

三 畸形的生产与消费不利民族品牌发展

我国民族工商业生产幼稚，民众却有着奢华的消费风气。自海禁大开，欧风东渐，"国人醉心欧化者，大有一日千里之慨，事事讲求维新，物物仿效西洋"②。国民在毫无防范的前提下，被过多的西式的消费文化所侵染，民众所用，"无不取给于舶来，金钱外溢，每以千万计"③。许多乡村中，"不知道'孙中山'是何许人，但很少的地方不知道'大英牌'香烟"④。反观我国民族工商业地区发展极不平衡，在缺乏技术、缺乏资金的前提下，传统手工业的改良不能同工业化武装的洋货相提并论。

中国生产凋敝，其中大宗商品为帝国主义所把持，为我国民族工业不能发展

---

① 此表根据何秉贤《民国二十一年我国工商业的回顾》（《民族杂志》1933年第1期）。
② 伤痕：《从保存与促进说到推销》，《福建促进国货公会月刊》1929年第8期。
③ 同上。
④ 希超：《英美烟公司对于中国国民经济的侵蚀》，载中国经济情报社《中国经济论文集》，生活书店1934年版，第93页。

之桎梏。"目前在全国一切较大的城市中，洋货衣布已经占着了统治的地位。"①米麦亦仰给于外人。据1931年海关统计，"洋米进口超过华米出口之数为一千万石……小麦进口之数位二千二百余万担，合银二千六百余万两"②。1931年1月至4月统计，进口额为3880万海关两，出口额仅为19000余万海关两，入超19000万海关两，平均每月入超5000万海关两，其主要进口之货物，最多者为糟食及食物，共85402000吨等，其他如烛、皂、油香、棉织匹头品、糖、金属、各矿砂、罐头食品、酒、烟等。民族工业起步较晚，缺乏资金，规模小，但是国民在消费方面，则"一般豪富之家，权贵之门，生活务极尽奢侈，衣食住行皆追种欧式，一切日用所需，皆取之外人，以十八世纪之生产，求其配合此种二十世纪之消费力"③。如此畸形的生产与消费，致使中国社会经济陷于破落凋敝，也是必然的道理。

　　帝国主义处在国富民强的地位，还在努力增加生产，提倡节俭，保护本国的工商，抵抗外来的货品。我们的国势十分危急，经济十分窘迫，而"一般民众不但无法挽救，并且对于物质的欲望与要求，一天一天增高。我们的生产能力，若和欧美相较，相差已数百年。但是我们消费的本领，却和他们不相上下，怎可不事事仰给于外人，而致中国沦为万劫不复的地位呢?"④ 生产与生活脱节，人欲横流，必愈穷愈乱。

四　同业倾轧，伤人伤己

　　中国近代民族品牌创建在有利时机，世界大战给民族工商业中的棉纱业、面粉业带来有利的发展机会。如荣氏集团的成功，得益于战争发展的机会一共有四次。第一次是拳匪之乱，荣德生看到市面上北洋的面粉销路极好，而当时全国的面粉厂只有四家——上海增裕、阜丰、天津贻来杰、芜湖益新，于是他很快在无锡觅好厂址，建筑厂房。接下来白俄侵略东三省、武昌起义、第一次欧战爆发，都给他带来了发展的机会。"福新的面粉，竟远销到伦敦市场去了。这不能不算是一个奇迹!"⑤ 第一次世界大战结束后，资本主义国家元气渐渐

---

① 黎天才：《帝国主义炮火下中国国防问题》，北方公论社1932年版，第263页。
② 同上书，第267页。
③ 陈彬龢：《陈彬龢论文》，生活书店1934年版，第20—21页。
④ 仇兴：《赖琏言论集》，中国国民党湖南省党部1938年版，第64页。
⑤ 《实业巨子：荣德生》，《中央日报》1947年8月4日。

恢复，中国再一次成为外货倾销的市场。民国十一年（1922），国内的经济又呈现不景气的现象。这时候，北伐革命给了荣氏集团一次否极泰来的机会。

第一次世界大战期间，民族工商业中的面粉业、棉纱业创设过多，有人评论这时期的纱业，"吾国纱厂事业，自欧战起后，获利甚厚，国人鉴于利之所在，均争相投资，设厂增锭，大有风起云涌之概。迨欧战告终，本纱之输出杜绝，外纱复纷至沓来，遂致连年市价，一蹶不振"①。中国人喜欢窝里斗，见他人"王麻子"获利，于是市场上"真王麻子""汪麻子""祖传王麻子"也就多了去，只顾模仿缺乏创新，不会进行"错位竞争"，以致市场饱和，不得不低价促销，于是各家生意难做。低价促销是要命的，民族品牌不仅要面对洋货品牌的竞争，还要面对同行的倾轧。

民族品牌中的烟草业，也常常出现同业倾轧的现象。1931年南洋广东熊少康写给香港公司的信函中提到，"盖目下上烟销路，5、6年允为'美丽'所独占。以我公司名誉之隆、资本之大，竟不能与之争衡"②。因此，南洋采取各种手段，抵制"美丽"牌香烟。华成烟草公司联合大中华火柴公司出品"美丽"牌火柴和"金鼠"牌火柴，风行一时。南洋立即模仿与大中华合制"联珠"牌火柴，如果是正当竞争也就罢了，但却抱着"每箱至多损失1、2元，往后即可毋庸赔贴"③的投机心理。1931年，南洋兄弟烟草公司特出品"红金龙"香烟，用以抵制"美丽"，定价很低，"亏本极巨，只因欲打击'美丽'，故特别牺牲"④。这一降价促销的方式，虽然可以给"美丽"带来压力，但也可能伤害南洋烟草品牌的发展。

南洋不仅在价格上打击"美丽"牌香烟，而且在烟叶的运用上，亦鱼目混珠，蒙混消费者。如"喜鹊"牌在香港的烟叶，用的是上好的港"龙"叶组，价格较低，希望将来"美丽"牌香烟全线崩溃之时，"逐渐减低吸家自我感觉"⑤。企业试图在质量上蒙骗消费者，这一方式无异于慢性自杀。

民族品牌中此现象较为普遍，家庭工业社的陈蝶仙撰文对此提出严厉批评，

---

① 《银行周报》1923年第44期，转引自杜恂诚《民族资本主义与旧中国政府（1840—1937）》，上海社会科学院出版社1991年版，第111页。
② 中国社会科学院上海经济研究所、上海社会科学院经济研究所编：《南洋兄弟烟草公司史料》，上海人民出版社1958年版，第259页。
③ 同上书，第257页。
④ 同上书，第260页。
⑤ 同上书，第258页。

《廉价竞争是国货的死症》指出,"中国人的死症,就犯在这种毛病上,所以做不出一种好货品来,代替外货"①,希冀国货工商能立志向上,精益求精,不可偷工减料,或抱着机会主义的牺牲精神,这都是廉价竞争的死路。因为产品的优劣,关系牌子的信誉,事关民族工商业的前途。

天津东亚毛纺织有限公司的宋棐卿与祥和纺毛厂打得不可开交,祥和出品"飞机"牌毛线,东亚立刻出品"高射炮"牌,祥和大减价,东亚这边"买一送一",甚至还不惜利用天津走街有名的"五虎"之一郑润卿,"专门到各处造谣言,破坏祥和毛线的名誉"②。很快,将祥和纺毛厂挤垮,连人带机器一起吞并至东亚厂。

虽然近代各行业纷纷成立了各种同业团体,如上海总商会、华商纱厂联合会,但由于组织松散,对同业倾轧现象不能起到很好的协调和组织的作用。同业倾轧、冒牌现象不可避免。

五 品牌形象"何其相似"

经营工商业者,其品牌标识为其"独有专用之记号也"③,然有些商标与其经营事业毫无关系,信手拈来,比比皆是。"况商标之特色,贵独异而不贵同"④,但是,近代民族品牌的命名、商标图案、包装等,在很大程度上有雷同洋货品牌的倾向,似乎真是国货家的本意,但由此可以看出"中国国民的创造力与自立性的缺乏,所丰富者只是空虚的傲慢与依赖与嗜利性这几样罢了"⑤。民族品牌的发展,应培养科学制造的精神和良好的商业道德,模仿、山寨,徒表现中国国民性之卑劣。在同时代的周作人看来,上海天厨味精的广告,让人心生疑虑,因为广告上瓶子的式样图案都同日本"味之素"相似,在他看来,如能发明味精,一定把他装在方形的玻璃瓶里,贴上扁方的商标,绝不去模拟"味之素"的样子,如不能发明,那就索性不做这个生意,保持点民族的自尊。

黄楚九经营之"龙虎"人丹,其本意应是希望借助于日本"仁丹"在市场上的地位,号召"中国人买中国人丹",也因此惹来官司,后来几经构讼,借助于政治力量,排除万难才取得胜利,但也为此付出了高昂的代价。日本"味之素"

---

① 天虚我生:《职业指导:廉价竞争是国货的死症》,《机联会刊》1933年第82期。
② 东亚工厂编写小组:《大地回春》,1960年版,第7页。
③ 抗白:《吾国商人之弱点》,《中国实业杂志》1912年第4期。
④ 同上。
⑤ 荆生:《模拟的国货》,《晨报副刊》1923年10月23日。

也曾利用商标法，控告生产"佛手"牌味精的天厨，打官司近一年，引起人民群众的同情，还是张崇新利用他的关系在北洋政府斡旋，日商的阴谋才没有得逞。

中国近代民族企业在生产或者包装产品时，一味模仿，缺乏独立创造性，使得国货与日货等难以辨认。因此各地政府不得不成立国货维持会，调查国货种类、产地、牌号等，搜集各种著名国货，颁发"国货证明"等。

国内民族品牌略有发展者，也经常被其他同业模仿抄袭，如图5-1"保险"牌牙粉，其商标创意设计，严重模仿"无敌"牌牙粉。"我国人之办工业者，多仿效性而缺乏创造力，如某一工业而稍有微利可图也，则群趋于一途，结果则同归于尽。"① 同业有创设新牌，畅销者，不惜模仿以扰乱视听。梁新记牙刷最初使用的牙刷牌子为"十字"牌，但创设不久，即遭到同行的模仿，经理梁日新为杜绝市场上假冒该公司牙刷，与梁日盛、陈冰侠商量，将原来所用"十字"牌商标取消，改用"双十"牌及"一毛不拔"牌商标。向前北京农工商部及香港政府注册，使各界认识辨知该公司商标系由政府审定，别人不得影戏假冒。② 华成烟草公司之"美丽"牌香烟在市场上销量极好，立刻就有"秀丽""华丽"等商标注册。"金鼠牌"香烟在市场上畅销之后，"金带""金库"等也随之产生，表现了国民的劣根性。

图5-1 "保险"牌牙粉 "无敌"牌牙粉

---

① 《商标问题讨论：胡西园氏对司法院解释商标意见》，《机联会刊》1934年第97期。
② 澄子：《双十牌梁新记兄弟牙刷公司发展史》，《国货月刊》1928年第3期。

"宜禁冒牌而严罚,择业外洋工艺之精固,由国家有专利之条,尤赖法律有冒牌之禁,俾工商业家,一志经营,匠心独造,则不然一人辛苦创造于前,众人作伪接踵于后,必致明珠鱼目,同归失败,应请通令保护商标奖励特许发明,诸物品有其冒牌仿造者,有犯必罚,则工商家不惮,出其才智,以争进步,将来或可与外货比较短长也。"①广生行的"双妹"牌为近代著名品牌,畅销中外,为制造化妆品之最佳者,也曾遭遇"神州药房"的假冒,滋生诉讼一事,时人批评这种假冒行为"稍有国家观念者,宜如何为之鼓吹,助其畅销,以杀舶来品运销我国之势"②,何必假冒其商标,毁其声誉,摧其营业。人贵自立,如此假冒,唯表现碌碌庸夫,无异于自毁名誉。

难怪时人批评"在商业道德上讲,我国人实在是最要不得的,什么你是陆稿荐,我也是,弄得大家都是,你是张小泉,我也是,他也是,结果凡是剪刀店,几乎都是张小泉,使人认不出来,究竟那家是真,那家是最初一爿,弄得顾客倒足胃口,大骂山门"③。最令人鄙视的是,冒人家的牌子宣传你的货品,最起码应该拿出真的货品来,那才是真实力,拿出来的却是劣品,真正是挂羊头卖狗肉了。

六 品牌延伸过多,产品无标准

近代民族品牌大部分为多品牌战略经营,但有些品牌延伸价低质劣,只图一时的谋利,缺乏远见。有些牌子在社会上有相当之影响,不愿降价销售。但迫于同业之"跌价"竞争,"不得不应付环境,遂出副牌货,以为竞争之工具;自相残杀,既不利己,而又损人"④。这种副牌竞争,如产品质量或营销不当,不仅无助于竞争,对企业形象和整体的品牌规划也极为不利。

还有些民族企业盲目拓展公司业务,东亚毛呢纺织有限公司其生产的"抵羊"牌毛线在市场上影响很大,抗战期间由于西药供应紧张,在利益驱动下投资新的事业。于1944年成立"东亚化学厂",主要生产脑得康、克蛔宁、止痛片、咳嗽糖等。虽然适应了当时的市场需求,但也因此稀释了原有的品牌个性。

三友实业社以制造烛芯起家,后转向生产棉织品,其生产的"三角"牌毛巾、"透凉罗"帐料、"自由布"等产品,在与洋货品牌的竞争中逐渐占据上风,"三角"牌毛巾打倒了日货"铁锚"牌毛巾,"爱国蓝布""自由布"及"透凉

---

① 赵秉钧:《工商会议报告录》,工商部1913年版,第398页。
② 瘦魂:《假冒商标之害》,《广益杂志》1919年第1期。
③ 《牌子》,《沪西》1947年第8期。
④ 程守中:《推销上之耗费》,《工商管理月刊》1936年第5期。

罗"等抵制了英货毛丝纶和珠罗纱的倾销。20世纪30年代,"忽然卖起药来了,因为过去有了信用,他的药当然也是灵的了。"① 时人批评,三友实业社"不走实业路,却走医药路。"②因为其长期形成的努力经营实业的形象与投机取巧的"医药业"确是相差甚远。

近代医药业中,黄楚九经营的五洲药房、九福公司、中法大药房,生产的"人造自来血""龙虎"牌人丹、"百龄机"、"艾罗补脑汁"等风行一时,还有"艾罗疗肺药"、"中国实丹"、"庆胜丹"、"杏仁水"、"红血输九造真正血"、"罗威水果盐"、"双狮薄荷锭"、"双狮杀蚊香"、"双狮牛肉汁鸡汁"、"婴孩快乐丸"、"九一四内服药水药丸"等,1921年收购了德商经营的固本肥皂厂,开始经营"五洲固本皂""荷叶荷花"牌皂类。20世纪30年代,还开发"五洲美容霜""五洲空心蚊香"等,甚至进军游乐业、金融业、房地产业等,办起了日夜银行、大世界、福昌烟公司、温泉浴室、九星烟公司、大昌烟厂等,经营范围过广,带有很大的投机性质,对品牌的长期发展缺乏聚焦和定位。

南洋兄弟烟草公司在20世纪20年代,声名鹊起,独占国内烟草界鳌头。然自1924年华成烟公司重组推出两个拳头产品"美丽"牌香烟和"金鼠"牌香烟之后,其营业大受损失。原因在于,华成品牌定位简单明确,"美丽"牌香烟为上等,质优价高,"金鼠"牌香烟为中等,价格稍低。两个品牌隔日刊登在固定版面,长此以往给受众带来良好的品牌印象。南洋开发的香烟牌子很多,有"梅兰芳""白金龙""红金龙""七星""大喜""金马""银行""长城""三爵""白雀""百爵""新美女""联珠""喜鹊""金字""金麒麟""民众""爱国""双喜""天门""尖角""宝塔""佛手""地球""黄飞鸟""和平""大富国""大兄弟""马车""蝴蝶""九如"等,共七等四十八个牌子,③ 由于产品开发过多,没有精准的市场定位,有些牌子存在的时间也较短,使消费者眼花缭乱,无法形成固定的品牌认知和品牌忠诚。

品牌生产缺少标准实例,货物亦缺少标准,偷工减料。"专恃牌誉营业不重实际。"④"人钟"是申新公用商标(包括纱、布、线),过去因生产技术管理不统一,以致采用"人钟"商标的棉纱在申新产品销售量中仅占20%—30%,其余是各厂自行创立的商标,名称之多不下50种。有的售价高于"人钟",这一情况

---

① 问天:《老牌子》,《五云日升楼》1939年第16期。
② 涵郎:《不变更的广告》,《七日谈》1946年第14期。
③ 《南洋兄弟烟草公司最近状况之调查》,《工商半月刊》1929年第1期,第19—22页。
④ 程守中:《推销上之耗费》,《工商管理月刊》1936年第5期。

固可说明申新产品有长足进步,但也因为有的产品质量次劣,售价因而被压低了。这也说明偌大一个公司对公用商标品牌没有一个严格的标准,从而对市场销售产生诸多不利影响。

近代民族品牌发展极端不平衡,"民国以来,虽亦在竭力挣扎之中,然其范围狭小,更未步上重工业之途,仅有轻工业之中几项主要者,稍具眉目而已"[①]。1933年的调查,除东北四省和甘、宁、青、滇等边远省份外,全国17个省有工厂2435家,其中冀、鲁、苏、浙、闽、粤等沿海6省份有2241家,占92%,上海有1186家,占48.7%。[②]

中国近代民族品牌的发生发展,即是战争的原因,因了经济上的侵略,使得民族企业从一开始的建立就显得有些力不从心,不是从促进本国经济,弘扬本国文化,建立特色品牌开始的。更多的是源于对帝国主义经济侵略的仇视和愤慨,防止漏卮,挽回利权是他们的一贯主张,因此在品牌建立和管理方面自然有些短视和被动,缺乏长期的品牌战略眼光。外人强,则我强,外人弱,则见好就收。商人逐利的本性暴露无遗,真正持之以恒地发展本民族工业、建立品牌的实业家甚少。国货企业急于求利,不懂应变。1935年"抵羊"牌毛线在厦门等地取得了较好的销售业绩,"蜜蜂"牌毛线销数锐减。东亚厂虽然在闽南已经有了一定的知名度,信誉卓著,但是第二年即提高其代销条件,要求苛刻,给洋品牌以可乘之机,转而"抵羊"牌毛线销路一落千丈,无可挽回。[③]

第二节 近代民族品牌广告传播的反思

无论是品牌,还是广告,都要依托于实体经济的发展,而近代中国的经济现象十分复杂,它处于从传统手工业经济向机械大工业逐步过渡的时期,多种经济成分并存,此消彼长,互相影响。又由于外在势力的影响和战争的关系,品牌发展和广告传播也受其影响,民族工业的发展常常被纳入战争轨道,因此,中国近代民族品牌的广告传播,有其复杂的一面,但其总趋势仍然是朝着树立民族品牌,利用现代技术手段,广为传播其品牌形象发展的。

[①] 朱斯煌:《民国经济史》,银行学会银行周报社1948年版,第227页。
[②] 陈真:《中国近代工业史资料》第四辑,生活·读书·新知三联书店1961年版,第17页。
[③] 庄金章:《提倡国货和抵制洋货的回忆》,载厦门市政协委员会《厦门史料辑录》第二辑,厦门市政协委员会1961年版,第37—38页。

单纯就民族品牌的广告而言,在清末民初翻阅国内的著名报纸,如《申报》《大公报》《新闻报》等,大部分为洋商经济侵略先锋之国际广告,而我国的商人,对于广告,"犹不知加以注意"①,直至"五四"以后,乃知道振兴国货刻不容缓,刊登于报刊的广告亦日渐增多,同时主张报纸杂志停登某某国广告,以鼓励我国民族工业发展。但是,就广告之稿本而言,除三友实业社、家庭工业社等数家外,则"罕有引人注意动人情感之稿本"②。

一 民族主义话语有号召力,无生命力

近代民族品牌在广告传播时,机会主义地利用了国货运动期间人们的"抵货"情绪,广告话语凸显"爱国"热情,但是这种宣传,有号召力,无生命力。时人指出,"幼稚的宣传技术,是直线式的,如'纯粹国产',如'挽回利权'等等,这些都是从正面着笔,利用国民党的爱国心理,与某时间的爱国空气,以发扬广告的机能"③。这在某一个时间,确有相当的效力。同时,更起到了主权国家所赋予民族工业保护国家经济安全的责任。但是,一成不变地宣传下去,就不能有更进一步的效力发生。"直线式的正面的广告,是依着强烈刺激时的观念所产生的强烈刺激技术。那就不会抓住已呈疲劳的大众心理的新需要。"④ 原因在于国民经过某一种强烈的刺激后,已感觉到个人心理上的疲乏和厌倦,这个时候就需要别的诉求方式来延续消费者的注意力和兴趣。

五四运动时期,排日的浪潮高过一切,中国天津、上海纷纷针对日本的棉纺织业,成立了纺织工厂、火柴工厂等。于是中国各地不用日本之"狮"牌牙粉,而用国货"双狮"牌的牙粉,不用日本"仁丹",而用中国自己的"人丹"。但是,"社会精英阶层那种变幻不定的爱国主义思想的再现,既不足以为中国市场提供保护,也同样不能保障中国企业家的发展"⑤。五四运动时期,民族品牌广告话语中频频出现的民族主义情绪,只能一时刺激消费者,却不能成为支撑民族品牌持续发展的不竭动力。

保卫民族品牌,促进民族工业发展,这符合每一个国人的爱国之心,但是,

---

① 戴景素:《广告运动》,《工商新闻百期汇刊》1925 年,第 7 页。
② 同上。
③ 何炳勋:《木炭画片与国货广告》,《汗血周刊》1935 年第 21 期。
④ 同上。
⑤ [法]白吉尔:《中国资产阶级的黄金时代(1911—1937)》,张富强、许世芬译,上海人民出版社 1994 年版,第 299 页。

民族主义观念并非是民族品牌的护身符,民族品牌也不能单纯依赖民族主义观念生存发展,决定民族品牌命运的,只能靠民族工业自身。市场经济遵循优胜劣汰,适者生存的规律,谁善于驾驭它谁才会笑到最后。因此,民族品牌可以依靠自身和民族的力量求得发展,也可以借助外企力量求得发展,可以根据自身需要,通过涅槃求得新生,也可以蓄势待发,伺机反戈一击收购外企,变洋货品牌为民族品牌。否则,被民族观念遮住了视线,只用民族意识看待品牌的"倒戈",这都是不对的。民族主义从来都是双刃剑,尤其用在商业领域,因为买卖的是货品,不是人情。"马"牌洋灰的广告传播,自始至终坚持理性诉求,即使在国货运动期间,亦从未改变,保持了固定的品牌认知和品牌形象。

图 5-2 马牌洋灰广告 《东方杂志》1925 年五卅增刊

有些烟草广告,实在是无聊,"欲谋中国之独立,请吸某某牌香烟",吸某牌香烟,和中国的统一,有何关系?"不但在他们营业上,忒显滑稽,恐怕还要见笑外人吧。"[1]

二 过量广告为社会之浪费

广告宣传要量力而为,与品牌定位相称。近代民族企业,为求商品销路的扩大,不惜花费巨资在报纸上刊登广告,同业中有刊登半版者,则较之以整版,有

---

[1] 《劝劝上海人:劝登滑头广告者》,《劝善杂志》1924 年第 3 期。

第五章　对近代民族品牌广告传播的反思

整版者不惜以跨版求引起读者的注意，彰显企业的实力。此种无限制竞争，在烟草业和电影业最为明显。烟草业中的南洋、华成、华达等烟草公司在 1931—1932 年的报纸上，轮流在头版刊出，在有限的购买力中，无疑会造成广告费的浪费，对社会、报纸及同业都是很大的贻害。"广告之大小与自己工业地位不称。"①诚如，广告费用太高，则社会之浪费，趋重则贪得无厌，加重制造成本，徒增消费者之负担，鼓励社会奢华。

广告费的支出属于"资本"性质的生产，最终的支付还要顾客来埋单。据民国时期的《东南日报》统计，一支四元一角钱的牙膏，其中四角是原料，八角为锡管，另外八角是广告费，余下的才是制造商及零售商的利润。由此看来，过量的广告费必然会增加消费者的负担，对于整个社会也是一种浪费。

对报社而言，过量的广告对报纸的篇幅实为一种浪费，尤其在近代战乱频仍，白报纸仰赖进口不能自给，社会各界提倡节约限制纸张期间。广告过多不仅破坏了版面的组织及美观，更影响了新闻的价值。近代《新闻报》的广告非常泛滥，有时会把新闻地位挤成一小块，或者夹成一条小弄堂。"有的，在版面中央登一块广告，而四面都补上新闻。"② 这种"四面靠水"的广告，可以加倍收费，此外还有"一面靠水、三面靠水"，常常使得报纸版面支离破碎，《申报》同样如此。

图 5-3　"红金龙香烟广告"
《申报》1937 年 6 月 30 日

图 5-4　"无敌牙膏广告"
《申报》1937 年 7 月 7 日

① 程守中：《推销上之耗费》，《工商管理月刊》1936 年第 5 期。
② 徐铸成：《报海旧闻》，上海人民出版社 1981 年版，第 231 页。

翻开民国时期的报纸，触目皆是烟草广告和医药广告，如五洲药房的广告、"百龄机"等，吹得神乎其神，且版面占当日报纸的四分之一版。①"六零六"的广告每日刊登。报纸广告是社会生活的反映，"触目惊心的，神药广告是近数年中国报纸上的新纪元"②。好像中国人需要补品的人特别多，孱弱得可怜。难怪外国人讥讽我们是"东亚病夫"。

三 广告创作无心得

近代民族品牌的广告传播，确有令人津津乐道的广告，如时人亦夸赞梁新记的牙刷广告，"一毛不拔""用成语做广告，可谓深得宣传意味，可以说是把商人的爱钱心理，暴露无遗"③。鹤鸣鞋店的"皮张之厚那一句，也可以算是运用成语的杰作"④。因为广告适切产品的特点。烟草业中，华成烟草公司的品牌广告传播最为成功。主打两个拳头产品，本着节省的原则，在《申报》和《新闻报》上隔日刊登广告，创意表现万变不离其宗，广告口号一直使用的就是"有美皆备，无美不臻""烟味好，价钱巧"。将烟草功能需求和感情诉求开发得淋漓尽致，除了各种良辰美景，应酬酢处，就连香烟可以灭菌杀虫的功效都被其应用，乍一看，还以为是一则新闻，再仔细看才知道原来是华成烟草公司的"金鼠"牌香烟广告，广告语"浙省昆虫局发明烟叶残末，可以杀灭铁甲虫、稻螟蛉、粉白飞虱、蚂蟥以及蛾类等一切害虫，推而知之，香烟即可以抵抗病菌，故常吸美丽牌金鼠牌国货香烟者，病菌不易侵入，身体永葆健康"⑤。消费者在莞尔一笑中，记住了该品牌。

南洋兄弟烟草公司的广告，由于缺乏明确的品牌定位，忙着推介新品，在创意表达上除了利用上述的直线式"国货"说教外，创意缺乏个性化表现。20世纪20年代时借助于五四运动、五卅事件的仇货运动，获得了良好的发展机遇，但由于品牌定位没有及时跟上，使得人们消费国货的心理脆弱过后，就失去了良好的号召力和感染力。1924年华成推出"美丽"牌香烟后，南洋上等烟的地位就被夺走。南洋推出的"红金龙"牌香烟，其广告表现与品牌形象相悖，广告

---

① 《申报》1931年9月15日。
② 陈定闳：《从报纸广告看中国社会》，《民主与统一》1946年第11期。
③ 涵郎：《不变更的广告》，《七日谈》1946年第14期。
④ 同上。
⑤ 《申报》1937年7月3日。

第五章 对近代民族品牌广告传播的反思

《申报》1937年7月3日　　　　　《申报》1937年7月12日

图 5-5　金鼠牌香烟广告

画面用一雄鸡报晓的画面，虽说有推介告知的含义，但却模糊了消费者对品牌名称的识记。在某些场合，南洋为了让人们拒绝吸英美烟公司的香烟，改吸价格相当的南洋香烟，甚至画出一只乌龟站在英美烟公司的烟盒上，并附有"谁吸英美烟香烟的就是乌龟"的题词，这样的广告在今天看来确实有些拙劣和不堪。

图 5-6　"红金龙"香烟广告　《申报》1937 年 7 月 12 日

三友实业社的广告在当时也被人指诟，"不走实业路，却走医药路，如和气丸，救苦丸，广告据我所知，姑娘们服了和气丸日日生气；嫂嫂们服了救苦丸，依然愁眉苦脸，使人觉得有文不对题之感"①。与其平日里关于"三角"牌毛巾

---

① 涵郎：《不变更的广告》，《七日谈》1946 年第 14 期。

· 205 ·

的创意相差甚远，一方面20世纪30年代战乱期间创意人才缺乏，另一方面也是商家急于求利，未加斟酌的结果。

时人评价当时的工商业界广告，当时稍稍能懂得广告、合乎广告原理者，"厥推烟草公司，与外国人所设之几家大商店而已"①，一般的商人，"尚不能了解广告之意义与效用"，或者"徒知广告之皮相，而未尝加以推敲。徒知广告之效力，而不知广告必如何始足以引动人之视线，而生效力"②。由于当时的广告业创作还无更多的限制，因此广告语中，使用绝对用语者非常常见，如"双马"牌香烟的广告，接连使用四个"最"，"烟品最好""香味最佳""装潢最美""定价最廉"③，这样的广告吹嘘，徒增消费者的不信任，以致时人批评当时的广告，虚假泛滥成灾，失去广告的价值。

四 名人广告频出问题

20世纪30年代，名人代言成为民族品牌推销产品的广告手法之一，用得好，可以借助于名人的"晕轮"效应，增强品牌的知名度和美誉度，但也有一些吃官司，给营业带来消极效果的，因此要慎重。1931年，福昌烟公司策划出品"马占山将军"香烟，12月28日的《申报》上刊登有该公司的广告，宣称"国货香烟，今日发行；每箱提国币10元慰劳马占山将军；得马占山将军允准发行；抵抗一切舶来品；具备将军大无畏精神"④。该公司将品牌形象同全国民众的抗日情绪，巧妙地结合起来，获得了良好的市场效果，"马占山将军"香烟由每元三听涨至每元二听。1932年的广告，"慨自逆寇凌边恣行吞略我东北膏腴，遂于不抵抗之下，竟付沦亡，独马占山将军，以饥寒久疲之孤军当锐气方张之强敌，风气变色，百折不挠，武穆而下，千载一人，愿同胞吸此至高无上之极品马占山香烟，闻风兴起，共图大是也"⑤。然而就在福昌烟大张旗鼓地推销"马占山将军"香烟时，马占山却与日妥协，最后竟落水降日。至此，马占山由抗日英雄沦为"汉奸"，上海市政府、各人民团体等机构，纷纷将失望的情绪发泄到该品牌香烟上，收缴该牌子的香烟进行销毁，福昌烟公司也因此名誉扫地。

---

① 施督辉：《广告学之研究》，《钱业月报》1925年第5期。
② 同上。
③ 《申报》1925年6月4日。
④ 《申报》1931年12月28日。
⑤ 《申报》1932年1月23日。

华成烟草公司的"美丽"牌香烟,印在包装上的女子是上海滩平剧明星吕美玉,"因貌美给美丽牌公司当局窃将照片绘制下来藉广告,后来吕美玉下嫁魏廷荣,凑巧吕美玉广告发行,于是魏出面向美丽牌公司兴讼,结果美丽牌公司败诉,损失数十万"①。虽未对品牌自身造成太大伤害,但也给当时的民族品牌上了生动的一课。"双妹"老牌化妆品在选代言人时,就非常巧妙,没有选择现实中的代言人,而是选择了虚拟的美女,就没有发生以上状况。

伟人广告用不得,这在民国时期广告法中就有规定。1925年,孙中山先生逝世,举国上下一片哀恸。有些厂商便使用孙中山的遗像或名字作商标广告,最初使用者较少,后来竟蔚为大观,连知名的冠生园食品有限公司,也推出了"中山橄榄"。从品牌自身而言,一方面表达敬仰之心,另一方面也有借助于伟人之形象做广告宣传。但是,却引来社会人士的指责,要求国民政府制定相应的法规予以禁止,保护孙中山之国父的权威形象不受侵犯。国民政府针对此情形,于1928年颁布了"兹制定各项商品印贴总理遗像,作为商标限制办法"②的指令,"除经总理生前特别允许,得有特别状外,所有新案一律批驳不准"③。这一法案的颁布成为现行广告法中不得使用"党和国家领导人形象"做商业促销宣传的滥觞。

图5-7 "中山橄榄"广告 《良友》画报1926年第11期

---

① 星谷:《胞妹吕美玉即美丽牌上的广告》,《大众影讯》1940年第42期。
② 《工商部部令》,《国民政府工商部·工商公报》1928年第4期。
③ 《国民政府工商部·工商公报》1929年第14期。

五 联合广告不彻底不革命

联合广告是各企业合作推出的广告，集合各品牌产品用大版面刊出，既经济实惠又达到了推销商品的效果。近代报刊媒体，虽偶有联合抵制洋货品牌，拒登洋货广告的举动发生，但从未真正拒绝，使得民族品牌的发展时刻面临外货品牌的倾轧。同时，国货团体在推广民族品牌时，也未设置底线，竟将洋货品牌一并放入其中，不知是哪门子的民族。1937年7月，上海机制联合会在《申报》上刊登了半版民族品牌的"联合广告"，其刊发语为"一个国民虽然也可以御外侮，但不及全体国民一同御外侮。全体国民协力同心，虽然可以御外侮，但不及受了公民训练而御外侮。一种国货虽然也可以抵制外货，但不及全体国货一同抵制外货。全国国货工厂结了团体，虽然可以抵制外货，但不及用联合广告宣传了去抵制外货"①。在这一则联合广告中，除了民族品牌"立鹤"牌面盆、"三角"牌西湖毛巾、"鹅"牌麻纱汗衫、"龙虎"人丹、"华通"电风扇等，赫然出现了美国"黑人牙膏"的广告，广告语"苏苏有声，比众不同"。

图 5-8 民族品牌联合广告 《申报》1937年7月4日

---

① 《申报》1937年7月5日。

如此联合广告，让爱国民众看到，徒增一丝困惑，难道黑人牙膏也是民族品牌不成？

就报馆而言，为赢利计，刊登洋货广告无可厚非。当抵货运动时，发出拒登某某国广告的通知，但是一旦风头过去，就又充当起洋货侵略的排头兵，这是哪门子的姿态。时人批评当时的报馆，应与民族企业家多多合作，应"处处予商家以广告上之便利，则广告费之收入，决不致专恃洋商"[1]。甚至有人提出，在我们的国家地位没有增高以前，列强压迫我们的不平等条约没有取消以前，报馆方面，"外国的货物等广告与一概拒绝刊登"[2]，一来可以表达舆论界的爱国思想，彰显报格；二来可以使国人少上滑稽广告的当；三来也可以支持民族品牌的发展。

广告公司也应担负起设计和制作商的责任，而不仅仅是介绍产品信息，应为商家广告方法和技术的改进尽一分力。

近代民族品牌的创建和广告传播，当我们为其描眉画眼、歌功颂德时，也需冷眼观之，反思其发展的困窘和不安，从而更好地体察其行进的不易和艰难。近代民族品牌外部遭遇西方列强政治经济特权的围剿，市场环境极其恶劣；内部同业间倾轧，低价竞销，品牌形象的创建缺乏科学和独创精神；品牌缺乏合理定位，产品无标准等。近代民族工业自身产品的孱弱以及工厂企业只顾眼前的利益，使得民族品牌的创建传播缺乏长期的战略眼光。民族品牌亦有挂着"洋商牌子"以求销售者，实是可恶。"托庇洋人宇下，于是完全华产，则用洋商牌子，为渊敲鱼，不知谁作俑。"[3] 支持品牌发展的普通民众，其奢华的消费风气与国内环境迥异，与刚刚起步的民族工商业发展不协调等。

民族品牌为抵制洋货而言，自身应该"从事原料生产品质制炼""装潢完全以国产为原则""勿在自身上计划争夺之方法""舍模仿而趋从创造""勿贪图近利，而失去自国人民之信仰""竭力合作，勿存畛域之见，而存倾轧之心"[4]。从政府角度，保护关税未能施行前，对国产化妆香品，予以事实上之便利；以政府之力量，推进国产香品之营业，以占夺舶来品之市场；派遣技术人才，指导援

---

[1] 戴景素：《广告运动》，《工商新闻百期汇刊》1925年，第8页。
[2] 思棣：《报纸登载外货广告》，《钱业月报》1935年第8期。
[3] 钱香如：《洋商牌子》，《繁花杂志》1915年第6期。
[4] 周邦俊：《战士式之中国化妆品业》，载上海市商会商务科《新药业》，上海市商会1935年版，第7页。

助；原料制炼，有所发现，予以奖励。

近代民族品牌的广告传播，带动了近代广告事业的大发展，这一点毋庸置疑，民族企业在广告方面，已懂得广告的效力，在经费上也是非常舍得投入的。五洲大药房等都成立了专门的广告部，下设美术、文书、印刷、陈设四个专业股。同时，与专业广告公司合作，信谊药厂将广告公司包给了维罗广告公司，在《申报》《新闻报》上刊登大幅广告，费用由该公司垫付，月底结账。

中国民族品牌的广告传播，就文字、内容和颜色而言，"进步是有的，还须加以改良，而使有独立的创造性才是"①。民族品牌的报纸广告，亦随国货运动的开展此起彼伏，运动强，则广告强，运动弱，则广告弱。在这一时期，也带动了"分类广告"和"联合广告"的发展，因民族品牌无雄厚资金的支持，遂联合其他商家一起刊登，客观上也促进了报纸"分类广告"和"联合广告"等广告类型的拓展。同样的，报纸广告的价格，以上海为例，也随着民族品牌广告意识的觉醒和对抗外货的热情，水涨船高，"比较十年前增高约十分之三，但广告的效力与广告所占的纸面殆亦与价目的增价相称"②。客观上，民族品牌广告传播的旺盛需求及其表现，也促进了近代报业的发展。

但其自身也有一些有待改良的地方，"国产货物的制造和推销方法实在很有改良的余地，很有研究的必要"③。例如民族主义话语在沟通社会时，缺乏长久的生命力，广告版面过大，对社会和同业都是一种贻害，创作无心得，名人广告频出问题，联合广告不彻底不革命，等等。所有这些，都是站在现代门槛对其回顾和审思，希冀能给现代的民族品牌发展带来一丝警醒和借鉴。

---

① 吴铁三：《中国旧式广告之探讨》，私立沪江大学商学院工商管理系1934年毕业论文，上海市档案馆藏，资料号：Q242—1—828。
② 张竹平：《十年来的新闻事业》，《大夏》1934年第5期。
③ 沈麟玉：《研究商学的态度及方法》，《大夏》1934年第4期。

结　　语

著名经济学家李斯特提出，"一个国家没有工业，只经营农业，就等于一个人在物质生产中少了一只膀子"①。依存于国外工业，必然要受到牵制。中国的民族工业自19世纪六七十年代发展至今，工业体量发生了翻天覆地的变化，但就品牌而言，仍然属于品牌小国，缺乏国际竞争力。世界品牌实验室发布的"2015年世界品牌500强"中，中国有31个品牌上榜，尽管这一数字与之前有了很大的提高，但与品牌强国美国288个品牌入选相比，仍有很大的差距，品牌价值和竞争力还相对较低。2014年，习近平在河南考察时，提出"三个转变"的重要指示，即"推动中国制造向中国创造转变、中国速度向中国质量转变、中国产品向中国品牌转变"。同年11月，习近平指出，中国经济进入新常态，由过去10%左右的高速增长转入中高速增长，经济发展从要素驱动、投资驱动向创新驱动转变。在新常态下，要大力发展品牌经济，以品牌为核心，整合经济要素，提升国家的综合实力和竞争力。中国人民大学国家发展与战略研究院执行院长刘元春指出，"在中国全面崛起的时候，中国商品输出、资本输出会有一个很关键的节点，那就是品牌的输出。因此，品牌的提升和走出去，成为中国核心竞争力提升的关键"。研究近代中国民族品牌，一方面，可以详细记录中国品牌的文化和政治权威，重塑其身份概念，充分认识其品牌的历史效益，指引其品牌发展，在未来取得更为有利的位置。另一方面，还可以探索其过去积累了什么样的品牌资产，可以加强（或者约束）其未来创新概念的能力。

近代中国民族品牌的建立和传播，立足于传统农业经济与现代工商业的转折，是民族意识觉醒与品牌广告观念在中国经济近代化过程中的汇流，是东西农业文明和工业文明的一次碰撞。近代民族品牌的产生，是由外部压力而引发的内

---

① ［德］弗里德里希·李斯特：《政治经济学的国民体系》，陈万煦译，商务印书馆1961年版，第141页。

部生产关系的调整和应变，而非洋货品牌由内向外的开拓型发展，因此其产生的缘由，决定了其品牌创建和广告传播缺乏独立自主性，常常处于一种闻风而动和跟风状态，企业稍有获利，就止步于现有状况，在品牌的纵深发展方面，缺乏长期的维护监督和管理。

近代民族品牌所表现出来的现代主义，如西方泰勒的"科学管理"，品牌意识、广告观念、品牌文化等，还有消费主义的理想，如"国货""国人应用国货"等，这种思想并不表现为对西方的完全排斥，而是既模仿外国企业创立品牌的经营方式和广告传播，同时又将其视作一种竞争和威胁力量。这一建筑在妥协与反抗基础上的现实主义态度，既推动了民族品牌与洋货品牌在近代中国的合作与竞争，又表现出对西方文明的不适和无奈的痛苦，为了获得发展，他们不得不起来反对洋货，表现出诸多的"民族主义"情绪。但由于品牌的本质应是健康的、和谐的和进步的，因此"民族主义"的思想不能成为支持品牌发展的内涵，可以本土化，但绝不能排外化。中国加入WTO以后，中国民族品牌需要融入第三次全球化浪潮中，如何处理好民族品牌与信息化全球化之间的关系，值得我们继续思索。

民族品牌的发展和传播需要国家政治力量的保护提倡与推广。正如李斯特所言，"只要工业还不能同处于优势地位的外国工业进行自由竞争，它就必须受到国家力量的保护"[1]。由于近代中国政治上的不自立，使得民族经济受到西方列强的奴役和围剿，从而无法实现真正的实业救国。清政府、南京临时政府、北洋政府、国民政府逐渐意识到发展民族工商业的重要性，颁布了一系列有利工商业发展的措施。1930年国货年，国民政府适时发出免征国货广告的通知，通告各省市执行，"凡关于娱乐品奢侈品两项，准予酌收广告捐……其余正当国货广告税，一律免征"[2]。体现出庄严的国家主义与温情的民族主义情怀。1933年，国民政府甚至提出"国货年"，浩浩荡荡地依靠国家、社会团体和报刊舆论的力量，在全社会提倡国货，修建铁路时，指定要用"象"牌水泥，公务员定制衣服必须要用国产呢绒。各地建立许多"爱用国货"的协会，入会者缴纳会费，保证自己和家人都使用国货者，每年还颁发奖章，给予精神上的极大赞扬。广告传播方面，各级政府给予特别照顾，一律照规定税率减收两成，唯烟酒因系奢侈

---

[1] 转引自余建华《民族主义：历史遗产与时代风云的交汇》，学林出版社1999年版，第286页。
[2] 《工财内三部审核免征国货广告税办法》，《工商半月刊》1929年第18期。

品减收一成。

但是，由于近代社会战乱频仍，政权更迭，工商政策的施行未能保持一定的连续性，使得民族品牌的发展缺乏长期有效的制度环境。北洋政府、国民政府上台后为维护统治，搜刮民脂民膏，民族工商业遭遇各种势力的盘剥，发展困难。抗战期间，集中于沿海沿江的民族工商业遭到日本炮火的轰炸，损失惨重。抗战胜利后，由于国民政府与美国签订的关税协定，美货再一次倾销中国市场，使得民族品牌市场被夺，国民政府也乘机接管了部分企业，使许多民族工商业沦为"四大家族"的附庸。可见，近代民族品牌发展的政治环境是极其不易的。洋货品牌经历了工业革命的洗礼和沉淀后，产品物美价廉。而此时期的民族工商业刚刚起步，处于幼稚期，缺乏必要的资金、技术、设备等生产要素的支持，这是近代民族品牌得不到较好发展的重要原因。

四川丝业巨子范崇实于1946年在四川丝业公司九周年之际，满腹牢骚地创作了一首小诗，刻画出了半殖民地半封建主义的中国民族资本家的悲哀和奋斗精神。

> 造福人间事业难，又求保用又求官，
> 沿门托钵商贷款，计户栽桑劝养蚕。
> 九载辛酸悲统制；一朝解放隔市尘。
> 民营丝业摧残后，美国尼隆送我穿！①

1949年以后，许多民族品牌在经历了公私合营的社会主义改造、整风运动和"文化大革命"后，消失在历史的记忆中。

民族品牌的发展需要政府在关税、贸易保护等方面，给予更多的支持和保护。在美国历史上，里根政府在20世纪80年代曾经为了拯救岌岌可危的"哈雷"，大大提高了重型摩托车和传动部件的进口关税（从4.4%提高到49.4%）②来保护"哈雷"的业务。里根政府担心，这家拥有哈雷遗产与象征意义（象征自由主义，与政府的自由主义一致）的公司破产，政府可能会遭遇政治上的打击。而与此不同的是，中国政府在近代由于政治分裂所导致的关税不能自理，在

---

① 倩华：《四川丝业巨子——范崇实》，《经济导报》1947年第18期。
② [美] 道格拉斯·B. 霍尔特：《品牌如何成为偶像》，胡雍丰、孔辛译，商务印书馆2010年版，第193页。

政策方面，也没有获得实质性的、抵御洋货品牌的保护。

民族品牌的发展既需要同业竞争，也需要同业合作。第一次世界大战给民族棉纱业和面粉业带来发展的良机，荣氏集团即得力于此，"兵船"牌面粉远销国外。但是由于面粉业、纱厂创设过多，使社会资金过于分散，各家生意难做。不得已只能进行廉价竞争，这是国货生产的死症。因此，为实现民族品牌的大发展，同业之间应给予必要的合作，使得资本集中、人才集中，生产分配合理化。还可以"消弭对内竞争""增加对外力量"①等。

民族品牌的品牌文化和广告传播，应避免针锋相对的"排外"色彩，打造富有感染力和生命力的品牌调性。近代民族品牌长期遭遇外货品牌的倾轧，甚至是炮火的轰炸，部分民族品牌在品牌命名和商标设计上，带有浓重的民族主义色彩和排他性，如"抵羊""无敌"等，当这种排他性符合本民族利益，满足消费者心理需求时，确能推动品牌认知和品牌形象的构建，但一旦这种浓烈的情绪冷却后，就无法持续吸引和号召消费者。品牌自身的"排外"性，对走向国际市场的民族品牌自身也是不利的。

培育国人的"国货意识"是支持民族品牌发展的重要条件。中国人消费中国货的观念或意识，或者说"国货意识"，从近代民族品牌的发展可见，似乎于战争期间，得到了很好的诠释，在战争列强入侵时，我们可以团结对外，但一旦和平年代，则歌舞升平，似乎是好了伤疤忘了疼。新中国成立后，中国的民族工业处于恢复期、重建期，中国人心目中还保留着一丝"国家"观念时，似乎在消费领域可以发挥些国家主义的要义时，因政府缺乏对民族品牌的有力保护，洋货品牌再一次蜂拥而至，垄断、收买、打压等，以致大量民族品牌流失，无数国人在痛哭，我们还有多少民族品牌？

国人的"国货意识"，仍是孱弱得可怜，如何培育国民的"国货意识"这也是我们亟须思考的问题。首先，政府和政府人员在消费国货方面，应承担起"社会领袖"的职责。因为社会从领袖做起，他们深切明白本国经济的现状，从衣食住行各方面，以身作则，积极提倡，"社会上人，看了领袖的榜样，多少有些效验"②。近几年，彭丽媛跟随习近平主席出访活动穿戴的衣服、包包和赠送的礼品，引发国人追捧国货的热潮。第一夫人彭丽媛的率先仪范，让国人重拾自信，

---

① 木公：《国货发展问题：同业合作》，《机联会刊》1930年第23期。
② 俞友清：《提倡国货从谁人做起？》，《机联会刊》1934年第100期。

关注民族品牌，网友们毫不吝于表达对国产品牌的自豪感，并表示愿意用行动支持国货崛起。反之，国家在政策文件上号召鼓励民族产业发展，但政府采购和工作人员却依然唯洋货是从，那无异于自掴耳光，替别人做宣传。其次，在广告传播、学校教育方面，继续推广近代社会形成的"国货意识"，培育国人支持民族产业发展的信心和决心。韩国文化和广告中"身土不二"的消费观念，应是值得我们尊崇和学习的。

中国近代民族品牌的塑造，广告传达的一直是一种身份概念，这一概念的产生，直接应对当下社会问题的挑战，通过国家、企业和报纸广告三位一体的结合得以实现。近代国货运动，抵制洋货属于国家安全和民生方面的"利权保护"，从工厂、国货企业而言，他们所呼吁的是"产业保护"，而通过报纸广告所表达的是"消费主义的保护"，以上三位一体的结合，构成了近代民族品牌塑造和广告传播的完整保护链条。在近代民族工业和新闻广告事业的发展历程中，产品和品牌成为中外政治军事战场之外，商战的再延续，在这一特殊的历史和情境中，品牌所有者致力于利用广告或国货运动塑造品牌的价值，界定品牌在文化和社会转变中的作用，并找出品牌用以实现这些转变特殊的文化表达方式。

近代民族品牌的构建和广告传播，绝非上述文字可得其全貌，然庆幸的是，华生电扇、新亚药厂、冠生园等近代民族品牌依然健在，我们还可以借助于老品牌的力量去回味近代民族品牌的不易和艰辛，依然可以从其广告传播中去寻找传统文化的精髓。近年来广告界"中国元素"的回归，也似乎正在酝酿新一轮的品牌大战，"越是民族的，越是世界的。"中国近代民族品牌中的文化或者元素观念等，必将更多地成为国际文化创意产业中的流行分子，成为全球流行文化的新动力和风向标。民族品牌"在继续培育国外市场的同时，让我们也创立一个国内市场"[①]，刺激我们自己国家的工业发展，"各尽所能，努力提倡国货！"[②] 从社会推广、产品、渠道、方针等方面对民族品牌走出一方天地，希冀民族品牌的发展能长长久久，虽不致"万岁"，但品牌的发展必应持之以恒，以打造万年青品牌愿景而努力！

本书所进行的近代民族品牌广告传播研究，大体以民族品牌发达地区上海、天津、北京等地为主，因时间和精力有限，其他地区较少涉及，希望以后能够给

---

① ［美］罗伯特·赖克：《国家的作用》，上海市政协编译组、东方编译所译，上海译文出版社1994年版，第12页。
② 时敏：《复兴中华》，中国自强社1935年版，第87页。

予补充。在选取报刊媒体，统计民族品牌广告话语时，亦以《申报》为主，同时结合《新闻报》和《东方杂志》等，未能涉及全部。笔者在搜集资料时，越发察觉国人对品牌和广告资料的不重视，档案资料中对此的记录少之又少，因此每每获得一二，都欣喜万分。在写作中，亦觉得本书的研究，不仅要有广告学、历史学、品牌学的功底，亦要有政治学、民族学、语义学的理论，还要有哲学、经济学的思辨能力，这是笔者目前所不能尽善尽美的，希望以后可以进一步深化。

参考文献

近代文献：

著作：

启新洋灰公司：《启新洋灰有限公司》，出版地不详，出版者不详，1911年版。
［美］休曼：《实用新闻学》，史青译，上海广学会1913年版。
李作栋：《中国今日之经济政策》，日清印刷株式会社1913年版。
赵秉钧：《工商会议报告录》，工商部1913年版。
筹办巴拿马赛会出品协会事务所：《广告法》，巴拿马赛会出品所1914年版。
朱庆澜：《广告学》，商务书局1918年版。
梁启超：《梁任公近著》（第一辑 下卷），商务印书馆1923年版。
蒋裕泉：《实用广告学》，商务印书馆1925年版。
陈友琴：《现代中国经济略史》，三民书店1928年版。
戈公振：《中国报学史》，商务印书馆1928年版。
《中华国货展览会纪念特刊》，1928年。
杨先钧：《帝国主义经济侵略下之中国》，太平洋书店1929年版。
《工商部中华国货展览会实录》，出版地不详，1929年版。
周伯雄等：《工商部中华国货展览会实录》（第1编），南京工商部1929年版。
高伯时：《广告浅说》，中华书局1930年版。
黄天鹏：《新闻学名论集》，光新书局1930年版。
黄天鹏：《中国新闻事业》，上海联合书店1930年版。
上海市国货陈列馆编查股：《上海市国货陈列馆十九年年刊》，上海市国货陈列馆总务股1930年版。
孙孝钧：《广告经济学》，南京书店1931年版。
罗运炎：《罗运炎文集》，卿云图书公司1931年版。

蒋裕泉：《实用广告学》，商务印书馆 1931 年版。
何嘉：《现代实用广告学》，中国广告公会 1931 年版。
王澹如：《新闻学集》，天津大公报西安分馆 1931 年版。
实业部总务司、实业部商业司：《全国工商会议汇编》，实业部总务司编辑科 1931 年版。
张琴抚、郭逸樵：《社会问题大纲》，乐华图书公司 1932 年版。
黎天才：《帝国主义炮火下中国国防问题》，北方公论社 1932 年版。
罗宗善：《广告作法百日通》，世界书局 1933 年版。
山东省国货陈列馆：《山东省国货陈列管国货年刊：民国二十一、二十二年合编》，山东省国货陈列馆 1933 年版。
陈彬龢：《陈彬龢论文》，生活书店 1934 年版。
孔士谔：《商业学概论》，商务印书馆 1934 年版。
杨大金：《现代中国实业志》，商务印书馆 1934 年版。
中国经济情报社：《中国经济论文集》，生活书店 1934 年版。
王云五、李圣五：《中国经济问题》，商务印书馆 1934 年版。
第三届铁展北宁馆筹备处：《铁道部第三届铁路沿线出品货品展览会北宁馆专刊》，1934 年。
河北省国货陈列馆：《河北省国货陈列馆国货年刊》，河北国货陈列馆 1934 年版。
时敏：《复兴中华》，中国自强社 1935 年版。
吴其焯：《农工商业法规汇辑》，出版地不详，1935 年版。
金忠圻：《商标法论》，会文堂新记书局 1935 年版。
上海市商会商务科：《新药业》，上海市商会 1935 年版。
启新洋灰有限公司：《启新洋灰有限公司卅周纪念册》，启新洋灰有限公司 1935 年版。
赵君豪：《广告学》，申报馆 1936 年版。
叶笑山：《中国经济年刊》，中外出版社，1936 年版。
中国博物馆协会：《中国博物馆一览》，中国博物馆协会 1936 年版。
李家瑞：《北平风俗类征》，商务印书馆 1937 年版。
河南省政府秘书处：《河南省政府民国二十五年度行政计划》，河南省政府秘书处 1937 年版。
赵君豪：《中国近代报业》，申报馆 1938 年版。

仇兴：《赖琏言论集》，中国国民党湖南省党部 1938 年版。
钱亦石：《近代中国经济史》，生活书店 1939 年版。
陆梅僧：《广告》，商务印书馆 1940 年版。
国民政府立法院：《立法院公报》第 8 册，南京出版社 1941 年版。
严中平：《中国棉业之发展》，商务印书馆 1944 年版。
陈文：《商业概论》，立信会计图书用品社 1944 年版。
天津东亚毛呢纺织有限公司：《东亚精神（甲）》，天津东亚毛呢纺织有限公司 1945 年版。
叶心佛：《广告实施学》，中国广告社 1946 年版。
吴铁声、朱胜愉：《广告学》，中华书局 1946 年版。
张毓珊：《经济思想史》，商务印书馆 1947 年版。
关吉玉：《十五年来中国经济》，经济研究社辽沈分社 1947 年版。
陆梅僧：《广告》，商务印书馆 1948 年版。
冯鸿鑫：《广告学》，中华书局 1948 年版。
朱斯煌：《民国经济史》，银行学会 1948 年版。
舒新城等：《辞海．合订本》，中华书局 1948 年版。
谭熙鸿：《十年来之中国经济》，中华书局 1948 年版。
贾植芳：《近代中国经济社会》，棠棣出版社 1949 年版。
不详：《广告学》，南京不详。
五洲大药房：《人造自来血保证集》，出版年不详。
五洲固本皂药厂：《五洲固本皂药厂研究部管理分析报告》，上海，出版年不详。

论文：

《论商标注册不应展期》，《东方杂志》1904 年第 12 期。
李文权：《告白学》，《中国实业杂志》1912 年第 1、4 期。
抗白：《吾国商人之弱点》，《中国实业杂志》1912 年第 1 期。
李文权：《忠告报界诸贤》，《中国实业杂志》1912 年第 9 期。
高劳：《中国政治通览·实业篇》，《东方杂志》1913 年第 7 期。
铭之：《广告法之研究》，《中华实业界》1914 年第 3 期。
心一：《说广告之利益》，《中华实业界》1914 年第 4 期。
忘筌：《最近广告术》，《直隶实业杂志》1914 年第 9 期。
钱香如：《洋商牌子》，《繁花杂志》1915 年第 6 期。

杨曾询：《劝告商人宜注意货物的包装》，《实业浅说》1916年第53期。
《国货烟草大放光明》，《中国实业杂志》1918年第10期。
瘦魂：《假冒商标之害》，《广益杂志》1919年第1期。
君豪：《商业制胜问题：女店员与样子间》，《广益杂志》1919年第2期。
陈听彝：《广告学》，《新中国》1919年第6期。
戚其章：《广告的研究》，《复旦》1920年第11期。
梅：《论登书籍及杂志广告的利益》，《东方杂志》1920年第1、5期，1921年第6期等。
《五洲药房营业状况》，《医药杂志》1921年第6期。
荆生：《模拟的国货》，《晨报副刊》1923年10月23日。
汪钧素：《商标问题》，《工商学报》1924年第2期。
《劝劝上海人：劝登滑头广告者》，《劝善杂志》1924年第3期。
君豪：《广告谈》，《上海总商会月报》1924年第6期。
顾宝善：《仝人俱乐部：广告杂谈》，《大陆银行月刊》1924年第8期。
戴景素：《广告运动》，《工商新闻百期汇刊》1925年。
《东方杂志》1925年五卅增刊，内页广告。
小慧：《广告琐谈》，《半月》1925年第3期。
施督辉：《广告学之研究》，《钱业月报》1925年第5期。
《月报宣言》，《英美烟公司月报》1926年第1期。
《化妆品业之利益谈 牌号之价值》，《化学药业杂志》1926年第3期。
蒋明祺：《论好誉》，《上海总商会月报》1926年第8期。
《商业丛谈：本公司的广告》，《英美烟公司月报》1926年第10期。
含凉：《广告中的上海》，《新上海》1926年第11期。
《广东第一次国内革命时期的农民运动》，《农民丛刊》1927年第1期。
澄子：《双十牌梁新记兄弟牙刷公司发展史》，《国货月刊》1928年第3期。
《工商部部令》，《国民政府工商部·工商公报》1928年第4期。
《广告浅说》，《农工商周刊》1928年第21期。
莫若强：《沪渎广告事业之蓬勃》，《农工商周刊》1928年第46期。
《南洋兄弟烟草公司最近状况之调查》，《工商半月刊》1929年第1期。
徐宝璜：《广告学》，《报学月刊》1929年第3期。
伤痕：《从保存与促进说到推销》，《福建促进国货公会月刊》1929年第8期。

郑飞：《我国商标制度沿革及注册商标之统计分析》，《工商半月刊》1929 年第 12 期。

《国民政府工商部·工商公报》1929 年第 14 期。

孔祥熙：《国货陈列馆开幕词》，《工商部国货陈列馆开幕纪念特刊》，1929 年。

《工财内三部审核免征国货广告税办法》，《工商半月刊》1929 年第 18 期。

张温：《我对于振兴商业救国的管见》，《商学研究本校第 18 周年纪念特刊》，1929 年。

琳：《二一二布！》，《机联会刊》1930 年第 2 期。

卓鸣：《上海南京路的过去与现在》，《机联会刊》1930 年第 18 期。

俯唐：《国货界之有魄力者》，《机联会刊》1930 年第 22 期。

洪抑威：《替乡下人喊冤》，《机联会刊》1930 年第 22 期。

木公：《国货发展问题：同业合作》，《机联会刊》1930 年第 23 期。

健：《设立国货陈列馆之必要条件》，《机联会刊》1930 年第 24 期。

《发刊词》，《人钟月刊》1931 年第 1 期。

陈子密：《谈中国之广告事业》，《商业月报》1931 年第 2 期。

《诗钟披露》，《人钟月刊》1931 年第 2 期。

《荆梦蝶·人钟铭》，《人钟月刊》1931 年第 2 期。

李治：《谈中国的广告》，《商业月刊》1931 年第 1 期。

《肥皂测验法》，《机联会刊》1931 年第 37 期。

《祝辞》，《海王》1932 年第 1 期。

王镂冰：《发刊词（三）》，《国货研究月刊》1932 年第 1 期。

自新：《人造自来血之功效》，《卫生杂志》1932 年第 3 期。

《国货介绍（一）新亚化学制药公司之出品：化学之部》，《国际贸易周报》1932 年第 3 期。

《民国二十年度之农工业》，《中国银行报告》1932 年第 3 期。

《函覆山东省国货陈列馆游行广告免费照办》，《济南市市政月刊》1932 年第 5 期。

钱承绪：《中国工厂史略：（二）华成烟草公司》，《循环》1932 年第 8 期。

杜重远：《在重重压迫下国货该怎样谋出路》，《申报国货周刊》1933 年 1 月 1 日。

达伍（廖沫沙）：《广告摘要》，《申报·自由谈》1933 年 4 月 20 日。

《我的夏日用品》，《申报·国货周刊》1933 年 6 月 29 日。

《本团体广告之十一》，见《国闻周报》，《海王》1933年第11期。

天虚我生：《职业指导：廉价竞争是国货的死症》，《机联会刊》1933年第82期。

陆梅僧：《中国的报纸广告》，《报学季刊》1934年创刊号。

徐启文：《商业广告之研究》，《商业月报》1934年第1期。

《日货倾销下哈尔滨面粉业不振》，《东北消息汇刊》1934年第1期。

沈麟玉：《研究商学的态度及方法》，《大夏》1934年第4期。

张竹平：《十年来的新闻事业》，《大夏》1934年第5期。

唐庆增：《十年来之中国经济》，《大夏》1934年第5期。

顾毓全：《修改商约与中国的工商业》，《东方杂志》1934年第12期。

南郭：《祝久大二十周年纪念》，《海王》1934年第30期。

《国府明令：（一）褒奖事项：二、天厨味精制造厂捐资购置飞机明令褒奖》，《内政公报》1934年第35期。

《商标问题讨论：胡西园氏对司法院解释商标意见》，《机联会刊》1934年第97期。

俞友清：《提倡国货从谁人做起?》，《机联会刊》1934年第100期。

亦敏：《中国化学工业社（工商史料之十二）》，《机联会刊》1934年第104期。

巴玲：《景纶衫袜厂》，《机联会刊》1934年第109期。

《上海户外之广告：南京路之一角》，《广告与推销》1935年第1期。

《梁新记弟兄牙刷公司广告》，《华洋月报》1935年第1期。

味橄：《随笔：老牌子》，《新中华》1935年第6期。

思棣：《报纸登载外货广告》，《钱业月报》1935年第8期。

何炳勋：《参观梁新记牙刷厂宣传电影试片提倡国货与广告技术》，《汗血周刊》1935年第19期。

何炳勋：《木炭画片与国货广告》，《汗血周刊》1935年第21期。

禾秋：《推销术讲座》，《机联会刊》1935年第112期。

向宏昌：《商品包装与推销之关系》，《机联会刊》1935年第112期。

亦敏：《无敌香皂厂》，《机联会刊》1935年第122期。

徐百益：《广告对于国货厂商的前途》，《机联会刊》1935年第112期。

亦敏：《华生电器厂（工商史料之二十五）》，《机联会刊》1935年第119期。

《为国货卷烟业巨擘华成烟草公司出品之金鼠牌广告》，《礼拜六》1935年第591期。

《编者·发刊词》,《方舟》1936 年第 1 期。

不敏:《论出版业与广告经济》,《工读半月刊》1936 年第 4 期。

程守中:《推销上之耗费》,《工商管理月刊》1936 年第 5 期。

《天津东亚商行刺绣编织法》,《方舟》1936 年第 11 期。

《欢迎各界义务稿件》,《抵羊声》1936 年第 33 期。

《各区销价概况》,《抵羊声》1936 年第 33 期。

亦敏:《五洲药房》,《机联会刊》1936 年第 152 期。

亦敏:《天厨味精》,《机联会刊》1936 年第 153 期。

谭忆:《橱窗陈列为最有效之广告》,《百代月刊》1937 年第 1 期。

贤:《征求标语》,《商业实务》1939 年第 1 期。

问天:《老牌子》,《五云日升楼》1939 年第 16 期。

《电影院入不敷出,实行广告紧缩》,《电影》1939 年第 46 期。

《货品的包装》,《职业与修养》1940 年第 1 期。

诚毅:《营业方针与政策》,《商业实务》1940 年第 1 期。

《每天早晨要用半硬的牙刷与丝带牌牙粉刷牙一次》,《三六九画报》1940 年第 3 期。

罗西:《牌子和资格》,《机联会刊》1940 年第 18 期。

《别开生面之广告影片三友实业社摄制"大胖儿子"》,《艺海周刊》1940 年第 20 期。

星谷:《胞妹吕美玉即美丽牌上的广告》,《大众影讯》1940 年第 42 期。

汪英宾:《报业管理要义》,《新闻学季刊》,1941 年第 1 期。

朱小英:《做广告的》,《大陆》1941 年第 3 期。

陈嘉祥:《关于本报的广告》,《燕京新闻》1941 年第 10 期。

炎炎:《橱窗特写》,《新都周刊》1943 年第 26 期。

司徒亚当:《阜丰面粉厂的开山始祖》,《海涛》1946 年创刊号。

《简明新闻:最合算之播音广告》,《胜利无线电》1946 年第 3 期。

马克昌:《花瓶:富有诱惑力的女店员,商店公司点缀品》,《上海特写》1946 年第 5 期。

履之:《鹤鸣店主杨抚生蜡烛脾气》,《秋海棠》1946 年第 6 期。

红女:《广告事业重兴》,《海涛》1946 年第 8 期。

洛神:《上海广告公司的内幕》,《一周间》1946 年第 8 期。

陈定闳:《从报纸广告看中国社会》,《民主与统一》1946 年第 11 期。

涵郎:《不变更的广告》,《七日谈》1946 年第 14 期。
小平:《电话簿的广告费:收入四万万元》,《新上海》1946 年第 47 期。
黄醒华:《民族资本家发达史:化工元老吴蕴初》,《经济导报》1947 年第 4 期。
黄倩华:《胡西园的事业》,《经济导报》1947 年第 7 期。
《牌子》,《沪西》1947 年第 8 期。
《播音圈"音讯":播音员与广告品》,《胜利无线电》1947 年第 11 期。
倩华:《火柴大王刘鸿生》,《经济导报》1947 年第 13 期。
倩华:《四川丝业巨子——范崇实》,《经济导报》1947 年第 18 期。
范剑平:《中华珐琅厂》,《机联会刊》1947 年第 207 期。
省斋:《老牌子与新牌子》,《机联会刊》1947 年第 210 期。
梅汜:《三友实业社》,《机联会刊》1947 年第 214 期。
《实业巨子:荣德生》,《中央日报》1947 年 8 月 4 日。
卞其蘷:《略谈广告设计》,《工商管理》1948 年第 2 期。
道光:《美国货的牌子》,《一四七画报》1948 年第 9 期。
陈如一:《谈商号与商标》,《工商新闻》1948 年第 21 期。
《一周动态:做点牌子给人看》,《工商新闻》1948 年第 89 期。
费培:《广告的效率测验》,《机联》1948 第 224 期。
《上海商情》,《经济通讯》1948 年 4 月 17 日,4 月 28 日,4 月 23 日,4 月 25 日。
静心:《写给每个播音员:谈谈无线电广告:"真""实""第""一"》,《播音天地》1949 年第 5 期。
立仁:《中国粉厂扬声海外:英国人看无锡茂新一厂》,《面粉工业》1949 年第 6、7 期。

档案资料:

《华商上海水泥股份有限公司关于上海总会商品陈列所第四届展览会附设临时国货商场陈列本厂象牌水泥的证书壹纸》,1926 年,上海市档案馆藏,资料号:Q414—1—659。
《临时国货证明》,1933 年,天津市档案馆藏,资料号:J0128—3—0006949—014。
《抵羊牌商标》,1933 年,天津市档案馆藏,资料号:J0128—3—0006949—014。
《章华毛绒纺织股份有限公司章华纺织厂关于国货产品的征集、参加组织、调查研究、介绍提倡等来往文件》,1933—1935 年,上海市档案馆藏,资料号:Q199—33—293。
《天津东亚毛纺呢有限公司周年纪念》,1934 年,天津市档案馆藏,资料号:

J252—1—2—2451。

《全国现有经销处》,《天津东亚毛纺呢有限公司周年纪念》1934 年,天津市档案馆藏,资料号:J252—1—2—2451。

吴铁三:《中国旧式广告之探讨》,私立沪江大学商学院工商管理系 1934 年毕业论文,上海市档案馆藏,资料号:Q242—1—828。

《祥生汽车公司电台广告》,1936 年,上海市档案馆藏,资料号:Q407—1—43。

《天津东亚毛呢纺织有限公司特刊》,1937 年,天津市档案馆藏,资料号:J252—1—2—0506。

李文莲:《广告与推销技术》,私立沪江大学商学院工商管理系 1941 年毕业论文,上海市档案馆藏,资料号:Q242—1—824。

裘祖范:《商业广告技术之研究》,私立沪江大学商学院工商管理系 1949 年毕业论文,上海市档案馆藏,资料号:Q242—1—823。

报纸期刊:

《申报》

《新闻报》

《大公报》

《东方杂志》

《国货月刊》

《机联会刊》

《上海工商》

《永安公司时装表演特刊》

《国货展览会特刊》

新中国成立后文献:

著作:

《美帝怎样摧残我工商业》,十月出版社 1950 年版。

毛泽东:《中国革命和中国共产党》人民出版社 1952 年版。

《毛泽东选集》第 2 卷,人民出版社 1952 年版。

严中平等:《中国近代经济史统计资料选辑》,科学出版社 1955 年版。

戈公振:《中国报学史》,生活·读书·新知三联书店 1955 年版。

[美] 汉斯·科恩:《民族主义:它的意义和历史》,普林斯顿 1955 年版。

李文治:《中国近代农业史资料:第一辑(1840—1911)》,生活·读书·新知三联书店1957年版。

孙毓堂:《中国近代工业史资料:第一辑》,科学出版社1957年版。

孔经纬:《中国工商业史上的几个问题》,辽宁人民出版社1957年版。

周季鸾:《第一次世界大战时期中国民族工业的发展》,上海人民出版社1958年版。

中国社会科学院上海经济研究所、上海社会科学院经济研究所编:《南洋兄弟烟草公司史料》,上海人民出版社1958年版。

中国科学院经济研究所等:《北京瑞蚨祥》,生活·读书·新知三联书店1959年版。

东亚工厂编写小组:《大地回春》,1960年版。

中国人民政治协商会议、文史资料研究委员会:《文史资料选辑》,中华书局1960年版。

陈真、姚洛:《中国近代工业史资料》(全四辑),生活·读书·新知三联书店1961年版。

厦门市政协委员会:《厦门史料辑录》第二辑,厦门市政协委员会1961年版。

[德]弗里德里希·李斯特:《政治经济学的国民体系》,陈万煦译,商务印书馆1961年版。

汪敬虞:《中国近代工业史资料》(全二辑),科学出版社1962年版。

姚贤镐:《中国近代对外贸易史资料1840—1895》,中华书局1962年版。

严中平等:《中国棉纺织史稿》,科学出版社1963年版。

南开大学经济研究所:《启新洋灰公司史料》,生活·读书·新知三联书店1963年版。

上海市工商行政管理局、上海市毛麻纺织工业公司毛纺史料组:《上海民族毛纺织工业》,中华书局1963年版。

上海市纺织工业局、上海棉纺织工业公司、上市工商行政管理局永安纺织印染公司史料组:《永安纺织印染公司》,中华书局1964年版。

《马克思恩格斯选集》,人民出版社1972年版。

中共中央马克思恩格斯列宁斯大林著作编译局:《资本论》,人民出版社1975年版。

上海社会科学院经济研究所:《刘鸿生企业史料》全三册,上海人民出版社1981

年版。

上海社会科学院经济研究所：《上海永安公司的产生、发展和改造》，上海人民出版社1981年版。

方汉奇《中国近代报刊史》，山西人民出版社1981年版。

徐铸成：《报海旧闻》，上海人民出版社1981年版。

夏东元：《郑观应集》，上海人民出版社1982年版。

上海文化史馆、上海市人民政府参事室文史资料工作委员会：《上海地方史资料》，上海社会科学院出版社1984年版。

广州青年运动史研究委员会：《五四运动在广州资料选编》，广州青年运动史研究委员会1984年版。

黄汉民等：《荣家企业发展史》，人民出版社1985年版。

许维雍、黄汉民：《荣家企业发展史》，人民出版社1985年版。

姚公鹤著、吴德铎标点：《上海闲话》，上海古籍出版社1985年版。

吴承明．：《中国资本主义与国内市场》，中国社会科学出版社1985年版。

徐百益．：《实用广告学》，上海翻译出版公司1986年版。

上海市粮食局等：《中国近代面粉工业史》，中华书局1987年版。

上海市医药公司：《上海近代西药行业史》，上海社会科学院出版社1988年版。

徐载平、徐瑞芳：《清末四十年申报史料》，新华出版社1988年版。

吴广义、范新宇：《苦辣酸甜——中国著名民族资本家的路》，黑龙江人民出版社1988年版。

唐振常：《上海史》，上海人民出版社1989年版。

史金生：《中华民国经济史》，江苏人民出版社1989年版。

方宪堂：《上海近代民族卷烟工业》，上海社会科学院出版社1989年版。

上海档案馆：《吴蕴初企业史料：天原化工厂卷》，档案出版社1989年版。

徐新吾等：《中国近代缫丝工业史》，上海人民出版社1990年版。

黄天鹏：《新闻学刊全集》，上海书店1990年版。

黎志刚、冯鹏江译，载韩格理：《中国社会与经济》，张维安等译，台北联经出版有限公司1990年版。

杨俊科、梁勇：《大兴纱厂史稿》，展望出版社1990年版。

［美］舒尔茨：《广告运动策略新论》，刘毅志译，中国友谊出版公司1991年版。

忻平等：《民国社会大观》，福建人民出版社1991年版。

中国人民政治协商会议重庆市委员会文史资料委员会：《重庆文史资料》第35辑，西南师范大学出版社1991年版。

王振亚：《报刊广播电视编辑学》，陕西人民教育出版社1991年版。

乐正：《近代上海人社会心态（1860—1910）》，上海人民出版社1991年版。

孙果达：《民族工业大迁徙——抗日战争时期民营工厂的内迁》，中国文史出版社1991年版。

［美］大卫·奥格威：《一个广告人的自白》，林桦译，中国友谊出版公司1991年版。

杜恂诚：《民族资本主义与旧中国政府（1840—1937）》，上海社会科学院出版社1991年版。

上海档案馆：《吴蕴初企业史料：天厨味精厂卷》，中国档案出版社1992年版。

叶浅予：《细叙沧桑记流年》，群言出版社1992年版。

重庆市档案馆：《抗日战争时期国民政府经济法规》，档案出版社1992年版。

政协天津市南开区文史委员会天津市南开区文化局：《南开春秋文史丛刊》，政协天津市南开区文史委员会1992年版。

章开沅、罗福惠：《比较重的审视：中国早期现代化研究》，浙江人民出版社1993年版。

中国人民政治协商会议江苏省无锡市委员会、文史资料研究委员会：《无锡文史资料》第27辑，政协文史资料委员会1993年版。

［法］白吉尔：《中国资产阶级的黄金时代（1911—1937）》，张富强、许世芬译，上海人民出版社1994年版。

中国第二历史档案馆：《中华民国史档案资料汇编》，江苏古籍出版社1994年版。

胡光明：《天津商会档案汇编（1928—1937）》，天津人民出版社1994年版。

［美］罗伯特·赖克：《国家的作用》，上海市政协编译组、东方编译所译，上海译文出版社1994年版。

［美］费正清：《剑桥中华民国史：1912—1949》，杨品泉等译，中国社会科学出版社1994年版。

徐鼎新：《中国近代企业的科技力量与科技效应》，上海社会科学院出版社1995年版。

顾柄权：《上海洋场竹枝词》，上海书店出版社1996年版。

陈礼正、袁恩桢：《上海新亚药业有限公司志》，上海社会科学院出版社1996

年版。

陈培爱：《中外广告史——站在当代视角的全面回顾》，中国物价出版社 1997 年版。

郑观应：《盛世危言》，王贻梁评注，中州古籍出版社 1998 年版。

徐新吾等：《上海近代工业史》，上海社会科学院出版社 1998 年版。

潘君祥：《近代中国国货运动研究》，上海社会科学院出版社 1998 年版。

［美］约翰·菲力普·琼斯：《广告与品牌策划》，孙连勇等译，机械工业出版社 1999 年版。

李克让：《上海名牌竞风流》，中国纺织出版社 1999 年版。

王永斌：《杂谈老北京》，中国城市出版社 1999 年版。

余建华：《民族主义：历史遗产与时代风云的交汇》，学林出版社 1999 年版。

辞海编辑委员会：《辞海（1999 年版缩印本）》，上海辞书出版社 2000 年版。

严国海：《中国近代国货名牌的创立》，立信会计出版社 2000 年版。

［法］鲍德里亚：《消费社会》，刘成富、全志钢译，南京大学出版社 2000 年版。

秦其文：《中国近代企业广告研究》，知识产权出版社 2000 年版。

北京市政协文史资料委员会：《商海浮沉》，北京出版社 2000 年版。

马敏：《商人精神的嬗变：近代中国商人观念研究》，华中师范大学出版社 2001 年版。

朱英：《辛亥革命与近代中国社会变迁》，华中师范大学出版社 2001 年版。

［美］高家龙：《中国的大企业：烟草工业中的中外竞争》，樊书华、程麟荪译，商务印书馆 2001 年版。

萧关鸿编：《老舍》，文汇出版社 2001 年版。

上海市政文史资料委员会：《上海文史资料存稿汇编》，上海古籍出版社 2001 年版。

［美］高家龙：《大公司与关系网：中国境内的西方、日本和华商大企业（1880—1937）》，樊书华、程麟荪译，上海社会科学院出版社 2002 年版。

左旭初：《中国商标史话》，百花文艺出版社 2002 年版。

左旭初：《中国近代商标简史》，学林出版社 2003 年版。

余明阳：《品牌学》，安徽人民出版社 2004 年版。

［美］苏特·杰哈利：《广告符码：消费社会中的政治经济学和拜物现象》，马姗姗译，中国人民大学出版社 2004 年版。

由国庆：《与古人一起读广告》，新星出版社 2006 年版。

刘泓：《广告社会学》，武汉大学出版社 2006 年版。

王儒年：《欲望的想像：1920—1930 年代〈申报〉广告的文化史研究》，上海人民出版社 2007 年版。

左旭初：《著名企业家与名牌商标》，上海社会科学院出版社 2008 年版。

[日] 内山完造等：《中国人的劣根和优根》，尤炳圻等译，江西人民出版社 2009 年版。

林德发：《中国近代民族企业文化》，经济管理出版社 2010 年版。

汪秀英：《企业品牌工程的运营与管理》，科学出版社 2010 年版。

林升栋：《20 世纪上半叶：品牌在中国》，厦门大学出版社 2011 年版。

上海市档案馆：《上海近代广告业档案史料》，上海辞书出版社 2012 年版。

论文：

费孝通：《关于民族识别》，《中国社会科学》1980 年第 1 期。

金天明、王庆仁：《"民族"一词在我国的出现及其使用问题》，《社会科学辑刊》1981 年第 4 期。

丁浩《文采风流今尚存——浅谈近代我国广告画种与广告画家》，《中国广告》1982 年第 4 期。

马学斌：《我国企业报史考略：解放前的企业报》，《新闻与传播研究》1983 年第 5 期。

王金奎、陈醒民：《黄楚九和他的经营术》，《上海政策报》1986 年 4 月 18 日。

钟祥财：《简析上海近代民族企业集团的经营管理思想》，《上海经济研究》1990 年第 4 期。

宗玉梅：《1927—1937 年南京国民政府的经济建设述评》，《民国档案》1992 年第 1 期。

徐鼎新：《二十至三十年代上海国货广告促销及其文化特色》，《上海社会科学院学术季刊》1995 年第 2 期。

吕亮、张文：《近代民族企业的"名牌"意识》，《史学月刊》1996 年第 6 期。

徐百益《树一代广告人物画新风的庞亦鹏》，《现代广告》1997 年第 5 期。

朱英：《近代中国广告的产生发展及其影响》，《近代史研究》2000 年第 4 期。

黄兴涛：《现代"中华民族"观念形成的历史考察——兼论辛亥革命与中华民族认同之关系》，《浙江社会科学》2002 年第 1 期。

余明阳、舒咏平:《论"品牌传播"》,《国际新闻界》2002 年第 2 期。

黄兴涛:《清末民国时期"中华民族"观念认同性质论———一种"中西古今"互动分析的尝试》,《北京档案史料》2004 年第 2 期。

安青虎:《品牌与商标》,《中华商标》2006 年第 5 期。

杨海军:《论中国古代的广告媒介》,《史学月刊》2006 年第 12 期。

汪永平、贺宏斌:《中国近代知名民族品牌的名称研究》,《史学月刊》2007 年第 3 期。

易斌:《民国时期民族纺织品商标品牌的形成》,《消费导刊》2009 年第 5 期。

王仲:《民国时期上海知名品牌及其营销策略探析》,《集美大学学报》(哲学社会科学版) 2012 年第 1 期。

外文文献:

Coulsen, John S. (1989), "An Investigation of Mood Commercials", in *Cognitive and Affective Responses to Advertising*, Patricia Cafferata and Alice M. Tybout, ed., Lexington, M. A.: Lexington Books.

后　记

　　作一文，亦如建一个品牌，原料稀缺，资金技术有限，唯有保持精神和动力的极佳，才能勇往直前！

　　这个课题的缘起，皆缘于他——许正林教授，2010年7月的那个夏天，一条信息，改变了我人生的轨迹，在他的关照下，我来到了魔都——上海。论文的框架自2010年7月15日进站答辩，博士后课题申请、教育部课题申请等，反复修改，许老师对此投入了诸多的心血。依然清晰记得2011年春节放假，周围同学都走了，许老师和我还在延长校区办公室讨论修改课题框架，回来后我在QQ上更新说说：向您鬓角的白发致敬，感恩感谢！

　　广告史是我比较熟悉的领域，资料准备比较充裕，但近代民族品牌的资料，除南洋兄弟烟草公司等出版外，其他资料还淹没在浩如烟海的档案文献里。于是，2010年8月，借着到北京大学参加第二届新闻史培训班的机会，在北大和国家图书馆待了近一个月，每有收获，都难掩心中的激动和欣喜。记得在北大图书馆旧报刊室，于一本杂志中发现了近代企业粘贴在广告上的布料小样，我兴奋地抚摸半天，还打电话向老师汇报。2010年10月、2011年8月两次再回到厦大，把过刊室所有与"工商"二字相关的报刊搜寻一遍。第一次去时，那位女老师认得我：你毕业了，怎么又来了？我笑了笑，厦大过刊室是个宝啊！2011年6月端午节，来到天津档案馆和图书馆，搜寻关于天津东亚、永利等的文献，那个夏天除收获资料外，还结识了两位天津的小学妹，也是缘分。在上海档案馆、图书馆，查胶片，录文献，每日背着沉甸甸的电脑回到住处，眼睛是模糊的，腰酸背痛。查资料是个体力活，写论文是脑力劳动，半年来的多"季"搏出和倒计时，于此暂画一休止符。回望过去，真可谓，痛，并快乐着！

　　许老师的智慧、勤奋和坚持是我迷茫懈怠时的灯塔，指引着我在学术这条道路上前进成长，感谢吾师！还有师母王老师节日里时常把大家叫到家里，做上一桌好菜，让我们这些异乡之人也能感受到"家"的温暖，感谢！影视学院的金冠军教授（先生已去）、戴元光教授、郑涵教授、查灿长教授等的授教解惑，广告系诸多老师的帮助，在这里一并谢过！

回想上海两年来的不适，坦然，淡然，欢喜也罢，沉默也罢，感恩一直有您，我的博导陈培爱教授！虽已离开厦大那个美丽的校园，但时常想念种种美好。您的睿智、博爱、包容是我人生的坐标。虽隔着千山万水，却一直关心我在申城的学习和生活，与恩师之间的默契，常常是我在想，他已拨起，几句关切温暖吾心，坚定前行！感谢恩师！

还有一直关心我成长的陈明光教授，记得在一篇日志里写道，他那么高的声望，却淡泊名利，一心向学，与他相识，让我知道了原来大师的生活，可以如此简约而不失浪漫，宁静而又不失激情！感谢！

一个人的申城生活，是辛苦的，寂寞的，这是第一次脱离了学生宿舍的热闹，独自感受大上海的繁华和深夜伴着台灯读书论文的艰涩。感谢一路走来的知己良友，金大哥、张姐、静姐、申姐、水水、罗奕、小莉、吴静、成文、定西、晓彬、王林、宗明、晨宇、老许、伟芝等，或电话叮咛，或网络传情，你们的关爱，常常让我感动，难忘每一个相见的快乐时光，愿大家在N年后，还可以常相见、常想念！

最后，更要深深感谢我的父母和家人，感谢多年来他们的关爱和期盼，家中琐事他们很少主动告知，怕耽误我学习。记得2012年春节在家，白天家里热闹，只好在晚上熬夜看书，申报课题，半夜下楼洗漱不小心吵醒母亲。第二天她说以后要早睡，那一刻莫名地辛酸与感动。以后唯有更加努力，回报父母的养育之恩！

以上是2012年6月课题初稿时的感言，然从上海出站后到杭州工作至今已有四年，每每往返于上海、杭州、北京的路上，不断搜搜补补，才有了如今的定稿，一拖再拖，实恐资料难以周全。2013年10月，父亲突然病逝，有一年多的时间无法释怀，始终不愿意接受这一事实，总觉得一切还早，还有时间尽孝，然"子欲养而亲不待"的懊恼与悔恨，常常在深夜泪湿枕巾，无法与人言说。经历了生离死别的痛苦与成长，才有了现在更加豁达坚强的我，不与人争，做最好的自己。

岁月如风如雨，且歌且行，吾将怀着感恩的心，走在勇往直前的路上！

杜艳艳
2016年6月于杭城·西苑